"双新"驱动：

指向教与学改革的校本研修

SHUANGXIN QUDONG

ZHIXIANG JIAOYUXUE GAIGE DE XIAOBEN YANXIU

范雪梅　著

中国言实出版社

图书在版编目（CIP）数据

"双新"驱动：指向教与学改革的校本研修 / 范雪梅著. -- 北京：中国言实出版社，2023.5

ISBN 978-7-5171-4451-9

Ⅰ.①双… Ⅱ.①范… Ⅲ.①中小学—教学改革—文集 Ⅳ.①G632.0-53

中国国家版本馆CIP数据核字（2023）第069667号

"双新"驱动：指向教与学改革的校本研修

责任编辑：王建玲
责任校对：张天杨

出版发行：中国言实出版社
　地　　址：北京市朝阳区北苑路180号加利大厦5号楼105室
　邮　　编：100101
　编辑部：北京市海淀区花园路6号院B座6层
　邮　　编：100088
　电　　话：010-64924853（总编室）　　010-64924716（发行部）
　网　　址：www.zgyscbs.cn　　电子邮箱：zgyscbs@263.net

经　　销：新华书店
印　　刷：北京温林源印刷有限公司
版　　次：2024年1月第1版　　2024年1月第1次印刷
规　　格：710毫米×1000毫米　　1/16　　16.75印张
字　　数：240千字

定　　价：78.00元
书　　号：ISBN 978-7-5171-4451-9

序

党的二十大报告对于加快建设高质量教育体系，办好人民满意的教育进行了详细丰富、深刻完整的论述，明确提出继续关注教师队伍建设，强调要加强师德师风建设，培养高素质教师队伍，弘扬尊师重教社会风尚，再次体现了党中央对于教师队伍建设的关注与重视。

党的十八大以来，习近平总书记就加强教师队伍建设作出系列重要指示，强调教师是教育工作的中坚力量，广大教师要做"四有"好老师、"四个引路人"，实现"四个相统一"，要坚持把教师队伍建设作为基础工作。西城外国语学校自全面贯彻"双减"工作以来，就一直坚持"减负提质"关键是回归学校课堂立德树人主阵地，师德高尚、敬业乐群、专业深厚高水平教师是高质量教育发展的中坚力量。

2022年4月，教育部会同其他部门出台《新时代基础教育强师计划》（以下简称《强师计划》），《强师计划》以高素质教师人才培养为引领，以高水平教师教育体系建设为支撑，以提升教师思想政治素质、师德师风水平和教育教学能力为重点，推动教师队伍建设创新。《强师计划》中15条具体措施最重要一个方面，都指向提升教师能力素质，包括提升教师思想政治素质、加强和改进师德师风建设、实施高素质教师人才培育计划、深化精准培训改革。

西城外国语学校秉持"教育就是为幸福的人生奠基"的办学理念，"热爱生活，分享智慧，享受挑战"的校训，"沉静内修，致真思远"的校风，致力于为学生一生的幸福奠基。基于培养品格高尚、志向高远、兴趣高雅、素质高超的复合型、创新型、国际型"四高三型"人才的育人目标，学校也进一步明确了教师培养目标，教师一要具有爱国、爱生、甘于奉献的高尚人格素养；二要具备完善的知识结构，成为文化知识广、专业知识深、人情练达的A型人才；三要秉持西城外国语学校"爱·阳光·幸福"的学校文化，锤炼积极、乐观、阳光、有活力、有激情的良好心理素质。"双减"以来，学校直面时代发展要求、仔细分析师资构成特点，系统设计，致力于培养一支奉献敬业、学科全面、梯度合理、业务精湛的教师队伍；培养一支精通本岗位工作、熟悉业务外延、主动协调合作、服务教育教学的教师队伍。

近年来，随着课程教学改革的不断深化、推进学校教育高品质发展的主旋律唱响，学校育人方式、教学模式和校本研修都面临进一步深化改革的新要求。优化与落实校本研修制度，保障育人质量和效能成为学校"双新"背景下提质增效的重要抓手。"双新"的落地需要依托新的"教与学"来实现。虽然"双新"政策已为课程与教学带来了重大转变，但当下的学校教育并未实现教与学的变革并以此来迎接和适应课程与教材的更新。为此，本书以"双新"为驱动，结合学校特色发展新思路，通过开展指向教与学改革的校本研修，以改革创新凝共识、激活力、增动力，深入探索教学变革路径，持续推进学习方式转型、深化校本研修特色发展。

西城外国语学校对于落实"双新""双减"政策和"强师计划"的一些校本实践探索和思考，为进一步深度推进校本教师培养，落实立德树人根本任务，实现教育高质量发展作出了新的贡献。通过这些实践探索，也能够使教师真正成为德高者、身正者、勤学者、反思者、合作者与具有开创精神的研究者和实践者，能够让教师们时时享有成长的乐趣，让学校成为师生共同成长的幸福家园。

目　录

第一章 "双新"引领：区域及学校的新发展

国家主导的"双新"教育改革，是一个系统化的改革措施，涉及新课程方案、新课程标准、新教材、新教学方式、新评价机制、新高考（中考）等多个方面，强调体验式学习、研究性学习、项目化学习，促进学校在教育理念、教育内容、教学方式、师生关系等方面进行内源性变革。"双新"引领下的教育变革，使得区域及学校获得了新的发展活力。

一、"双新"的开展及区域行动

（一）新时代，新要求

2017 年，教育部颁布修订后的普通高中课程方案和各学科课程标准，标志着普通高中课程改革进入了以着力培养学生核心素养、促进学生德智体美劳全面发展为主要任务的新阶段。

2018 年 8 月 25 日，教育部《关于做好普通高中新课程新教材实施工作的指导意见》发布，提出要统筹规划、协同推进普通高中课程改革、高考综合改革和高中阶段教育普及攻坚，促进课程、教材、教学、考试、评价、招生等有机衔接，全面落实新课程新教材的理念和要求，着力提高普通高中教育质量。其核心是一种以学生为中心的教育观，它强调立德树人，指向核心素养。

为推进普通高中新课程新教材的实施工作，2020 年 7 月，教育部办公厅颁发《关于做好普通高中新课程新教材实施国家级示范区和示范校建设工作的通知》（教基厅函〔2020〕19 号），并在全国遴选设立了 33 个国家级示范区和 99 所国家级示范校，简称"双新"示范区（校）建设。按照教育部工作部署，2022 年秋季开学，全国各省（区、市）均启动实施新课程、新教材。在此背景下，普通高中如何因地制宜地探索"双新"理念的落地策略，既考验着学校的办学智慧，也是学校提升育人品质的必由之路。

2019 年 6 月，国务院办公厅印发《关于新时代推进普通高中育人方式改革的指导意见》（国办发〔2019〕29 号）（以下简称《指导意见》），就统筹推进普通高中新课程改革和高考综合改革，提高普通高中教育质量进行了全面部署。《指导意见》提出了到 2022 年的育人改革目标。该目标以构建德智体美劳全面培养体系和落实立德树人机制为统领，在具体实践方面，分别就课程与教材、教育与教学、教育评价与考试招生以及师资与办学条件等主要方面提出了改革意见。《指导意见》是推进高中课程改革的基础性、纲要性、引导性文件，开启了新一轮高中教育改革。本轮高中教育改革明确了五育并举新方向，改变了人才培育观念，注重发展核心素养，培养学生"带得走"的能力。

2021 年 7 月，中共中央办公厅、国务院办公厅印发了《关于进一步减轻义务教育阶段学生作业负担和校外培训负担的意见》（以下简称《意见》），《意见》要求充分发挥学校主阵地作用，坚持应教尽教，着力提高教学质量、作业管理水平和课后服务水平，让学生在校内"吃饱""吃好"，减少参加校外培训需求。

"双新"育人为本，注重实效，重构了学校课程方案的顶层设计，把科学的质量关落实到教育教学的全过程。与此同时，要想真正落实"双减"工作，实现"减负不减质"，甚至使学生的学习能力更上一层楼，学校的教学工作就必须在"双新"观念引领下，在落实立德树人根本任务的基础上，探索基于落实学科核心素养教与学的新模式。

虽然课堂教学是学科教学的主阵地，但随着信息技术的发展，学生学习方式的改变，课前、课堂、课后是具有传递性链式的学习结构，教师要参与学生学习的全过程，发挥课前、课堂、课后链式学习结构整体功能，探索课前、课堂和课后学生学习过程中三位一体的"教"与"学"的模式，实现教与学过程中的"轻负高质"，真正做到减轻学生课业负担的同时，发展学生的核心素养，培养学生的实践能力和创新精神。

"减负"让学生作业少了，"高质"让学生的学习质量高了，学习能力强了，"双新"和"双减"的时代，教师一定要把握好"减"和"增"的方向，把握好教育脉搏，开启教学的新篇章。

（二）理解"双新"

明确了各学科教学的逻辑起点是学科核心素养目标的达成。目标从知识点的了解、理解和记忆，转变为学科核心素养的关键能力、必备品格与价值观念的培育。这首先意味着知识观与教学观的转型，学校教学本质上不再是"知识传递"，而是"知识建构"。学校教育实践与研究的重心从"关注教"转变为"关注学"，从"以教师为中心"转变为"以学习者为中心"的教学。[1]关注育人价值的课堂转型具有三个特征[2]：（1）从被动学习到能动学习。突出学习者的主体性参与和学习者能动交互作用的学习。（2）从个体学习到协同学习。强调课堂互教互学中协同精神的培育，协同学习强调的是学习的社会本质。（3）从表层学习到深度学习。关注单元设计、大概念背景下的主体性、对话性的深度学习。随着"双新"的推进，与之相适应的新的教学方式还没有形成。当前课堂中满堂灌、一言堂、一讲到底等情况比较突出，虚假学习、浅层学习仍大量存在。课堂教学内容缺乏整体单元设计的意识，知识点之间

---

[1] 刘华霞."双新"背景下的"行—知—创"三阶课堂新探索 [J].上海教育科研，2022（2）：71-75.

[2] 钟启泉.核心素养十讲 [M].福州：福建教育出版社，2018.

缺乏联系，学生难以形成结构化的知识体系。为了应对教学质量的评估，大部分学校和教师还是选择通过增加课时和重复训练的低效方式进行教学。这样造成的后果是学生学习的动力在丧失，教师教学的成就感也在丧失。

最基础、最根本的改革便是课程与教材的改革，也即"双新"。"双新"之"新"并非使用"新课程与新教材"的新壶装"旧课程与旧教材"的旧酒。"新课程与新教材"之"新"首先是课程目标之新。从对学生"基础知识和基本技能"的培养转向"综合素质"培养；从学科"三维目标"的实现转向学科"核心素养"的培育；从强调学生"知识记忆和简单应用"转向强调学生"思维能力和实践能力"的提升。"新课程与新教材"之"新"又在于课程管理之新。各级各类学校要严格执行国家课程计划，开齐开足开好各类课程，尤其是体育与健康、艺术、综合实践活动和理化生实验等常被忽视的课程。另外，也要提升学校心理健康课程和生涯辅导课程的专业化程度。"新课程与新教材"之"新"还在于教材设计之新，首先，要积极探索跨学科和跨专题的教材内容设计与实施，鼓励不同学科领域的专家和教师通力合作，碰撞交叉融合思维的火花；其次，加大配置丰富多样的配套资源力度，为新教材实施搭建载体和平台，建立学校场地、设施、装备、教师、教科研协同的资源保障体系。[①]

教学与学习是课程与教学的实践延伸，也是课程与教学的主要落地途径。因此，只有实现了学科"教与学"的转型与变革，"新课程与新教材"才算完成了自己最终的使命。根据古德莱德的"五级课程"分析框架，新课程与新教材主要以"文本课程"的形式呈现，但是"文本课程"中以文本形式呈现的课程标准和教科书不会自动地向学生施加教育影响，还必须依赖教育活动中教师这个"人的要素"，教师基于对已经颁布的课程标准和教材的理解对其进行再加工，这便形成了"教师理解的课程"。当教师基于对课程文本和材料的理解面向学生施教时，由于课堂教学中各种因素的综合影响，

---

① 丁奕，林琦．"双新"背景下学科教与学的变革路向 [J]．上海教育科研，2022（2）：83．

教师又会根据实际情况对教学方案进行相应的调整，于是就形成了"教师运作的课程"，正是在"教师理解的课程"和"教师运作的课程"这两个阶段中发生了从"课程与教材"向"教学"的转换。另外，即使在同一位教师的教导下学习，不同的学生从教学活动中所获得的东西也有所不同，最终在学生身上实现的教育影响，才是"学生经验的课程"，至此，才完成了从"课程与教材"到"教学"再到"学习"的漫长旅程。

目前一线学科教学和学习仍旧未发生对应的转型，未形成"新教学与新学习"，未做好迎接和适应新课程与新教材的充足准备。具体来看，"双新"背景下，各高中积极响应并开展了一系列实践与研究，其中主要包括两点：第一，在教学专家和教学管理人员层面，为一线教师深度解读《指导意见》与新课标的精神，引领教师统一"双新"的改革思想，明确"双新"课改的目标和任务。第二，在区教研组和教研员层面，组织相关片区的学科教师开展"双新"背景下的学科教研活动，对基于新教材的教学案例进行点评与研讨活动，从教学研究的角度提高教师对于"双新"改革的意识。但是，新课程新教材在落实上仍有不足和亟待改进之处，大多数教师的教学和学生的学习仍然守正有余，创新不足。具体体现在两方面：一方面，教学设计缺乏素养本位，教师在教学设计上仍然不能摆脱"双基"和"三维目标"的束缚，仍以知识点的了解、识记为最终目标，而缺少对学生学科核心素养养成的关注。另一方面，学习过程脱离真实情境，新课标要求借用教学中真实情境的介入，促进学生对生活中实际问题的思考，从而提高学生分析问题和解决问题的能力。教师在课堂中就知识点论知识点的传统做法，使得学生的深度学习距离新课程标准所要求的新教学还有很大的差距。因此，"双新"背景下的学科教与学仍需我们进行不断探索。

（三）"双新"下的区域行动

1. 国家示范区的行动

一是建立行政主导的工作机制。在国家级示范区建设中，普遍建立了由政府分管领导担任组长、相关行政部门负责人参与的"双新"建设工作领导小组，以加强有关部门的协调沟通，推动落实各项改革举措。各示范区建立以教育行政部门主要负责人为组长的"双新"建设工作小组，负责整体推进各项重点工作任务。一些示范区将"双新"工作作为重点任务纳入本级党委政府议事日程，定期研究工作中的重大事宜，及时破除体制机制障碍。一些示范区将"双新"工作作为区域教育改革的重大举措，纳入区域国民经济和社会发展"十四五"规划，做到全力保障、全面推进。例如，北京市西城区在政府部门的协调下，上调了普通高中的班师比，增加了10%的机动编制。①

二是构建区域课程实施整体规划。要保证国家课程方案和课程标准在地方有效实施，各地需要形成一套区域层面的课程改革实施方案，将国家课程的相关要求与本地教育教学实际有机结合。作为落实区域课程实施规划的配套措施，示范区普遍制定了选课走班和学生发展指导、学分认定管理、学生发展指导、综合素质评价、教研工作开展、劳动教育实施等一系列配套制度文件。

三是充分发挥教研的专业支撑作用。教育部《关于做好普通高中新课程新教材实施工作的指导意见》强调，"要积极推进教研工作机制创新，探索区域联合教研、校际联合教研等多种教研工作机制，不断提升教研工作的制度化和专业化水平，发挥好教研工作对深化课程改革的重要支撑作用"。在示范区建设中，教研部门的专业支撑作用普遍得到强化。按照"双新"工作要求，教研部门积极履职，组织区域内高中学校研制课程规划，带领学校探索基于核心素养的教学策略和评价方式，开展基于问题解决、突出案例分析的研修活动，并指导普通高中学校健全校本教研工作制度。

四是开展指向问题解决的项目研究。区域课程实施，要坚持研究先行，要科学设计指向示范建设重点任务的研究项目，调动教研部门和普通高中学校开展有规划、有组织的项目研究，整体推动"双新"工作重难点问题的解

① 李进，何成刚.区域高质量实施普通高中新课程新教材的实践路径——以普通高中国家级示范区建设为例 [J].基础教育课程，2022（2）：4-10.

决。在示范区建设中，多数示范区重视项目研究的重要作用，或设计体现课程实施中与关键问题解决相关的研究项目，或学习借鉴已被实践证明成效显著的研究项目，结合本地实际情况进行创造性转化。

五是组织全员分类进行案例培训研修。截至 2021 年末，国家级示范区和示范校共计 20 余万名教育行政、教研人员及高中学校教学管理人员和教师开展了在线学习，人均学习超过 70 小时。这些研修课程通过中小学网络云平台面向全国进行共享。各区域根据本地的不同需要，有针对性地组织开展了丰富的培训研修活动。

六是发挥典型示范的辐射带动作用。一些省市通过建立市级"双新"示范校和学科教研（示范）基地，与国家级示范校协同推进，进一步壮大示范力量。北京市西城区、天津市和平区和河北省石家庄市三个示范区陆续联合开展了英语、语文、历史等多个学科的"京津冀国家级示范区学科联合教研"活动，活动采取三地联合、共同策划的方式，将各自较为成熟的经验与成果共享，确保活动有深度、有成效，从而实现把握高中教育教学改革方向，发挥名校的示范引领作用，深化教学改革，互通有无，相互启发。

七是统筹推进对口帮扶，促进区域均衡发展。示范区主要从思路、机制、举措、效果等四个方面整体设计对口帮扶工作，通过制度建设进行推进，普遍建立了区域内对口帮扶工作机制和经验交流分享机制，组织优质高中通过线上或线下方式，以专题报告、课例观摩、外派支教等方式，积极输出"双新"工作实施有效经验。一些地区教研部门与当地的薄弱县中建立了多种形式的教研共同体，提高它们的"双新"工作实施能力。

八是创建表彰奖励机制和责任追究机制。加强督导考核是确保"双新"工作顺利推进的关键。区域通过自我评估和外部评估、过程评估和结果评估，将组织领导、实施保障、任务完成、成果质量等作为评估内容，跟踪"双新"工作进展情况；还建立经验成果总结、宣传、推广机制，对取得突出成绩的单位、集体和个人予以表彰，对推进不力的进行约谈整改，甚至追究责任。

2. 西城区的行动 ①

一是以“学术服务、专项研究”为导向，建立管理机制。西城区教科院成立“双新示范区项目”领导小组和秘书处，建立了“双新”项目推进组织机构，明确了西城区教科院相关部门的职责与任务，初步建立了“双新”项目的管理机制。根据教科院在普通高中新课程新教材实施国家级示范区建设中的工作重点——学术服务和专项研究，西城教科院制定了“西城区普通高中新课程新教材实施专项研究管理办法”以及研究服务支持措施。学术服务，包括为“双新”项目提供政策文件、相关文献、国内外相关动态，成果提炼与推广，组织召开“双新”项目研讨交流会等。专项研究，教科院课程教材中心、质量监测中心、生涯教育中心作为相关教育教学领域的区域业务指导部门，从全区整体推进出发，结合自身部门的职能定位，分别开展了专项研究，如课程教材中心的《西城区普通高中新课程实施监测》、质量监测中心的《西城区普通高中学生综合素质评价实施监测及实践改进研究》、生涯教育中心的《西城区普通高中生涯教育课程实施指导的研究》，项目结合国家改革要求，调查分析西城区现状，为下一步的改进提供了翔实的科学依据和可行性建议。

二是多措并举，加强研究项目组织管理。聘请了北师大、中国教科院、首都师范大学的高中课改专家对全区申报的 312 个项目进行评审，并对所有立项项目一一进行了方向、学术审查，对照项目指南查漏补缺，经西城区教育委员会主任办公会审议，确定 265 项予以立项，其中区重点项目 80 项。项目分布在课堂教学改革、课程建设与课程组织管理、考试与评价、学校治理、教科研生态建设、优秀成果转化 6 个方面，有效地推动了“双新”项目的落地。随后，召开了西城区“双新”项目工作推进会，发布立项项目，解读项目分级分类管理办法。

项目分级分类管理，是充分发挥区、校、项目组的各自作用，分工合

---

① 何暄. 以项目研究引领“双新”示范区建设 [J]. 北京教育·普教，2022（1）：45-46.

作，共同推进"双新"项目实施的重要举措。"分级"是区、校、项目组在项目管理上分工明确，区教科院负责项目基本环节：申报、研究方案、中期检查、结项的常规管理；组织协作组的学习、研讨、交流等活动；组织"新课程新教材"通识培训；成果的展示交流、提升、推广。学校协助落实区对本校项目的常规管理，组织区一般项目、校级项目的学习交流，汇报学校项目推进情况。项目组负责组织与实施本项目的研究方案。"分类"是根据项目的研究选题与研究内容，区科管中心把在同一方向、领域的项目聚集在一起，采取项目协助组的方式，组织培训、学习、指导、交流，建立项目研究学习共同体。为帮助学校干部教师深入理解国家政策文件，开阔理论视野，提升研究能力，西城区教育科学研究院设计了系列培训活动。培训活动围绕"新课程新教材"的重点、难点，组织专家开展了系列专题讲座，线上线下相结合，即时对资源进行整理和发布，在"西城区教育科研管理"网络平台上形成了"新课程新教材"培训课程，干部教师随时可以在线回看。这种灵活的形式，为高中干部教师提供了便利，解决了工学矛盾。

三是建立协作组，持续推进项目优化、落地。为了加强业务指导，根据项目的研究内容与方向建立了6个大协作组：课程建设协作组（内部又分美育协作组、劳动教育协作组、拔尖创新人才协作组）、PBL协作组、单元整体教学设计协作组、学校评价协作组、学校治理协作组、生涯规划协作组。"双新"项目秘书处的6位教师分别担任各协作组组长，负责组织策划协作组活动。秘书处分别组织了12场研讨活动，14位相关领域的专家对各个项目的方案进行指导；先后走进北京市第三十五中学、北京市第八中学、北京市第三中学进行项目需求调研；协作组在分组交流项目方案后，针对项目的具体需求开展个别指导。同时，随着对项目认识的深入，问题的聚焦，为学校项目组提供更有针对性的理论支持和实践借鉴。

四是召开项目推进研讨会，扎实有效推进实验。2021年7月，召开了西城区"普通高中新课程新教材实施国家级示范区建设"项目推进研讨会，从区域层面、示范校层面、学校项目组层面对西城区"双新"项目研究的推进情况进行了阶段性总结和研讨。矩阵制的项目管理方式，立足区域，深入学校，学科教师深度卷入，保证了示范区建设扎实有效的推进。

未来西城区将进一步通过项目研究深入推进"双新"示范区建设，促进西城区学生全面而有个性地发展，促进教师高素质专业化发展，促进学校多样化特色发展，实现西城区教育"十四五"高质量发展的目标，为全国"双新"建设贡献"西城智慧"。

二、学校已有的基础及发展特色

（一）学校发展历史

北京市西城外国语学校是一所历经时代变迁，在数代人的不断努力下，顺应不同时代要求，为国家和民族培养急需人才并逐渐形成自身特色的学校。学校的前身是清朝末年创建的法文学校。光绪三十四年（1908年），法国天主教圣母文学会在今天的西城区前门西大街137号，即天主教宣武门教堂东侧创办了法文专门学校，简称法文中学。当时由法国工部局直接管辖，重点在于培养法文人才。法文学校全部招收男生，毕业时由法国授予学位。法文中学在当时曾经为中国邮政、铁路、海关等部门培养了一批法语人才。

1937年6月，根据当时国民政府教育部收回教育主权，统一管理学校的精神，法文中学被饬令申请立案改为北平市私立南堂中学。根据档案呈报，"本校为普通中学，设高中部三年，初中部三年，各年级暂时单轨制，遇学生增多时采用双轨制"。学校教员都是男性，有近一半都是辅仁大学毕业。学校课程设置具有存中学授西学的特点，擅长英语和法语课程。

新中国成立后，南堂中学被接办改造。1951年北京市教育局正式停办南堂中学，改为北京市师范学校二部。为适应首都幼儿教育事业发展的需要，1955年9月，北京市教育局正式批准在北京市师范学校二部的基础上成立北京幼儿师范学校。因生源增加，校舍紧张，1956年，幼师迁入端王府夹道原北京师范学校校舍。学校大胆从幼儿园选拔优秀教师充实师资，同时选择优秀毕业生留校任教，并送他们到高校进修。幼师为女校，学校课程分为四大块：文化课、专业课、艺体课和实践课，其中艺体课的音乐、舞蹈尤为擅长。到"文革"前，北京幼师已经成为一所完善的、成熟的、专业的、独一无二的幼儿师范学校。

20世纪60年代，"文革"兴起，幼师停办，而教工留任，在原址建"卫东中学"。70年代改为"北京市一五五中学"，70年代末，因城市改造征地，学校迁至西直门外南路6号。1978年，教育部将英语纳入高考科目的举措激发了国人学习英语的热情。学校开始探索外语教学之路，并希冀以教改促进学校薄弱面貌的改变。

党的十一届三中全会做出改革开放的决策之后，各种涉外贸易领域急需具有听说基础扎实、英语交流能力强的复合型人才，而这种人才的培养显然不能仅从大学开始，更需要中学英语教学的有力支持。当时的学校领导敏锐地捕捉到社会经济环境对中学教育的需求，在市区相关部门和领导的支持下，于1983年开办了职高外贸班，学校成为一所职、普合一校。紧紧把握时代潮流，学校教育教学质量和学生的综合素质稳步提高，其中外语教学效果尤其突出，为北京市培养了大批英语听说底子好，英语交流能力和学习能力强的外贸人才。学校优异的办学成绩日益引起社会的广泛关注，被北京市教委评定为北京市市级重点职业高中。但是职高外贸教育逐渐不能满足经济发展的需要，北京市、西城区教委做出决定：北京市一五五中学从1989年起改办为"北京市西城外国语学校"，成为一所以外语教学为特色的六年一贯制的完全中学。

在开办外贸班的过程中，学校的外语教学积累了丰富的经验。学校领导和老师们坚持在外语教学中落实素质教育的目标和要求，力主将西外办成以外语教学为特色、注重学生全面发展的学校。自此，学校步入了快速发展的历史新阶段。

1997年，为适应社会需求，学校于顺义建12班编制的寄宿部。随着办学规模渐大，2003 年，迁址至北京市育荣国际教育园区（昌平区），被誉为京城首屈一指的寄宿学校。

1998 年，鉴于学校发展成果显著，社会声誉日盛，经北京市教委批准，学校成为北京市首批体制改革实验试点校。2002 年，学校被确定为"优质办学资源校"。在快速科学发展的基础上，学校于 2003 年 9 月在初一年级招收六年一贯制法语班和西班牙语班，并在高中开设法语和西班牙语选修课，以后又在初高中相继开设日语、德语、俄语、韩语等选修课，成为名副其实的"外国语学校"。随后，根据教育发展整体布局的需要，学校先后与北京市第九十八中学，北京市第一一零中学整合，沿袭北京市西城外国语学校建制，形成一校四址的格局，规模位居市区前列。2005 年，学校被北京市教委评为"北京市示范性普通高中"，自此步入北京名校的行列。

在新的历史时期，学校将课程改革和特色建设融为一体，在理论和实践层面进行了认真探索，不断提升学校的品质和核心价值。学校先后获得"国家试验区可持续发展教育示范校""国家级特色高中校""全国示范性外国语学校""北京市文化建设示范校""北京市科技教育示范校""北京市艺术教育示范校"等几十项殊荣。

（二）学校现状

学校现在一校两址：分别为西直门校区（西外南路 6 号），百万庄校区（百万庄大街 37 号），学生总人数 2000 多人，教职工 240 余名。西直门校区为学校初中部，百万庄校区为高中部和多语种班。目前高中部现有专任教师 104 人。教师的年龄分布、职称分布、学历分布如下：

从教师年龄分布情况来看，35—50 岁的教师占高中部专任教师的 61%，35 岁以下教师占比 12%，50 岁以上教师占比 27%，教师年龄结构整体上处于成熟期，几乎所有教师均有多年高中三年的教学经历，学科教学基本功扎实，教学经验丰富。另一方面，教师学科教学惯性很强，对新课改理念的接受、理解并付诸行动上需要突破自己的原有教学经验，走出教育教学的舒适区。

从教师的职称、学历分布情况来看，高级教师占比56%，一级教师占比30%，二级教师占比14%，研究生学历占比16.5%，教师职称中，高级和一级教师占比很高。有一批教学业绩突出的骨干教师，有利于教学研究的开展，但学校缺乏专家型教师、科研型教师引领整个教师队伍向更高学术水平迈进。未来学校需要在教师专业化发展中搭建更多的平台，从理论、实践、研究等多个角度引领教师专业发展，不断推动新课程建设迈向更高台阶。

学校的生源随着北京市、西城区义务教育阶段教育改革的不断深入推进，也在发生着深刻的变化，学校的招生政策由原来的自主招生逐步过渡到提前招生再过渡到中招统招。目前学校的生源录取分数线位于西城区第16位，录取的学生成绩位于西城的总体排位在3000名至5000名之间。学校招生政策的变化和生源的变化也给学校教育、教学、管理带来了新的课题和挑战。目前高中共25个教学班，高一年级9个班；高二年级，4个班"定二走一"，3个班"定一走二"，1个多语种班大走班形式；高三年级8个班，有1个班是定班上课，两个班是"定二走一"，其余5个班是大走班的形式。学生的整体优势是言行规范，乐于表达，沟通交流能力强，综合素质较好，不足是学习动力不强，学习能力欠缺。初中中考政策带来的选考科目发展不均衡，学生学习功利心理较明显。这几年在学校招生政策调整和生源变化的背景下，高中部全体教师发扬了西外教师特有的拼搏与钻研精神，努力激发学生内驱力，提高学生自主学习能力，确保了教育、教学质量稳步提升，特色教学成果显著，一批批优秀的毕业生考入自己理想的大学。

西城外国语学校坚持"特色发展""文化立校"的办学思路，以特色引领全局，在特色发展之路上不断丰富、总结、提炼学校文化，形成了"人本、多元、包容、创新"的学校文化价值内核，构建了以"和谐·发展""爱·阳光·幸福"为核心价值观的学校核心文化，以五大阳光法则，即微笑、感激、享受、选择、美丽为重点的人文文化。学校确立了"为了孩子的一生幸福"的办学理念，独具特色的校训：Love life（热爱生活），Share wisdom（分享智慧），Enjoy challenges（享受挑战），也逐步形成了外语教育、科技教育、教育科研、心理健康教育和多媒体信息教学五大特点，并被社会媒体称之为西外盛开的"五朵金花"。邓小平同志在 20 世纪 80 年代初提出了"教育要面向现代化，面向世界，面向未来"。我们认为，这"三个面向"中的每一个都与外语素质密切相关，要把外语教学作为培养学生国际意识、拓宽学生视野、培养民族精神、创新精神和综合素质的重要途径。结合学校的历史发展、办学理念和时代要求、学生实际，学校提出了明确的育人目标：为培养复合型、创新型、国际型人才奠基。

表 1-1　学校育人目标体系

育人目标	目标要求	学子形象
复合型	（1）面向现代化的综合能力 （2）跨学科融合能力 （3）善于协调沟通团队合作 （4）发展各方面的兴趣爱好	品格高尚 志向高远 兴趣高雅 素质高超
创新型	（1）面向未来的探索精神 （2）创造力和动手实践的能力 （3）提出问题和解决问题的能力 （4）学有所长	
国际型	（1）面向世界的国际视野 （2）跨文化对话交流与沟通能力 （3）民族自信与文化传播能力 （4）人类命运共同体的价值观念	

三、"双新"引领下的学校变革

2020 年 2 月，北京市发布了《关于遴选建立普通高中新课程新教材实施示范区和示范校的通知》及《关于深化育人方式改革推进普通高中多样化特色发展的意见》，明确了"双新"实施示范区和示范校建设的总体目标和重点工作任务。2020 年 7 月，北京市西城区被教育部批准为普通高中新课程新教材国家级示范区（以下简称"双新"示范区）。2021 年 1 月 26 日，西城区召开普通高中新课程新教材实施国家级示范区建设工作推进会，确定了以项目研究推进示范区建设的基本策略。2021 年 2 月，西城区发布"双新"示范区建设项目指南，西城外国语学校申报并立项了6个研究项目，以项目研究为驱动，系统、整体、协同推进"双新"项目深度实施与科学研究。在全面实施新课程新教材的大背景下，特色普通高中的再发展应依据国家"双新"要求，结合学校特色发展新思路，基于重点领域推动校本实践，依托研究项目引领系统实施。其间，使我们深刻认识到以改革创新凝共识、激活力、增动力，双新赋能持续促进学校创新特色发展。

（一）立足文化基础，价值共识赋能创新发展定力

价值认同与发展共识，是"双新"扎实落实与持续推进的重要保障。西城区深厚教育文化积淀和西城外国语学校特色文化理念，有效保障了"双新"项目创新发展。首先，西城区作为首都教育质量高地，始终坚持教育研究与改革创新，在文化理念、课程建设、教学改革、考试评价等关键领域形成了较为成熟的西城模式与典型经验。其次，西城外国语学校作为北京市首批体制改革试点校之一，创新发展便成为西外鲜明的文化基因，学校秉持着"为了孩子的一生幸福"的办学理念，始终践行着独具特色的校训：热爱生活、分享智慧、享受挑战，教师们具有积极主动、敢于担当、勇挑重担、进取创新、乐观幸福的优秀品格。西外的学生视野开阔、思维活跃、乐于表达、善于交往。学校形成了"人本、多元、包容、创新"的文化氛围。优秀的区域文化积淀和学校特色文化基础，使我们能够很快地深入理解"双新"，实现深层次的价值共识发展理念，让"双新"有效落实，转化为提升学校创新发展的引领力量。立足文化传承与丰厚文化积淀，学校形成以"德"为育人核心、以变革为创新动力的价值追求：崇德立校——即形成"崇德"的文化底蕴；育德养师——即大力育德涵养教师；立德树人——即多层面立德培养学生，实现为党育人，为国育才的使命担当。

（二）坚持多元融合，课程创新赋能系统育人活力

在"双新"背景下，普通高中多样化、有特色发展是推进高中育人方式

改革的重要目标之一。坚持多元融合，坚持文化引领，建设课程育人体系带动学校的系统改革，既是育人方式变革的创新实践，也是学校高品质办学的使命担当。基于此，学校提出了建构"F+"多元融合课程体系，优化外语、STEAM、知行、体育等四大课程群，在区域内形成课程建设实践的特色样本。

"F+"意指在坚持外语教育特色的基础上，进一步强化优势，丰富内涵，实现跨语种融合，跨学科融合，跨文化融合，最终实现学校全面、多样、优质发展。具体表现为：一是开设多语种课程（即西班牙语、法语），主修 + 辅修；二是在外语特长的基础上，加强对学生"科创"精神的培育；三是在外语特长的基础上，突出艺术教育、体育教育等，形成学科融合课程群。

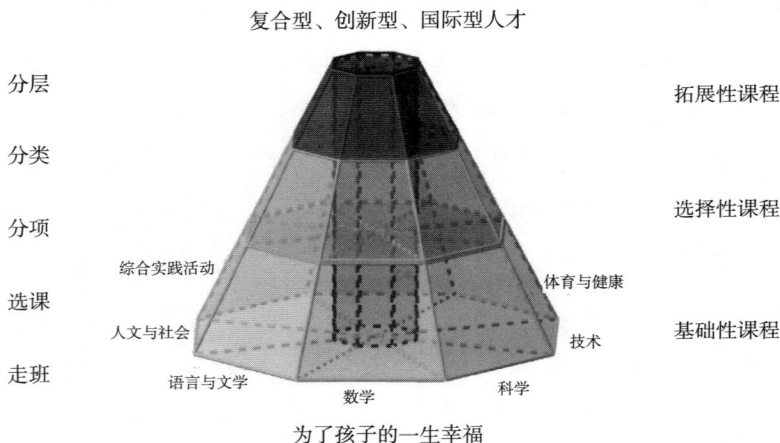

图 1-1 "F+"课程体系结构框架

"F+"课程体系的基本思想是以素养为核心，以"为了孩子的一生幸福"为出发点，以培养"复合型、创新型、国际型"人才为目标，根据国家课程的八个学科领域，即语言与文学、数学、科学、人文与社会、劳动与技术、体育与健康、艺术、综合实践活动，依据学生发展需求设置了基于核心素养的基础性课程、选择性课程、拓展性课程三大层级课程，实施分层、分类、分项，选课、走班的课堂教学组织形式，涵盖了德智体美劳五大领域，形成五育并举、整合融通的课程体系。

在"F+"课程体系中，课程呈现为多样化、更具选择性的特点，能够充分满足不同发展方向、不同类型学生发展的需求，进而实现课程的设计与"每一位学生"的需求和选择对接。在"F+"课程体系中，每一位学生都拥有一张独特的课表，形成属于自己的课程谱系。通过这些课程谱系，促使学生找到自己的兴趣点和内动力，从而促进学生全面而有个性地发展。

在建构"F+"多元融合课程体系的过程中，我们及时得到了北师大裴娣娜教授及其团队和西城教委、研修学院、教科院的精准指导。特别是裴教授率队于 6 月 18 日在我校进行的一整天全方位深度调研和指导，全面细致深入地讨论研磨基于外国语学校特色基础的课程体系，强有力地推进了"双新"变革下学校育人系统模式的变革。

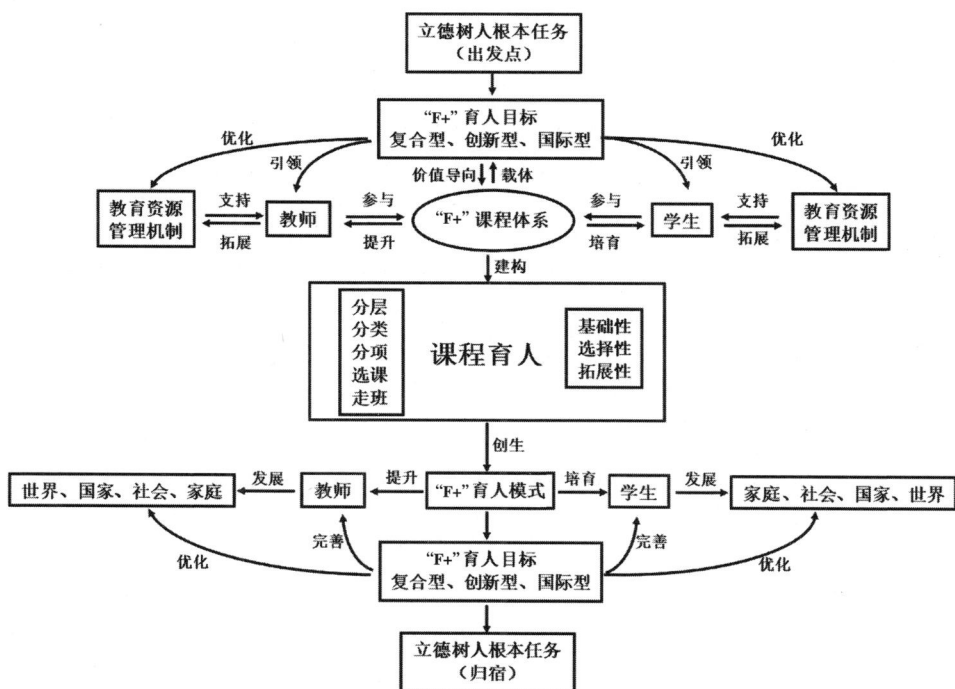

图 1-2 "F+"育人系统模式

西城外国语学校是一所外语特色鲜明的示范性高中，近年来积极开展高中育人模式变革的实践探索，逐步树立了学校"F+"育人模式的办学品牌。

在"双新"项目下，学校将以"F+"育人模式为引领，以课堂教学改进为核心，推进"F+"课程体系建设，开展各学科教与学方式变革的行动研究，致力于把学生培养成为外语突出、文理融合的"四高三型"人才。

（三）强化整体协同，教学相长赋能专业发展动力

学校强化整体协同，不断优化教学方式。整体协同是关注教学相长，帮助每一位教师和学生建立专业发展系统和基于个性化学习需要，建构自主、合作、探究学习系统。学校注重发挥"专业发展共同体"建设，持续推进"教师科研工作坊"，开展"双新"项目驱动下课题和教研专题系列培训与深度实施。

1. 优化教学组织形式，构建学生自己的学习系统

学校重新统整了课程体系，进行了国家课程的校本化实施，优化教学组织形式，实行行政班与教学班并行，以满足学生的个性与未来发展的需要。我们尊重每一个孩子的个性需求和不一样的成长方式，通过灵活的课程选择为不同学生铺设不同学习轨道。通过选课，课程与每一位学生联系起来，构建起学生自己的学习系统。通过课程内容结构整合，学科纵向的内在结构、逻辑体系、概念关联的统整形成大单元整合教学；通过对学科之间横向的联系，开发主题式教学，锻造更为"聚焦"的课堂，更加"整合"的课堂，更富"内涵"的课堂，更具"活力"的课堂，实现"知事融通、知识融合、知行合一、身心合一"，有效破解课堂教学低效难题；通过开展基于真实情境的项目化学习，突破了传统授课模式的框架，在不断发现问题、解决问题的渐进过程中，促进学生的全面发展。

2. 致真思远学术论道，构建教师专业发展支持系统

教师专业发展是学校教育质量的核心竞争力。多元举措为教师专业发展提供动力支持，激活教师专业发展动力是保障"双新"有效实施的关键力量。学校坚持教学相长，努力创建促进深度学习的学术氛围。

致真学术沙龙是星期二下午举办的学术研讨活动，由高一英语备课组初

高中衔接课程构想与实施专题研讨而发端，而后，一系列活动应运而生。高二英语备课组英文小说阅读嵌入教学专题研讨、初高中语文组贯通研讨，语文组、英语组以及历史组跨学科融合专题研讨，不断推而广之，形成令人期待使人快乐的专业成长活动。在这里，老师们研究真问题，表达真观点，探究教育本真，实现专业影响，体现了专业自主和学术民主。

思远学术讲堂的举办宗旨是崇尚科学，追求真理。学校邀请大学教师、杰出人物、学科专家走进校园，以专业的态度，践行学术追求和价值引领，强师提质，使师生的视野向更宽、更远、更深处打开。

学校持续建设"科研工作坊"，通过专家引领、课题研究、团体互动、个别辅导等方式，激发教师以研究促教学改革的动力，提升教师以学术促专业发展的能力。目前，"双新"的六个项目研究，核心组成员60人，占到高中教师总人数的75%，多点开花，带动全体师生共同参与，取得了良好的效果。

3. 始终坚持教学相长，打造课堂多维互动资源平台

学校坚持教学相长，形成了西城外国语学校的特色课堂，即课堂成为学生与教师、资源、环境互动的平台。从高中课程改革开始，学校就高度重视课堂教学改革，教师以交互式电子白板为核心教学设备，构建信息化教学环境，在继承传统的基础上构建了"以学生为中心、以互动分享为核心"的教与学的全新环境，将课堂还给学生，让课堂焕发生命气息。"双新"背景下，伴随着信息技术与课堂教学的深度融合，学校又及时引进了互动终端，教师在课堂上能够随时准确掌握学生的整体状况，又能精确到每个人的具体情况。精确的反馈数据成为丰富的教学资源，教师及时调整教学策略与内容，找到精确的航标。西城外国语学校的课堂是互动的课堂、生态的课堂，教师和学生都是教学生态环境的主体，都在教学互动的过程中幸福生长着。

第二章 "双新"驱动：焕发校本研修新活力

建设高素质专业化教育人才队伍是《首都教育现代化2035》的十二项战略任务之一。从学校层面如何建设？校本研修是重要一招。对校本研修的重新认识和系统改进，是首都基础教育每所学校在"十四五"时期需要认真思考和着力推进的一项学校发展战略举措，也是立足首都"四个中心"城市战略定位，进行教师队伍建设的一项重要内容。校本研修是促进中小学教师专业发展的主要途径，它聚焦"教师发展"，同时对学生成长与学校改革创新具有深远意义。近年来随着课程教学改革的不断深化、推进学校教育高品质发展的主旋律唱响，学校育人方式、教学模式和校本研修都面临进一步深化改革的新要求。优化与落实校本研修制度，保障育人质量和效能成为学校"双新"背景下提质增效的重要抓手。

一、以校为本的教师学习

（一）"实践取向"的校本培训

美国于1986年由霍姆斯小组在《明天的教师》报告中提出"教师专业发展学校"（Professional Development Schools，简称PDS学校）这一概念。"教师专业发展学校"是大学与公立学校之间具有伙伴关系的一种新型机构，它强调大学与中小学之间的相互联系与沟通，是"为初学者的专业训练，有经验者的继续发展以及教学研究和发展而考虑的最佳的学校形式。"①"教师专业发展学校"的目的是为教师提供实践训练，最终目标是提高在职教师的实际教学水平，促进中小学和大学的改革和发展。

英国则采用"校本培训"的模式来培训教师。19 世纪末 20 世纪初，英国开始兴起以中小学为基地的"师（教师）—徒（师范生）制"教师培养模式。②1944 年的《麦克奈尔报告》提出教师培训要取得理想效果就必须重视培训的实践性。1972 年的《詹姆斯报告》又指出，在教师培训中，应立足学校实际，破解教师工作中遭遇的突出问题，从而改进学校和教师的工作，为教师专业发展服务。在英国，教师校本培训内容集中于教师胜任教学甚至是革新教学的各种能力，包括有关教育理论、所教学科的知识与运用、学校与班级管理、与学生的交往、对学生的评价、校本课程开发、教学新技术的运用等。而国家的教育立法和教育规划工作所倡导的重点内容更是该时期中小学教师校本培训的重要内容。其次，学校还特别强调教师校本培训内容要考虑到学科教学、国家统一考试、校本课程开发、与家长和社区的关系等方面的需要。另外，教师校本培训内容也重视教师知识和技能的扩充，这被视为中小学教师面对技术社会的突飞猛进必须做出的反应。不仅如此，教师校本培训还注重教师专业研究能力的发展。

1989 年，欧洲教育协会把校本培训界定为：源于学校课程和整体规划的需要，由学校发起组织，旨在满足个体教师的工作需求的校内培训活动。以校为本的教师培训都是相对于以高等教育机构为本的教师培训而言的，都强调以教师任职学校为基本培训单位，以提高教师教育教学能力为主要目标。③这种培训简单地说，有三方面含义，一是为了学校和教师，二是在学

① Holmes Group, Tomorrow's Schools: Principles for the Design of Professional Development Schools, East Lansing, M.I.: Author, 1990.

② 胡艳，蔡永红.发达国家中小学教师教育[M].海口：海南出版社，2000：46.

③ 李永生.国内外教师校本培训研究与实践的综述[J].中小学教师培训，2003（6）.

校中，三是基于学校。这种培训是以学校为培训基地，在上级培训机构的指导下，由校长、教师、学生共同参与的，充分利用校内外培训资源，直接服务于学校和教师，服务于教学的培训活动。[1]

日本也非常重视教师培训的实践性。近年来，日本许多中小学在校本培训的基础上，构建了在职教师的实践模式——"授业研究"（lesson study）。这是一种校内培训研修模式，主要是指教师通过共同设计、观察与讨论真实课例的一种合作研究，其主要精神为"反思、合作、持续、改善与做中学"，其理念是通过"授业研究"，创造各种机会和有效的方法来改变和丰富课堂实践，提升教学质量，促进教师专业发展和改善学校学习环境。[2]

澳大利亚在20世纪80年代颁布了许多关于教师教育的报告，如《澳大利亚国家学校教师专业发展蓝图》《一种值得关注的道德——对新教师的有效计划》和《联邦高质量教师计划——2003年行动纲领》。这些报告都提出了"以校为本"的教师教育理念，要求教师教育必须在学校进行实践研究，将学生管理、课程材料分析、教学录像等作为教师的课程研究内容，将研究结果直接运用于教学实践，从而促进教师专业发展。

2011年10月8日，我国教育部颁布的《教师教育课程标准（试行）》在第一部分基本理念部分明确将"实践取向"列为教师教育课程改革的基本理念。[3]标准提出，教师是反思性实践者，在研究自身经验和改进教育教学行为的过程中实现专业发展。教师教育课程应强化实践意识，关注现实问题，体现教育改革与发展对教师的新要求。教师教育课程应引导未来教师参与和研究基础教育改革，主动建构教育知识，发展实践能力；引导未来教师发现和解决实际问题，创新教育教学模式，形成个人的教学风格和实践智慧。

---

① 李进主编. 教师教育概论 [M]. 北京：北京大学出版社，2008：530-531.

② Stigler, J. W. & Hiebert, J., The Teaching Gap Best Ideas from the World's Teachers for Im- proving Education in the Classroom, New York: The Free Press, 1999, pp.78-83.

③ 王会亭. 基于具身认知的教师培训研究 [M]. 北京：中国社会科学出版社，2017：240.

综合各国教师校本培训的目的，可以发现除了遵循国家总目的以外，校本培训更注重自己学校教学的实际需求，更注重现实性和未来性，是学校教师自我要求、学校教学实际中现实问题解决和教育改革三方面的有机结合。[①] 归纳起来主要有知识目标和能力目标两方面：更新知识的培训目的；提高能力的培训目标。可见，国内外教师校本培训在目标上具有许多相同之处，即都强调以学校为基础，注重培训过程中教师经验总结与提升，重视个体需要和自我教育，以此提高教师教育教学实践水平和教育科研的兴趣和能力。

吴卫东（2005）指出，校本培训的理论基础包括：将教师蕴含于教育教学活动中的个人实践性知识显性化是知识发生的一条重要途径，知识的权威不一定在高等学校，不一定只是专家学者；学校环境是影响教师专业发展的重要外在因素，"校本"切合于这个理念。基于共同体的教师学习可以改变原有的以专家讲解和灌输知识为主要方式的在职教师教育模式，有助于教师在教育改革中认识、内化新的教育教学方法，促进自身的专业发展（Hutterli & Prusse，2011）。"校本"培训使教师在职教育的问题解决模式得到了新的突破，成为教师在职教育的有效形式之一。校本培训打破了以往以理论知识为尊的教师教育模式，重视基于教学实践的探究，因此，校本培训也成为促进教师科学研究能力的有效手段。

就培训内容而言，当前国外教师校本培训宜淡化政治色彩而主要倾向于满足教师个人需要，重视教师在教学实践过程中的问题解决和所需技能的获得，诸如如何实施有效教学、如何运用信息技术加强学生课堂学习、如何满足有特殊要求的学生的需要等。知识和技能的扩充、教育理论学习、学校管理和教师教育研究能力的培养都是校本培训的内容。

教师校本培训的优点可以概括为：（1）目标的直接指向性。（2）内容的现实针对性。（3）方式的灵活多样性。（4）组织管理的自我主体性。（5）支

---

① 于建川．国外校本培训的经验及其启示 [J]．中小学教师培训，2003（2）．

持系统的共同协作性。（6）培训质量的有效评价性。通过校本培训的组织和管理，加强教师间的协作与交流，建设会学习的教师群体，促进学校由教师忙于授课、辅导、改作业的事务性组织向学习型组织发展。从这个意义上说，校本培训最大特点是教师学习与工作有机统一，是终身学习的生存理念在学校展开的生动体现。

（二）从校本教研到校本研修

校本教研是一种活动，它原本的切入点是教师针对教学中的实际问题以研究的方式展开的问题解决活动。50多年来，这种教学研究活动作为一种学科教学研讨制度，一直在中小学存在着，成为中小学教师工作的一部分。回顾新中国成立后中小学教育教学研究的历程，自从20世纪50年代初开始，中小学的教研活动在改变教学的盲目性和无准备状态，建立健全的教育教学秩序上起过很重要的作用。走过"文革"十年后，70年代末80年代初，学校教研活动为恢复正常的教学秩序，大面积提高教学质量起了重要的、积极的作用。通过教研活动，一批学校的面貌发生了改变，一批有成效的教学经验得以推广，一批教师获得了成长。[1]为应对新课程改革的挑战，学校教研工作发生了很大的变化，顾泠沅等认为，"校本研修"超越了原有的"校本教研"概念，其变化主要体现在以下四个方面。[2]

一是从熟练技术操作取向到实践反思取向。如果说以往的教研活动偏重于教师技能技巧的熟练度的话，现在的校本研修则除了关注这些细节操作之外，更关注如何从杂乱无章的经验中理出头绪来，能将经验加以分析、整理、归纳，从中萃取出共通性的部分，使零碎的经验成为有意义的组合。这意味着，教师应该不断地追问实践，在日常教学实践中不断发现问题，经由

① 王洁，顾泠沅.行动教育——教师在职学习的范式革新[M].上海：华东师范大学出版社，2007：63.
② 王洁，顾泠沅.行动教育——教师在职学习的范式革新[M].上海：华东师范大学出版社，2007：80-84.

有计划、有目的的学习获得成长，而不是依赖盲目地尝试错误而改进。这也意味着，校本研修活动要创造一种气氛，协助教师对所获得的经验加以反思，否则经验对于促进教师专业发展的功效是相当有限的。

二是从研究教材教法到全面研究学生、教师的行为。研究教材教法主要关注：一是教师如何吃透教材精神，二是选择恰当方法，三是更有效地向学生传授知识、培养能力，这时教师是教学活动的主体，学生是"一桶水与一杯水"中的"一杯水"。而全面研究学生、教师的行为，即关注学生的现有基础、发展需求和实际可能性，关注教学过程中学生主体地位的实现，关注教师的教要适应学生的学。

三是从重在组织活动到重在培育研究状态。国内外很多研究表明：教师的探索性实践是教师专业发展的一条重要途径。学校教学研修活动是教师专业生涯中的一个重要方面，要让它在教师专业成长中、在当今的课程改革中发挥作用，我们就应努力在学校的学科教学研究中引入研究文化，让学校教研活动成为教师解决教学实际问题的行动指导。教研不再是折腾教师的负担，而是与教育教学相融合、促进教师专业发展的有效途径。

四是从关注狭隘经验到关注理念更新和文化再造。以往的教研活动注重个体某项教学经验的总结和交流，现在的校本研修关注经验和问题背后的理念和行为方式，换言之，关注的是这些经验怎样才能形成和重新形成，使学习和研究成为教师共同的职业生活方式，使教研组成为学校的学习型组织。

"为了学校、基于学校、在学校中"，这是现在对"校本"的最高度化概括。校本研修就是指在学校中组织教师培训活动和教师开展的科研、教研活动。具体而言：一是理念上，"校本"指向的是学校文化的重建、教师专业的发展、管理方式的改进。二是机制上，"校本"指向的是外在（培训机构）的引领和指导、内在（中小学校）的决策和组织、内外的协商与互动。"影响"的实现不是通过行政的方式，而是通过协商与互动使双方达成"共识"；"协商"不是讨价还价，而是理论的引领、方式的引导、资源的引入；"互动"不是相互走动，而是项目的合作、问题的解决、平台的搭建；"共识"是推动校本研修的核心机制。三是方式上，"校本"指向的是学校问题的解决、教师发展的自主、学习文化的形成。在校本研修方式的设计上，需经历从"自由化"到"规范化"到"特色化"的变化过程；在校本研修方式的实践中，需经历从"自主实施"到"规范实施"到"统而不死、放而不乱、实而不虚"的实践局面。

作为教师专业发展的一种模式，"校本研修"是在1999年上海教师教育工作会议上正式提出并写入《中小学教师培训规定》的。"校本研修"的特征概括起来有以下几点：职场性，自主性，研究性，专业性，成人性，区域性。"校本研修"是基于学校、立足职场、源于问题、自主研究、团队互助、专业引领、区域统领的教师专业发展模式。从教师教育的角度来看，"校本研修"是以"课程为中心"向以"问题为中心"转型的实践模式，它符合新课程改革的需求，应该成为教师专业发展的主要模式。

总之，从"校本教研"到"校本研修"，重构的是学校原有的教研活动。"校本研修"是融合于教学活动之中的，从某种意义上说它就是教育教学实践行动的一种形式，而不是游离于教育教学实践行动之外的活动。融工作、学习于一体的校本研修不只在改变教学实践，更在于加深教师对于所从事的教育教学实践的理解，增进教学专业知能，提升教学实践智慧。因此，校本研修活动既是教师教学方式、研究方式的一场深刻变革，同时也是教师学习方式、历练方式的一场深刻变革。它在中小学展开的图景是：一群有着共同的关注点、对同样的问题或者同一个话题有热情的教师，聚拢在一起，相互观课、相互评论、分享经验、行为跟进，最终获得各自不同的长进。从学校管理的角度看，它是一种学校既有教研活动有效展开的方式；从教师个人的角度看，它又是一种教会教师实现理念向行为的转移、改进教学、追求卓越的比较有效的途径。"校本研修"与"校本教研"的切入点不同，它秉持的理念是将教师成长作为方向，是教师成长的一种模式，是教师的工作、学习进修与研究三者的整合。当在职教师在学校工作中，真正将自己的教学、研究和学习三者整合在一起的时候，二者就成为一件事情，在本质上是一种

"行动教育"。

（三）校本研修的类型

校本研修模式立足于"以学校为本""以教师为本"，旨在通过研修活动提高在职教师的自我学习和自我发展能力，从而推动教师可持续、终身发展，并进而促进学校文化、特色的打造和学校的可持续发展。研修内容以在职教师在教育教学实践中遭遇的疑难、疑惑、问题为中心，多以教学实践技能和教科研能力的培养为主。研修方式包括专家讲学、师徒结对、自学指定图书、课题研究、学术沙龙等。校本研修是基于在职教师的自身需求，往往有着较强的学习内驱力；研修的内容、资源也大多源自于教师和学校。研修的针对性、激励性、全程性以及在职教师培训重心的前移、自主权的下放、教师内在需要的受关注等是这种模式的最主要特点。但是校本研修模式也需要防范可能出现的问题。比如，充分的教育培训自主权、单一的教师教育培训环境等容易使教师在职教育滑入"庄园式"的封闭怪圈，当组织者和参与者心态失衡或心态疲软时，容易趋向急功近利或流于形式。[①]

校本研修的开展需要一个能够担负起鼓励学习、发展能力、管理知识和推动个人行动等责任的组织。这个组织能使老师们聚拢在一起，关注于问题、相互支持。在实践中，这一组织类型有三个维度的划分方法：正式的与非正式的合作小组、他人促进的与自我促进的合作小组、校内和校外的合作小组。正式的教研活动主要包括：集体备课、说课、听课、评课；讨论考试命题、试卷分析；集体业务学习，传达贯彻上级指示，业务考核；专题研讨活动或正式课题研究；出外参考考察，学术会议或在职研修；优质课评比，研讨；师带徒，结对子。非正式的教研活动主要包括：围绕教学工作的随意交谈；针对个别学生的"集体会诊"；对学校焦点（热点）问题的自由讨论；教师自发的学术沙龙或聚会；围绕教师工作的网上聊天；教师反思性阅读，

---

① 杨跃.教师教育学 [M].北京：北京师范大学出版社，2016：144.

撰写专业日志；教师与研究人员或校长的平等对话。相比而言，非正式的教研活动对在职教师启发、影响最大，和学校日程上安排的"正式教研活动"对教师具有同样重要的作用，两者共同构成学校的教研文化。[①]

1. 按组织方式分类

（1）"群体学习"式教研：全校教师以教研组、课题研究小组、自愿组合等形式，在探索教改之路、"摸石头过河"的同时，加强群体学习，用学习的力量避免盲目。（2）"先导小组"式教研：校长或学校中核心人物接受了一个新的理念，通过建立一个由少数人组成的"先导小组"方式，先行实践，在实践的过程中带动了更多人的认识，引发了学校更多人的自觉实践，最后实现了共同长进。（3）关键人物发起的教研：骨干教师、课改先行者是课程实施的关键人物，学校充分发挥他们在校内的引领作用，成立专门的工作室或研究小组，与一般教师组成一个实践共同体，在面对复杂、真实的教学问题的讨论与处理过程中，展开校本教学研究，使教师获得专业成长。（4）不同背景教师组合的教研：教师作为独立的个体，有着不同的知识结构、经验背景及兴趣爱好等，这些具有不同背景教师的组合，能通过合作、交流与分享，完善知识结构，从不同的角度和侧面"走进"新课程。

2. 按发动、激励方式分类

（1）任务驱动的教研：将一个阶段内教师们比较关注的、来自教学实际中相对集中的问题，作为一个活动主题或研究的专题，对教师而言，任务本身是一种教学研究，也是一种探索的驱动力。（2）项目合作的教研：学校参与专业机构主持的某一个项目的研究，成为实验点或承担部分研究工作，通过教师与专业研究人员的亲密合作，推动学校教研活动。（3）有技术介入的教研：和以往的教研活动相比，技术的介入能够提高教研活动的实效性，使教研活动以不同的形式展开。例如学科教师与负责现代信息技术的教师组合起来，建立教研的技术平台，甚至试行网上的"虚拟教研"。（4）以"打

---

① 王洁，顾泠沅.行动教育——教师在职学习的范式革新[M].上海：华东师范大学出版社，2007：93-96.

造学校品牌"驱动的教研：以一个阶段内教师们比较关注的、来自教学实际中相对集中的问题，作为一个活动主题或研究的专题，综合教师知识结构、经验背景及兴趣爱好等优势，以打造学校品牌任务为动力，开展群体合作的校本教研。

3.按推进、展开方式分类

（1）连环跟进式教研：教研活动中，由多位教师接连上同一内容的课（也可以是同一位教师接连上几次课），每次上课都进行深入的观察、分析、比较，并提出改进建议，通过不断的实践反思，提高教师的教学行为水平。

（2）中心学校辐射的教研：主要利用中心学校的人力资源、物力资源和信息资源，支持周围的一般学校，共同提高教师的教学研究水平，这对解决农村、偏远地区教育资源相对匮乏问题，具有突出作用。

（3）联片教研：学校之间共同合作，相互开放，相互交流，在立足于自己学校开展教学研究的基础上，充分挖掘不同学校的潜力和资源，从而实现优质资源共享，优势互补，谋求共同发展。

校本研修在不同的学校、不同的环境下，其演进的途径是不相同的，展开的途径不胜枚举。当然，每种途径都有存在的条件，有它的优势和不足，我们进一步要做的是，甄别不同展开途径的形态与功能，具体分析每一种实施形态在什么条件下、对什么学校、对怎样的教师具有适用性。这项研究只有通过实践与行动，通过理论的比较与提炼才能获得相对全面的、深入的认识。

当前中小学校本研修存在如下主要问题。①

1.校本研修的理念还需普及

校本研修是指基于学校真实教育情境，教师开展教育教学研究和自身专业修养提升的活动。校本研修概念的演化来自两条路径，即"校本培训"的

---

① 占德杰.指向首都"四个中心"建设的校本研修特征与模式研究 [J].中小学信息技术教育，2022（5）：43-44.

自然延伸和"校本教研"概念的进阶①。这种概念的演变，反映的是教育理念的更新，校本研修更加强调教师的自主发展，更加关注教师集体研究与个体学习的有机融合。它既是教师教学方式、研究方式的一场深刻变革，同时也是教师学习方式、历练方式的一场变革②。然而调查发现，部分干部教师对校本研修的认识还是停留在原来的"校本培训"或"校本教研"阶段，导致校本研修的理念和方法没有被干部教师真正掌握和运用。

2. 校本研修的内容还需完善

当前校本研修在内容和指导方向上注重学科专业，忽视教师整体素养，在教师的师德修养、职业精神、政治站位、学科视野、教育格局等方面出现弱化或缺失。比如，我们在首都教师对"四个中心"了解情况的问卷调查中发现，教师对"四个中心"的了解不够全面准确。教师认同感较强的是政治中心和文化中心，所占比例分别达到了 95.38% 和 92.31%。认同感较差的是科技创新中心，所占比例为 71.54%。这种教师专业发展态势显然与落实立德树人根本任务，强调五育并举培养全面而有个性发展的社会主义建设者和接班人的要求是不符的。

3. 校本研修的方式还需改进

虽然每所学校都重视校本研修，都有制度保障，但是在实践中出现了教师专业发展"成效递减"的现象，如何创新校本研修机制，提高教师专业发展的实效性是基础教育改革中一个值得研究的重要现实问题③。这种"成效递减"体现为教师专业素养在校本研修中没有得到有效提高，校本研修活动大多集中在教师本学科的专业培训和研究上，在研修方式上缺少创新，教师参与校本研修的积极性和创造性较低。

---

① 杨玉东. 教师学习视角下的校本研修概念演化及其本义 [J]. 教育参考，2020（5）.
② 顾泠沅. 对校本研修渊源与开展现状的思考 [J]. 现代教学，2012（Z1）.
③ 戚业国. 校本研修的制度性困惑与机制创新 [J]. 教师教育研究，2013（9）.

二、校本研修的首都要求

2022 年 6 月，北京市教育委员会印发《进一步加强中小学校本研修工作指导意见》（京教人〔2022〕8 号）（以下简称《意见》）。《意见》指出，校本研修是立足学校培养目标和实际需求，在市区教师培训机构的指导下，以学校为主体，聚焦解决教育教学实际和学生成长过程中出现的普遍性、发展性、关键性问题而开展的教师研修，是中小学教师培训的重要组成部分。《意见》旨在进一步发挥校本研修（含园本研修）的优势，提升校本研修的质量，有效缓解工学矛盾，促进中小学（含幼儿园、特殊教育学校）教师专业发展，建设高素质专业化创新型教师队伍，保障首都教育高质量发展和实现高水平现代化。

（一）基本理念

《意见》要求校本研修坚持"师德为先、学生为本、能力为重、终生学习"的教师专业发展理念，推进校本研修提质增效，促进教师专业成长，提升学校教育教学质量。

一是提升教师政治素养和师德修养。校本研修应全面提升教师政治素养、师德素养和教书育人能力素质。将习近平新时代中国特色社会主义思想、社会主义核心价值观、优秀传统文化、师德师风建设等主题纳入校本研修，以加强教师思想政治素质、提高师德师风水平，切实强化教师为党育人、为国育才的意识与能力。

二是促进教师专业发展。校本研修以教师专业标准为引领，围绕教师专业发展不同阶段所面临的教育教学实际问题进行研究，探索在学校场域和学科情境中的教师成长规律，切实提高教师师德修养，更新教育观念，优化知识结构，提高教育教学专业能力和创新能力，努力建设一支师德高尚、业务精良、有效服务学生全面发展与学校发展的教师队伍。

三是促进学生全面发展。教师校本研修应立足学生和教育教学实际，服务育人方式变革与课程教学改革，创新教育教学实践，提高基础教育质量，着力提升学生品德发展水平、学业发展水平、身心发展水平，培养学生兴趣特长，促进学生全面发展。

四是提高学校办学水平。将校本研修作为学校变革的内生力量，充分发挥教师的专业能动性，根据本校发展规划和工作重点，立足学校发展实际，构建校本研修体系，研制校本研修方案，有序实施校本研修，及时生成研修成果，服务学校治理、学校文化建设和办学特色打造，满足学校发展需要，全面提高学校教育教学质量。

五是服务区域教育发展。校本研修工作应立足区域发展实际，创造性地开展具有区域特色的校本研修展示交流活动。基于学区、教育集团等资源优势，拓展与高校、科研院所等机构的合作，进一步完善区级层面的校本研修组织与管理指导机制，在实践中着力打造开放多元的具有区域特色的教师校本研修新样态，推进区域师资队伍优质均衡发展。

（二）运行机制

一是精准研修定位。校本研修是以学校为基本单位，基于学校并为促进教师、学生和学校发展而组织的研修活动。坚持问题驱动、结果导向、目标精准、学用结合、突出实效等原则，做到课程内容丰富、研修方式灵活、组织管理规范。校本研修应实现培训、教研、科研以及教师自主学习的有机融合，彰显学校在校本研修的整体规划、系统设计、资源开发、有效实施和评价管理方面的主体决策地位。

二是健全研修机制。《意见》要求学校成立由校长任组长的校本研修领导小组，确定分管教育教学工作的副校长或主任主抓学校的校本研修工作。建立校长—教育教学主管副校长（主任）—教研组长、年级组长—教师个人的分层管理网络，明确分工、落实责任。制定切实可行的校本研修规划、学年计划、校本研修实施方案和校本研修规章制度。建立校本研修评价考核激励机制和学分认定机制，使校本研修成为学校教师专业发展的助推器。

三是构建课程体系。《意见》要求学校应结合本校办学目标、办学实际和教师发展需求，以本校为研修主阵地，整合校内外优质资源，从师德师风、专业知识和专业能力等方面，理论与实践相结合，以问题为导向，以"活动主题化、主题课程化、课程系列化"为原则，开发符合本校实际、针对性强的校本研修课程，逐步形成具有本校特色的校本研修课程体系。

四是规范组织管理。《意见》要求加强校本研修团队专业建设，规范研修管理。在充分调研的基础上，准确分析学校和教师发展需求，精准确定研修主题和目标，精心制定校本研修规划、计划和方案，在实施过程中将教师培训、教学研究、课题研究等活动有机地组合，系统设计研修课程，最大限度地发挥各部门和教师的主观能动性，优化配备各类研修资源，有效开展研修活动，科学组织研修效果评价，规范建立研修档案。形成共同参与、齐抓共管的校内研修的管理网络。

（三）研修内容

《意见》提出，教师校本研修的内容可分为教师发展、学生发展、学校发展等领域，学校应根据基础教育改革发展要求和学校发展实际需要，有针对性地选择研修内容，突出重点，讲求实效。

一是教师发展领域。研修内容包括教师的师德与修养、知识与技能、实践体验等综合素养提升。其中：师德与修养包含教师的思想政治素养、基本职业道德与文化修养等内容，重点包括习近平新时代中国特色社会主义思想、习近平总书记关于教育的重要论述、社会主义核心价值观、"四史"学习教育；还包括教育政策法规、教育价值观、师德修养、教师行为准则等模块；知识与技能包含教师专业发展所需的学科知识、教育知识、学科教学知识、教育教学管理能力等内容，研修内容可涵盖课程开发与实施、教学基本功与技能提升、有效教学策略、班主任工作与班级管理、现代信息技术运用、人工智能、职业生涯规划、教师心理健康等模块。

二是学生发展领域。主要指遵循学生身心发展规律，促进学生全面发展所需的内容，可涵盖学生学习策略、心理与道德发展、脑科学、学业指导、情绪管理、社会情感能力、沟通与合作能力、成长评估、综合素质评价与生涯规划指导等模块。

三是学校发展领域。主要指促进学校发展所需的各类内容，可涵盖教育政策法规与教育变革、学校发展规划与学校改进，学校文化建设、教科研（教研组/学科组/备课组/年级组等）共同体建设，精品学科、特色课程和品牌活动创建，学校、家庭和社会沟通合作与协同育人等模块。

（四）研修方式

《意见》指出，学校可根据学校实际和教师个性化发展需求，综合运用自主学习、实践反思、同伴互助、专业引领、网络协作等方式，注意方式的适切性、灵活性和多样性，做到集中研修与分散研修、专题研修与系统研修、线上研修与线下研修相结合，着力提升研修质量。

一是自主学习。充分发挥教师主体性和能动性，鼓励教师采用读书自学、反思日志、教育叙事、案例分析、小课题研究等具体方式，通过对教育教学经验与问题的梳理与探究，促进理念转变与能力提升，进而提升教育教学质量。

二是同伴互助。加强教研组/学科组/备课组/年级组等专业团队的建设，强调教师学习共同体的协作实践、反思探究。教师可采用集体备课、同课异构、观课议课、小组研讨、工作坊等具体方式，通过本校或跨校的信息交流、经验分享、专题研讨，在解决实践问题的同时，提升教师专业能力。

三是专业引领。充分利用高校、培训/教研机构、实践基地、特级教师及学科教学带头人等优秀师资，采用专题讲座、师徒结对、教学诊断、课题指导、名师工作室等方式，通过具有针对性、示范性、指导性的专业引领，促进教师专业成长。

四是网络协作。运用先进的网络信息技术，满足教师个性化的学习需求。采用云课程资源、异地同步课堂、网络课堂等方式，搭建教师互动、交流的平台，建立即时沟通的网络学习组织，有效开展智慧研修。

三、校本研修的机制构建

在学校的具体实践中，以清楚的制度明确校本研修活动的组织结构、相关组织和人员的基本职责、研修活动开展方式以及基本的配套措施等，是研修活动开展的基本保障。

（一）引领机制

校本研修仅仅依靠自上而下的行政指令及教师的自主参与而推动，难以持久。因而，建立校本研修的引领机制，充分发挥机制的鼓励和导向作用，能有效引领校本研修的顺利开展。

1. 思想引领

苏霍姆林斯基说："学校领导首先是教育思想的领导，其次才是行政领导。"作为校本研修的行政负责人和思想引领者，校长无疑是校本研修的设计者，起着至关重要的作用。因此，校长要有理想、有胆识、有责任担当、有家国情怀，能自觉、主动地站在民族、国家和教育改革的战略高度，充分认识到校本研修对推动"双减"工作落地的深远意义，统整校本研修的顶层设计，把握校本研修的正确方向，引导教师更新教育观念、转变教学行为、创新育人思路；要以教师专业发展为本位，确立"教师第一"的思想，认真分析每位教师的特点、优势、劣势及目前存在的问题，为教师的专业品质、专业能力提升提供恰当的、个性化的研修方案，为教师的专业成长引路导航。

2. 榜样引领

校本研修是基于学校发展与教师专业成长需要，以解决教育教学实际问题为目的的研修培训，这种研修活动具有群体互动性和专业引领性。然而，长期以来，由于部分教师对校本研修的认识滞后乃至错位，抑或是学校研修制度存在形式化、教条化和"一刀切"等种种弊端，导致教师自我成长、自我发展的动机和欲望难以被有效激发与调动起来。这就需要学校管理者身体力行地引领、团队骨干成员言传身教进行示范，用他们爱岗敬业、忠于职守所诠释的优秀品质，用他们攻坚克难、锲而不舍所凸显的职业担当，用他们基于岗位的教育教学实践所展示的育人智慧，引领、带动广大教师开展校本研修，使教师真正认识到专业的自主发展、自主成长是一种职业生存的必要方式，是摆脱职业生涯"高原期"困境的有力支撑，从而实现从"意识"的内化到自觉、主动地参与到校本研修实践中。

3. 制度引领

对校本研修而言，制度是保证校本研修行动稳步推进不可或缺的组成部分，所以学校应当坚持把制度建设作为落实校本研修理念、引领教师队伍发展的重要内容，以解决好校本研修可持续发展的问题。一方面，要海纳百川、与时俱进，前瞻、务实、创造性地建立起与校本研修相适应的校本研修制度，例如，校本研修的奖惩制度、效果评价制度等，将教师参与校本研修的表现与评先评优、职称评聘相挂钩，做到研修、考核、使用相结合，通过机制建设和工作常规的优化驱动教师积极参与研修实践，全方位提升专业素养。另一方面，要充分考虑教师个体成长及其切身利益，尽量将校本研修的学校目标与教师日常工作和主体性追求有机结合起来，制定出既可兼顾双方利益又能实现双方共赢的研修制度，既要以人文关怀舒展教师心灵，放飞教师个性，也要以契约精神明确教师的主体责任，强化教师的规则意识、约束意识，不断提升校本研修的效益。

（二）实施机制

校本研修得以开展的前提条件是实施机制的完善。因此，研究和制定校本研修的实施机制，对推动校本研修活动的有效实施无疑具有一定的现实意义。

1. 组织实施机制

为促进教师专业发展，学校成立了校本研修领导小组，形成由学校领导小组—教导处—教研组（备课组）—研修小组构成的四级管理组织网络。在这个管理系统中，四级管理机构既各司其职，又相互联动。学校领导小组主要负责制定学校的相关制度，使各项制度都是基于学校与教师的发展，对教师专业发展进行宏观调控与监督；教导处则在全面了解各学科组和教师校本研修现实需求的基础上，讨论并确定校本研修的主要方向、参与对象，从宏观层面指导各学科组开展教科研活动；教研组则结合相关学科拟定研修内容，组织开展具体的研修学习，负责收集、整理、保存与本学科研修有关的资料和研修成果、数据等，保证研修成员的共建、共享。高效的组织架构，能最大限度地提升校本研修工作的协调性、系统性，为校本研修的有效开展提供组织保障。

2. 研修推动机制

校本研修活动的顺利实施，离不开科学机制强有力的推动。首先，要强化教师对研修活动目的的理解与认同，让教师从自身出发去理解参与学习与培训的重要性，把他律的制度转化为自律的意识，变"人在管理中"为"管理在人中"，使校本研修成为教师专业成长的自觉、自愿行为。其次，要根据校本研修的特点及教师工作的性质，在不影响研修质量的前提下，适当、合理地调整课程结构，变长期课程为短期课程；将较为系统的课程按不同的类别、内容、载体拆解成彼此既有联系又相互独立的单元；以教育教学实践的研讨为主，将系统的课程学习分解为若干个阶段性的专题学习，使校本研修与教师日常的教育教学工作有机串联起来，形成校本研修常态化、生活化。

3. 研修评价机制

建立校本研修评价机制，需坚持客观科学、简易便行的原则，应以服务校本研修、促进教师专业发展、推动学校新课程改革为目标。鉴于此，学校要在立足教师发展实际的基础上，建立起与新课程改革相适应的"职业道德、了解与尊重学生、教学方案的设计与实施、交流与反思"四个维度的校本研修评价机制，健全并完善以"教育教学个案分析、研讨制度，引导教师对自己或同事的教学行为、反思与评价"为基本途径的评价方法，在评价的过程中，要注重科学性与民主性有机结合，既要考虑教师的研修绩效，也要重视学生对教师工作的满意度，实事求是地评分；在评价方式上，要形式多样，不拘一格，尽量做到刚性与柔性相结合、规范性与可行性相结合、过程性与终结性相结合，要通过评价促进并实现教师自我反思、自我完善、自主成长。

（三）保障机制

高质量的研修活动离不开制度保障。因而，学校要立足"双新"，并结合教师教育教学实践和专业发展的实际，建立科学、规范、合理的研修保障机制，促使校本研修从被动、盲目、松散走向主动、科学、规范。

1. 高效运行机制

要着眼于教师、学校的可持续发展，建立具有驱动与导向作用的校本研修运行保障机制，包括教师岗位培训制度、校本研修经费使用制度、校本研修检查反馈制度、教师外出考察制度、教师晋级评优制度等，不断优化校本研修的运行程序和运行方式，逐步完善标准化、制度化、现代化的校本研修管理流程，实现校本研修由"人治思维"向"法治思维"、由"结果管控"向"过程管控"的转变，确保校本研修活动高效运转、稳步推进。

2. 质量提升机制

学校要牢固树立质量意识，以推进教师专业成长为校本研修的出发点和落脚点，强化校本研修的质量管理，创设开放而富有活力的校本研修平台和立体研修课程，形成边学习、边研究、边实践的校本研修范式；要根据研修的实际需求，聘请高等院校的优秀学者和资深专家对教师进行研修理念、方法、策略等的培训，组织校内外骨干力量为教师开展主题研修、课题研究、同课异构、案例研讨提供有效的专业指导和技术支持，内外并举，帮助教师解决在教育教学及"双减"活动中所遇到的理论、实践困惑，切实提高校本研修的效能，让教师真切感受到成功的喜悦、职业发展的幸福，体会到个人成长的快乐。

3. 考核激励机制

要进一步健全并优化校本研修的激励办法和考核机制，用过程考核督导教师夯实研修过程，压实研修责任，做实、做细、做好研修项目；用目标考核引领教师总结研修经验，提炼研修成果，学以致用，知行合一，解决好教育教学实践中的问题与难题。要通过对研修考核和成果的评价营造良好的研修环境和研修氛围，激励、鞭策教师不断反思自己、强化研修理念、深化研修过程、拓展研修领域、内化研修成果、提升研修境界，使校本研修成为驱动教师专业发展的不竭动力，促进"双新"有效实施，让教育回归到育人的本质上。

第三章 "双新"赋能：学科教与学改革的新探索

"新课程与新教材"的落地需要依托新的"教与学"来实现。虽然"双新"政策已为课程与教学带来了重大转变，但当下的学校教育并未实现教与学的变革并以此来迎接和适应课程与教材的更新。为此，需要坚持"忠实"取向的教学实施立场，加强立德树人的学科教学目标，采取情境导向的综合性教学策略来推动"双新"背景下的学科教学转型。同时，还应构筑基于学科素养提升的体验式学习，加强指向思维品质改进的深度学习，探索借助教育大数据和信息技术开展的个性化学习，以此达成"双新"背景下的学科学习变革。①

一、学科教学改革的实践探索

（一）语文教学评一体化研究

张雪晨 何春玲 周 青

为了疗治作文教学长期以来存在的主观化、碎片化、浅表化的顽疾，建构整体化、科学化、有序化的高中三年作文教学评价体系；以评价改进教学，探究、制定作文教学评一致性的整体及各阶段实施目标、评价标准、课程内容，探索更科学、高效的作文教学措施；促成学生语文核心素养的习

---

① 丁奕，林琦."双新"背景下学科教与学的变革路向 [J]. 上海教育科研，2022（2）：82-87.

得，真正落实"以人为本"的教学理念，提升学生的思维能力和品质，实现"立德树人"的学科育人功能。

我们通过课堂观察、习作练笔、问卷调查等方式，关注、把握学生写作的难点、痛点与生长点；坚持问题导向，积极开展专题教学，鼓励学生自主学习，教师采用多种方式为学生提供必要的写作支持，着重关注写作过程中的方法指导与信心树立，以激发学生写作潜力，提高各文体写作教学的有效性。以下便是我们高中语文教学评一体化的研究成果。

以诊断明确目标设定

教学目标是对学生应掌握的知识、应发展的能力和应形成的优良品质提出的具体要求，体现为语言建构与运用、思维发展与提升、审美鉴赏与创造、文化传承与理解。

"双新"背景要求我们的教学必须树立全局意识，建立起各学段、各板块之间的有机逻辑联系，促成各教学环节（读、练、写、说、评）之间立体而持续的互补互助发展；"双新"背景更要求我们强化主体意识，重视学生反馈。作为教师，我们需要深入领会课程纲要，把握学情，坚持以问题为导向，清楚"学生现在在哪里"，明确"我要把学生带到哪里去"；以学定教，根据学生不同阶段身心发展特点及学情制定相应的作文教学目标，采取多种形式鼓励引导学生在活动中自我成长、自我完善。

为此在我校高中部开展了由 543 名学生参加的、覆盖全学段的问卷调查，部分数据反馈如下：

表 3-1　问卷调查表

1. 在作文文体选择时，你习惯优先选择的是?		
选项	百分比（%）	小计
议论类试题	59.50%	323
记叙类试题	31.30%	170
其他	9.20%	50

续表

2. 你认为高中的议论文写作与初中时接触的议论文有何不同？		
选项	百分比（%）	小计
审题立意要求不同	21.90%	119
事例剪裁要求不同	6.40%	35
分析思辨要求不同	71.60%	389

3. 你认为在高中议论文写作中，最需要老师指导的地方是？		
选项	百分比（%）	小计
学会审题立意，清晰设置论点	25.40%	138
能够积累事例，依据论点剪裁变化	21.20%	115
掌握分析方法，培养思考问题的品质与能力	53.40%	290

4. 你认为自己已经掌握并且可以灵活运用的议论文论证方法有几种？		
选项	百分比（%）	小计
1 种	18.80%	102
2 种	37.60%	204
3 种	20.40%	111
4 种或 4 种以上	5.50%	30
几乎没有	17.70%	96

5. 你认为议论文写作是否存在有较固定的论证格式？如果有，你是否已经较熟练掌握？		
选项	百分比（%）	小计
存在，我已熟练掌握	8.30%	45
不存在	12.20%	66
存在，但我从来没经过相关训练	18.00%	98
存在，但还未掌握熟练	56.00%	304
从未思考过这一问题，而且没有听说过有这种东西存在	5.50%	30

6. 你认为一篇优秀的议论文中的事例，首先应该具备的要素是？		
选项	百分比（%）	小计
新巧深刻	28.70%	156
贴合论点	59.50%	323
接近现实	11.80%	64

7. 你认为在积累事例过程中，最需要老师怎样的指导？		
选项	百分比（%）	小计
提供更多的新鲜事例	9.90%	54
用更有趣灵活的方法介绍事例（比如视频、故事会等）	15.80%	86
教给我们主动分析思考事例，从而能主动积累事例	52.30%	284
更加详细地给事例分类，并且告诉我们可以对应哪些文题	21.90%	119

续表

8. 你认为一篇优秀的议论文最重要的要素是？		
选项	百分比（%）	小计
优美的语言	2.80%	15
广博的积累	8.80%	48
深刻的分析	65.00%	353
巧妙的立意	23.40%	127

9. 你希望老师如何讲评议论文？		
选项	百分比（%）	小计
多分析一些优秀作文，便于学习	62.80%	341
多分析一些问题作文，便于解决困惑与问题	56.50%	307
多进行一些文题分析，便于提高应变能力	72.20%	392
多讲解一些评分标准，便于明确评判者好恶	42.40%	230
课下进行面批，既有针对性，又保护隐私	54.00%	293

与记叙文相比，选择议论文体的学生占比更多，经过中学阶段的学习，他们已经明白"分析"是议论的灵魂。但到毕业时，仍有近20%的学生反映自己尚未掌握灵活运用议论文论证方法的能力，因此需要教师在日常的教学活动中加以强化分析及论证方法的训练。另外，绝大多数学生懂得事例要紧扣观点展开，但仍需要老师帮助他们分析并引导他们积累事例。总之，教师在日常的作文教学中应针对短板，着重培养学生的分析能力、审题意识，并通过精准呈现作文问题及相关例文、范文，对症下药，分层指导。

表3-2 问卷调查表

1. 你认为高中记叙文要求与初中最大的不同是什么？		
选项	百分比（%）	小计
更成熟优美的语言	11.40%	62
更曲折动人的情节	14.40%	78
更深刻高远的立意	66.30%	360
更复杂传神的手法	7.90%	43

2. 在写作高中记叙文时，灵感往往来自？		
选项	百分比（%）	小计
自己的现实生活	62.40%	339
网络	9.00%	49
文学作品	16.90%	92
其他读物	6.40%	35
没有灵感	5.20%	28

续表

3. 记叙文写作是否存在较固定的写作模式？如果有，你是否已经较熟练掌握？		
选项	百分比（%）	小计
存在，我已熟练掌握	10.70%	58
这东西根本就不应该不存在	14.00%	76
存在，但我从来没经过相关训练	16.60%	90
存在，但还未掌握熟练	44.20%	240
从未思考过这一问题，而且没有听说过有这种东西存在	14.50%	79

4. 你在构思一篇记叙文时，往往习惯先从下面哪个方面入手？		
选项	百分比（%）	小计
某个感人的情节片段（比如开端、结局）	28.50%	155
整体故事框架	34.10%	185
故事的主题立意	37.40%	203

5. 你认为写作一篇记叙文最难的地方是什么？		
选项	百分比（%）	小计
对文题完全无感，没有写作欲望	30.90%	168
文章比例失调，详略混乱	12.00%	65
构思片段精彩动人，但难以组织成篇	15.70%	85
叙述冗长啰唆，索然无味	19.20%	104
情节感动自我，但是难以传给他人	22.30%	121

6. 在课本中所学的记叙文（含散文、小说），对你的写作是否有帮助？		
选项	百分比（%）	小计
有帮助，能帮助我提升思想，加深对于生活的认识与观察	33.30%	181
有帮助，能帮助我学习技巧，应用于写作实践	11.20%	61
有帮助，能帮助我积累素材，激发促进灵感生成	26.90%	146
没有太大帮助，原因是篇幅长度存在太大差异	5.00%	27
没有太大帮助，原因是生活时代存在太大差异	9.00%	49
没有太大帮助，原因是认识水平存在太大差异	7.70%	42
没有太大帮助，原因是技巧应用存在太大差异	6.80%	37

7. 你是否希望老师与你一同写作记叙文，并且展示给你？		
选项	百分比（%）	小计
希望，因为感觉这样老师也能体会到学生写作的滋味，更具有带动性	26.30%	143
希望，这样能更直观地看到老师如何运用他所讲授的方法技巧，便于学习	46.60%	253
不希望，因为老师的水平太高，更显得自己水平不高，差距太大	4.80%	26
不知道，因为从来没有老师这样做过	15.30%	83
课下进行面批，既有针对性，又保护隐私	7.00%	38

续表

8.你是否希望老师要求你反复修改一篇记叙文？		
选项	百分比（%）	小计
希望，这样能够积累优秀的作文，便于在考场上及时应对	33.30%	181
希望，因为真正的好的文学作品往往都是改出来的，这样才能提高写作水平	42.70%	232
不希望，因为考过的文题几乎不可能再出现了，所以反复修改没意义	6.80%	37
不知道，因为没有怎么改过高中记叙文	17.10%	93

9.在听老师讲评微写作时，你最希望老师做的是？		
选项	百分比（%）	小计
多听到老师表扬，看到自己作品上榜	16.80%	91
多听到老师分析问题，使得自己不断得到改进	65.90%	358
先听到老师对于不同类型文题的分析，然后逐个对应，强化训练	51.70%	281
多听到老师对于文题出题目的、思路的分析，从而更好地揣度出题人意图	54.90%	298
多听到老师对于评分标准的讲解，明白自己得分高低的原因	34.80%	189
使用多种方法讲评，比如增加自评、互评，活跃气氛，提高兴趣	14.90%	81
不感兴趣，因为感觉听不听没有太大区别	1.50%	8

　　绝大多数学生经过初中的学习，懂得高中记叙文应传递更深刻高远的思想，自己的现实生活是主要的灵感之源，但写作随意性大，缺乏思路的开拓与谋篇布局方法的指导，期待教师能给予手把手、具体可见的写作过程展示，并且愿意在教师的指导下不断修改作文。无论是大作文还是微写作，学生都希望教师能够有针对性地分析学生当下习作中的新鲜问题（而非沿用旧例），分类指导，使学生深入了解出题人意图及自己的努力方向，采用多种方式积极鼓励学生参与评讲。与高年级学生相比，有48.40%的高一学生对于明确作文评分标准有更高的诉求，且有26.20%的学生担心自己的作文被当作反面素材，因此在高一的作文教学中，教师更应保护学生的写作热情，帮助他们深入理解评分标准，并进一步树立写作的信心。

建构适应学情的阶段目标

　　在《普通高中语文课程标准（2020年修订版）》中，有关高中作文的学习任务被表述为："自主写作，自由表达，以负责的态度陈述自己的看法，表达真情实感，培育科学理性精神。书面表达观点明确，内容充实，感情真实健康；思路清晰连贯，能围绕中心选取材料，合理安排结构；进一步提高运用记叙、说明、描写、议论、抒情等表达方式的能力，并努力学习综合运用多种表达方式，力求有个性、有创意地表达。能推敲、锤炼语言，表达力求准确、鲜明、生动。学会用现代信息技术辅助交流。能独立修改自己的文章，乐于相互展示和评价写作成果。45分钟能写600字左右的文章。课外练笔不少于2万字。"

在《北京市高考语文考试说明（2020年）》中，有关作文部分的考试要求被表述为："微写作（10分）：能用精练的语言描述事物、表达观点、抒发情感；作文（50分）：能写不少于700字的论述类、实用类的文章。也可以写文学类作品。"

为统筹安排，多管齐下，协同发展，结合学生的身心发展规律以及高中各学段教材阅读教学任务的不同侧重点，我们初步设定了高一、高二、高三写作教学的不同方向。

高一阶段

第一学期学生正经历初高中衔接过渡，充满对新学期的憧憬，心理状态上重感性轻理性，教学以描写、抒情的片段训练为主，帮助学生把握文体特征，体验语言的魅力，撰写文学评论，借以提高审美鉴赏能力和表达交流能力。

第二学期学生经过一个学期的训练，基本掌握了描写、抒情的要点，对生活有了更深入的观察与思考，学生的理性思维正日趋成熟，教师可重点引导学生创作复杂记叙文，帮助他们培养逻辑思维与情节设计的能力，其间可初步开展议论文的片段教学与审题训练。帮助学生确立论点，尝试运用多种论证方法充实论证过程，引导学生积累并分析议论文写作素材。

教学目标:

表3-3 片段评价标准

高一描写片段评价标准	优秀	合格	有待改进
共同特点	多感观描写:触觉,视觉,听觉,嗅觉 多角度观察,灵动表达: 把事物放到"显微镜"下、远近、上下、先后、局部到整体地观察 同一事物做不同时期的持续观察 两项相似但不同状态的事物进行比较 多感观调动 能借助旁观视角一起观察,互相激发	有多感观、多角度观察的意识	感观、角度单一
细节描写	生动细腻传神(能引发强烈立体的感官体验),刻画人物,助力主题	生动形象	平淡
人物描写	个性鲜明,生动传神	特点突出	平淡
环境描写	渲染气氛,暗示主旨,推动情节发展	渲染气氛	缺失

高一抒情片段评价标准	优秀	合格	有待改进
对象	切题,鲜明	合题,明确	模糊
情感	真挚、强烈 (能尝试用第二人称、虚词、呼告、反问、排比、反复等句式;增强抒情意味)	清晰	模糊
理由	充分(能从不同角度阐发)	有理	缺乏
语言	感染力强	有抒情意味(能运用两种以上修辞手法)	平淡

高一议论片段评价标准	优秀	合格	有待改进
观点	切题,鲜明,有力 1. 内容应与你我他的切身利益相关(有现实针对性) 2. 立足于应该(不该)……的价值判断 3. 应透过现象看本质(代表、适用于一类人或事,不可太囿于具体的人与事) 4. 观点表述应清晰准确 5. 观点表达应尽可能化否定为肯定	合题,积极、明确 (立场鲜明) 能将论题嵌入句子(做主语或宾语),表达出自己对此论题的态度(赞成或反对)	偏题,含糊,偏颇 警惕伪观点(拿陈述现象当看法、观点) 警惕"针尖挑土"(立意过于狭窄,缺乏普适性)与"老虎吃天"(立意过于宽泛,缺乏现实针对性)

续表

高一议论片段评价标准	优秀	合格	有待改进
论据	典型、真实、精准；新颖；有生动细节；举例分析时能回扣观点，但是不能机械地反复出现中心词（贴标签）。论据表述点面结合，宜点则点，宜面则面 论据之间的逻辑性清晰（由小到大，由浅入深）	能找准、找全论点关键词，然后围绕论点关键词组织论据 论点关键词在论据中应得到充分的体现 论据典型而精练	将论据与分论点混为一谈 论据游离于论点关键词之外，架空论点 混淆"理论论据"与"事实论据" 论点关键词在论据中体现不够充分 论点或论据表述太过琐细，缺乏普适性 曲解论点关键词，论据与论点不搭 对论点关键词的理解准度与深度不够 论点表述泛政治化 论据欠典型，则说服力不够；论据中信息过于琐细，则喧宾夺主（论据也应点面结合，宜点则点，宜面则面）
论证方法	能贴切运用多种论证方法（例证、引证、喻证、对比论证）	能运用喻证、正反对比论证	以事代议

高一记叙文评价标准	优秀	合格	有待改进
审题	文体准确，紧扣主题	文体准确，行文有扣题意识	文体不清，偏离题旨
情节	情节完整、合理，且有起落	情节完整且合理	不完整
人物	鲜明生动	有性格特色	模糊
语言	语言流畅，多种表达方式并用	语言通顺，使用修辞	表达含混，语病较多

课程目标：

高一上学期的教材内容大致分为"青春之歌""匠人精神""自然与人生""经典诗歌""家乡文化生活""学习的方法""语言基础"等板块；教学重点在于选择与单元教学目标相关，且贴近学生生活的话题，激发写作热情，培养良好的写作习惯，以及观察生活、认识自我及环境的意识。在感受形象、品味语言、体验情感的过程中提升文学欣赏能力。

高一下学期的教材大致分为"文化经典""戏剧人生""信息时代的理性之声""演讲与书信""经典小说"，偏重"讲故事"与"讲道理"。教学重点在于让课上的写作能契合学科学习，课下的写作能够与学生生活联系。写作要目的明确，有读者意识。帮助学生自觉经营自己的语言表达；珍视自己的独特感受。注意灵感的捕捉，选择自己喜欢的表达方式；注意分享与借鉴。

切磋文学写作经验，分享人生感悟、提升人生境界。

高二阶段

教学目标：配合本学段"中外经典小说"研读，写作教学应分专题细化复杂记叙文写作技巧；本学段"百家争鸣""逻辑力量""古代经典散文"等单元兼具情理并茂的思维特点，可作为写作借鉴，让学生在读写结合中强化议论的能力，尤其是提高深入分析的水平。另外，可以借助中外经典诗歌单元，进一步帮助学生实现自我意识的觉醒，同时巩固高一抒情文段的写作技巧。

表3-4 评价标准

高二记叙文评价标准	优秀	合格	有待改进
情节	要有设计感；集中清晰（戏剧化的核心问题、事件、矛盾、危机），合乎情理；跌宕起伏，引人入胜；节奏明快，自然流畅	集中清晰，合乎情理	欠合理
立意	积极，反映现实矛盾冲突、情感态度与深层思考（能激发共情）	积极	低幼
人物	饱满立体	性格鲜明	扁平
开头	锁定话题，悬念，铺垫，暗示主旨，戏剧化，吸引力强	扣题，铺垫下文，有吸引力	平淡
线索	集中，清晰，巧妙	明确	缺失
语言	准确、精练，生动，传神，引人联想，发人深省	准确，生动	平淡
思路	转折自然，清晰流畅	清晰	混乱
标题	扣题，有象征意味，暗示主旨，有吸引力	扣题，有象征意味	偏题，模糊不清
扣题	自然巧妙，前后照应	清晰	模糊，缺失
隐喻、类比或象征	有交响力（纵观全局，把迥然不同的因素整合成一个全新整体），贴切、巧妙、深刻	贴切	缺乏意识

高二议论文评价标准	优秀	合格	有待改进
写作提纲	包括核心词解读、观点、各段分论点（概括性话语）、事例、段落详略安排（最好标出字数）、分析最终指向	观点、分论点、论据、论证方法清晰明确；	零件缺失，或不合逻辑
审题立意	紧扣题旨，体现出强烈的现实观照性	符合题意，贴近现实	偏题跑题，脱离现实

续表

高二议论文评价标准	优秀	合格	有待改进
开头	扣题 契合文体 主旨明确（开门见山或具暗示意味） 有独创性 有吸引力	扣题； 契合文体； 主旨明确	未扣题； 文体不清； 主旨欠明确
观点	观点明确；表述观点时要有鲜明情感态度的标志词 立意独到且深刻	观点明确	观点欠明确
论据	精准；新颖；有生动细节；举例分析时能回扣观点，但是不能机械地反复出现中心词（贴标签） 新鲜的 （刚采摘的，还带着露水，并非滥调～） 干净的 （恰到好处的，没有一丝儿冗余～） 令人感动的 （细节生动的，非泛泛而言，干瘪空洞～） 丰富的 （不同角度的，非"光杆司令"～） 新颖的 （有独到之处的，并非人云亦云～）	典型，精练，有例后分析	欠典型
分析	紧扣题旨 充实（从不同角度阐释论点）；思考深入；条理清晰 1. 站在国家、民族、人类发展进步的高度 2. 以审视历史、时代、人生的眼光 3. 用追求科学、良知、真理的精神分析具体问题 4. 表现出历史感、时代感、责任感、使命感	紧扣题旨； 充实（从不同角度阐释论点）； 思考深入；条理清晰	偏离；单薄
条理	清晰，合乎逻辑（由浅入深，层层深入，前后照应）	清晰 （是什么，为什么，怎么做）	欠清晰

高二抒情片段评价标准	优秀	合格	有待改进
对象	切题，鲜明突出，具有典型意义	合题，明确	模糊
情感	强烈，浓厚，真挚（能激发读者强烈共情；有不同角度的事件概括与细节、场景描写） 抒情节奏张弛有度，自然流畅（抒、叙、描、议）	清晰，明确 能以场景描写，场景切换，对比衬托（反复）外化情感 能用第二人称、虚词、呼告、反问、排比、反复等句式，增强抒情意味	模糊
理由	充分（有议论升华的点睛之笔，且阐释精准）	有理（议论有力）	单薄
语言	情感饱满，感染力强，亮点突出	有抒情意味（能运用两种以上修辞手法）	平淡

课程目标：

高二的教材侧重关注"复兴之路""理性之光""历史之鉴"，通过写作训练，引导学生有意识地站在社会历史发展的高度思考问题，提升思维的深度。

高三阶段

经过高一、高二各文体的教学，学生大致掌握了不同文体的写作要点。本学段，我们的教学目标重在提升学生的思维品质与行文精度：议论文重在引导学生掌握概念、关系、材料等不同题型作文题目的审题立意，谋篇布局、深入分析的要点，强调审题准度、思维深度、分析厚度。记叙文强调切合题旨，立意有现实观照性，设计自然巧妙，人物有典型意义，构思精巧，细节严谨。

表3-5　评价标准

高三议论文评价标准	优秀	合格	有待改进
准度	全面紧扣题干核心词、对概念有清晰的界定、对两个以上核心词有明确的合乎逻辑关系的判断 观点鲜明（开门见山或具暗示意味）	符合题意，全面把握题干核心词 若是概念类型的写作，一定要先解释清楚概念是什么；当概念包含多个对象时，要说明各部分的内涵及其内在联系 若是关系型作文，要分清楚关系是什么，可以两者并举，也可以偏重一方面（但一定要带着另一方面论述），在此之上安排总领句作为总论点 常见关系：两个都得有，缺一不可（如实干与虚心，志气与争气）；赞一贬一，先破后立；对立统一（雅与俗，仰望星空与脚踏实地，你和你站立的地方，感性与理性）；因果关系（行以致远，学以成人），要写出内涵、条件、目的、结果、变化是什么；并非绝对，可以互相转化，辩证发展看问题（对与好，走出去与走回来） 若是材料型作文，要对材料相关内容进行概括（抓住主要对象、话题、事件、矛盾、倾向，兼顾限制与开放）	遗漏题干核心词
深度	观点有创见；分析有深度。体现家国责任、社会使命的认识，能从"小我—大我""个人—时代"的高度去思考问题	能联系社会现实，或从社会现象入手，或在分析之后指向当前社会问题或社会热点——文章有现实性——探讨实际问题	未扣题 文体不清 主旨欠明确

高三议论文评价标准	优秀	合格	有待改进
厚度	能从不同角度论证观点；论据精准；分析充分；多种论证方法运用自然（3种或3种以上） 往大处想普遍意义；往远处想意义与价值；往深处想原因与本质；往反面想对比与否则，既有外在表现，又有内在精髓；既有感性体验，又有理性思考	多角度充实论证 论证角度要有修饰限定，不可摊大饼，应明确特定时代、特定环境、特定领域、特定对象等等，有对比，有判断，有详略 论据丰富是硬性要求，不能通篇一个事例；论据要高度概括，利用排比句围绕一分论点进行例证，可"多角度"或"多时期"，在所有排比句写完后，一定要有对于它们"共性"的分析，在这些句子中要将论据与论点紧紧联系起来；在写排比句时，可以参考对于背景表述＋对背景下人物行为阐释的结构 关注时代特色，选取现实例子；关注中国特色，选取中国例子（紧密结合当下时代，关注现实意义，深入了解传统文化，关注审美价值）	观点欠明确
思路	条理清晰，合乎逻辑（由浅入深，层层深入，前后照应）	思路演进的节奏清晰。例如：是什么—为什么—怎么做 常见的段内、段间逻辑关系（顺序式—举例式）可从过去到现在；递进式——由小到大、由浅入深、由具体到抽象、由局部到整体	欠清晰
衔接	流畅	清晰	缺乏

高三记叙文评价标准	优秀	合格	有待改进
主题	切合题旨，立意深刻高远，体现出强烈的现实观照与思考 见微知著，以一人一事写出一类人事（来源于现实高于现实；由此及彼，反思平常生活，关注现实中值得关注与探讨、有真正现实意义的问题、矛盾与心结，尝试用故事解答、解开，助推成长） 呈现自然（可随人物的言行揭示，也可卒章显志，但应自然，且前文应有足够的铺垫）	切题，积极健康，有现实观照性	偏离题旨
叙述角度	身份与题目高度关联	与主题有关联	欠妥
人称	契合题目的写作需要	符合主题需要	欠妥
情节	构思精巧，跌宕起伏，倒叙插叙变化自如 能巧选工具人、道具物，为故事自然推进做铺垫 同中显异，前后场景应有鲜明对比变化	情节完整且合理，有扣题意识 逻辑自洽	不完整，不合情理 枝蔓，前松后紧
人物	鲜明饱满生动，且具有典型意义	性格突出且人物变化合乎生活情理	模糊
结构	布局严密，构思精巧 行文有强烈的扣题意识，在恰当处反复勾连题目或材料的关键词（开头，中段，结尾），且尽可能自然	结构完整，有意照应衔接	结构不完整，条理紊乱
语言	语言符合文章需要，富有感染力	语言通顺，使用修辞	表达含混，语病较多

课程目标：

引导学生深入理解"个人与社会；传统与现代；科技与人文；自然与人类"的关系，微写作侧重以具体生活为情境，提升解决实际问题的能力；大作文侧重提升深入分析理解和讲故事的能力。大作文强调完整性，要求首尾贯通，主体饱满；小作文则突出片段，一个意念即可成全文中心。大作文要求层层展开，呈现潇洒豪放之美；小作文要求句句概括，显示严谨周到之妙。

过程中若教师或学生有偏离原先计划的教学目标、策略的活动，则表明教师在教学目标、学生基础、教学策略的分析与设计上还存在考虑不周的地方，正可借由课堂教学中的"生成"现象提示教师对自己设计的教学进行反思、总结和修改。因此，教师在实施教学过程中应注意收集课堂上"生成"的情况，既是为教学设计的下一阶段做铺垫，也是为自己设计教学能力的提升打基础。

以方法达到治愈疗效

坚持开展目标导向下的教学实践，关注教学环节的设计，思考"我如何把学生带到那里？""我如何安排学习活动才有利于学生产生更好的表现"；明确"我怎么知道学生到哪里了"。教学评一致性将涉及评价的内容由抽象变为具象，使学生的能力层级恰切展现出来，在实践操作中应注意以下几点：

①要求师生定位突出"以学生为中心"的特点，倡导学生的自主发展，指向学生在学习过程中的主观能动性；

②突出需要在真实的课堂互动情境下建构知识和意义；

③兼顾形成性评价与总结性评价的功能，旨在发挥二者相结合的作用。

"以学生为中心"，并不意味着教师可以做"甩手掌柜"，听之任之。恰恰相反，教师需要蹲下身来，想学生之所想，应尽可能通过教学设计为学生创设"最近发展区"，为学生的学习和问题解决提供支持，包括提示、提醒、鼓励、分解问题、提供例子等。

教师在课程的开始阶段应给学生更多的结构框架，然后逐渐将责任交给学生，由学生自主活动。从仿写、扩写到独立创作，从短句、片段到全篇，循序渐进地推进写作技能的成熟。例如，高一学段，为培养学生在描写中的观察力与想象力，我们可以先设计"扩展与描述"的教学设计。

环节一：我闭上眼睛听到各种不同的声音：喷气机隆隆的吼声逐渐消逝在远处，隔壁的门砰的一声关上了，现在只有时钟的嘀嗒声打破了沉寂。_____，_____，_____。再补写出可能听到的三种声音；写完检查一下，修改后加个题目。

环节二：任选一个熟悉并且感兴趣的处所，根据想象写出可能听到的六种声音（海滩、湖边、山路上、繁忙的大街、商场、菜场、篮球场、剧院、公交车、地铁上、厨房）。

环节三：站在窗前，向外观察到的各种景物：对面楼房长方形的窗户闪着淡黄的光，几点星光在天空闪烁，片片灰色的云擦过天空。请在这段话中加写进可能看到的三种景物。

环节四：任选一个熟悉并且感兴趣的处所，根据想象写出可能看到的六种景物。

环节五：选择例2或例4你熟悉的处所，写出你在该处所感到、闻到、尝到的东西。

环节六：学习理解形象化的词，第一栏中，写出比较含糊抽象的词；第二栏中，写出比第一栏较为准确、形象化的词；第三、四栏，逐步写出更加准确、具体、形象化的词。

树叶，绿色的树叶，_____，_____。

笑，_____，_____，_____。

蓝，_____，_____，_____。

旋律，_____，_____，_____。

奔跑，_____，_____，_____。

环节七：把以上六个练习并在一起，选定一个地点，写一个段落，尽量用形象的词，使细节更生动具体，并加上一个题目。

通过以上七个环节，帮助学生培养细致观察力，形成描写特有的语言风格的同时，建构起片段写作的结构意识。

教师可以结合单元教学目标，通过设计学生感兴趣的练笔话题，鼓励学生自由地说、大胆地写。钱理群先生在《关于中小学作文教育的断想》中说："愿意写与有内容可写，这是写好文章的前提，是基础。我们要抓好作文教学，就应该溯本求源，先解决好这两个问题，并在解决这两个问题过程中，解决怎样写的问题。"绝大多数学生习惯以自己的生活为写作的灵感之源，为了调动高一学生的写作积极性，结合单元教学任务，以及高一学段描写、抒情、记叙的写作教学目标，我们设计了以下写作话题：

"我最喜欢的_____（歌，画，电影，音乐，一个字，一句话，一首诗，一条消息，书，运动）、我最开心的一件事（愤怒，伤心，惊喜，困惑，尴尬，好奇，恐怖）、我记得_____（回忆中印象深刻的片段）、我的妈妈（爸爸，朋友……）、我最得意的作品、给……的一封信、对……（某一热点时事新闻）的看法……"，以激发学生的写作兴趣。

教师也可以让学生自己选择写作话题，并指导学生如何把看起来无聊的话题变得有意思，有意义，让学生能写出有洞见和深度的文章，启发学生的写作灵感，让他们从自己的生活出发，再延展到家人、朋友及周围的人。在学生感受亲切的情境中，引导学生写作时要有读者意识，目的明确。就同一个写作话题，针对不同的读者群体和写作目的，文章的写法各有不同。教师也可以利用强大的网络资源，搜集值得探讨的短视频、纪录片等激发兴趣，设计教学，开展写作训练。

因为所有升华的写作都源于有话要说，全身心投入，而非评价标准或分数。它源于写作者认为重要的，需要在写作中认清楚、写明白的人和事。有了写作的自由才可能有写作的动力。毕竟，感情是智慧的来源，内心的情感赋予文字力量。

受阅历局限，绝大多数学生的思维难免肤浅狭窄，教师可以借助名家名作、报纸杂志、时评杂谈等帮助学生开拓视野，只有接触和阅读优秀文章，仔细地研究这些文章成功的原因，然后引导学生在自己写作时模仿练习，才有写出好作文的可能。必要时候，我们更倡导教师下沉式教学，大手拉小手，亲自示范写作，并细致向学生阐述展示思考的过程，供学生学习模仿。为学生去做，为学生讲清为什么做、怎么做，然后让学生学着做。例如，如何在个人生活里找到写作话题，如何开展头脑风暴，如何聚集关注点，如何根据不同的写作要求修改自己的作文等。当教师同学生一起投身写作活动中时，才能对学生写作过程中的难点、痛点会有更深刻的感受，指导学生写作时就会有更明确的目标，更易于学生接受帮助。

教师也可开展多种形式的教学活动，例如，好书分享，热点茶话会，课前演讲等方式，引导学生积极主动投入其中。同时，合作学习也是一种由同伴帮助搭建脚手架的好办法。因为，同伴间的认知加工通常在对方的最近发展区内，一方可以为另一方示范水平较高的思维，通过头脑风暴互通有无，让教、学、评的过程更加完善。

评价标准可由教师搭建平台，让学生自主分享，总结。只有当学生在写作活动中，经由教师的精心设计，领悟到不同文体的评价标准以及相应的写作策略，并主动提炼总结。那些标准与策略才不是束缚个性的可憎绳索，而成为"护身""保命"的秘籍法宝。

兼顾形成性评价与总结性评价的功能，是指教师尽量少评分，多给过程辅导。教师的评价、反馈和学生充满关切的交流对学生有重要影响。为此，教师应肯定和接受每一位学生的努力和取得的成就；以"人人进步"为宗旨，鼓励学生立足自身学情，尽管去尝试，挖掘更多可能性，不断充实话题。让学生深刻体会到内在的肯定，"也许我还没有实现自己的目标，但是我每天都比昨天更近了一步"。在此过程中，我们特别建议教师因材施教，开展分类分层教学。当有着同样困惑、同样热情的学生聚在一起，在教师的引导下，不断切磋总结，研究自己感兴趣的专题写作之术与道，他们的头脑风暴会迸发出远超教师想象的巨大能量。

以高三某次记叙文教学活动为例：

教师召集对记叙文写作感兴趣的同学组成学习小组；

组员讨论，交流已掌握的优秀记叙文的评价标准及写作困惑；

教师给组员一篇人物传记，组员读后交流其中"最打动自己的片段"，并解释原因；

请组员交流由传记提炼出的写作话题；试拟题，亦可用曾经写过的记叙文题目；10分钟内完成情节提纲，相互交流，评选并点评"最佳构思"；思路不畅者，可由组员共同协助完成；

组员根据课堂所得，在课下自主完成习作上交；教师在电子稿上做批注点评后，挑选出典型问题、优秀示范的习作；接着将这些习作抹去名字与教师批注，发给组员（5篇为宜）；让组员在交流看法之前先梳理故事梗概，再点评得失；组员相互补充发言，并评选出最佳习作，再展示教师点评；然后分别请优秀习作的作者向组员交流创作感悟；让组员整理发言，在笔记本上记录下课堂所得——细化了的可操作性评价标准及个人写作困惑的应对之道；根据课上启示在课下再次修改习作，直至满意为止；教师评阅修改稿，给分数及书面点评，收入班级宣传栏展示。

在此教学活动初始，让学生交流评价标准，便是明确教学起点——当下学情；

教师给人物传记，便是为学生搭建思考与写作活动的平台，解决学生"无米"的尴尬；

学生交流话题、重点片段，便是引导学生深潜情境，明确写作目标方向；

学生完成并交流情节提纲，便是初步形成写作大略，教师可以迅速把握审题立意的偏差，通过合作学习，开展头脑风暴，相互启发，在形成性过程评价中及时纠偏；

学生课下完成初稿，教师批阅，选择例文，便是由学生问题明确进一步教学目标方向与精准示范。

抹去名字点评，可让学生打消顾忌，畅所欲言；先概述大要，再点评，可让发言有的放矢；学生点评后再展示教师点评，便可印证或补充，发言者与被点评者皆有清晰所得；

学生总结课堂所得，让课前评价标准得以落地——明确可操作性的具体方法措施；

学生有的放矢再改习作，便是学以致用；教师再阅，再评，再展示，便是"兼顾形成性评价与总结性评价的功能，旨在发挥二者相结合的作用"。

以上教学活动教师自始至终坚持"以学生为中心"，有明确的目标导向，以典型素材给学生搭建支架，自外而内点燃表达欲望，让学生在自说、自写、自评、自结中，发挥主观能动性总结评价标准，以此为准绳指导自己的习作修改，并在修改过程中不断完善评价标准；教师采用小组合作的方式，做到了在真实的课堂互动情境下建构知识、情感与价值观。在此过程中，教师采用书面评语与面对面辅导的评判形式，及时确认问题所在，兼顾了全班写作的共性问题与学生的个性化需求，分层指导，靶向清晰，辅导高效。教师在终稿完成之后才给予分数，给学生留足了修改、调整、完善的空间，以形成性评价促进总结性评价的完成，在避免文章写作"盖棺论定"以致修改愿望冷却的同时，尽可能地保护了学生的写作热情，激励他们向着更好的那一稿不断努力。因为评价的目的不是检查学习成果，更不是惩罚，根据不同学生的需求来具体处理，能确保激励所有学生不断进步。评分及评估规则的透明和民主，尽可能保证了写作的挑战性和创新性，培养了学生听、说、读、写的综合能力与强大自主性。同时，教学评一致性有课堂实施研究，基于真实情境、任务驱动、真实体验，设计恰切、有价值的问题的作文教学活动，使学生在分析解决问题的过程中更加自律，获得了写作技巧之外的人格的成长。

在教学评一体化的研究过程中，我们特别倡导重视真实写作。一是生活的真实，即有真实的生活需要，有自己想写的真实的写作内容，有自己实际的写作目的，有具体的对象和读者；二是写作过程的真实，让学生体会到完美之作是作者经过反复推敲、修改甚至推倒重来才写出来的，让学生体会到如何可以把原本粗糙的变为精细的、模糊的变为清晰的、肤浅的变为深刻的。强调教师的写作示范，不惧把自己写作的粗糙初稿给学生看，告诉他们老师写作中的挣扎、纠结、痛苦和对策，以及独特的思考过程，以提高学生读写的元认知水平，生成自己的写作策略和技能。

总之，教师应将教学的重点放在学生写作过程的辅导中，如怎么选题，怎么构思，怎么打草稿，遇到障碍写不下去怎么办，帮助学生解决写作困难。写多份草稿，是整个写作过程的核心，是学生最需要帮助和引导的地方。重视设计学生自评表，引导学生反思自己的写作过程，等等。

当我们的教学评真正兼顾了以下四方面：（1）结构化，指教学的认知结构中的知识达到纵向不断分化、横向综合贯通的程度；（2）自动化，指学生某些基本的智慧技能达到自动化的程度，这样才能腾出有限的精力来研究复杂的问题；（3）策略化，指学生能自觉运用认知策略来提高自己的学习效率；（4）条件化，指学生习得的知识达到了元认知（指学习者对自己是否成功地达到任务要求的意识）水平，即知道何时何地使用何种知识。

如果学生达到了"四化"，那么学生也就成了高素质的"专家"型学生。而作文教学长期以来存在的主观化、碎片化、浅表化的顽疾必能得到疗治；整体化、科学化、有序化的高中三年作文教学评价体系必能得到建构；学生语文核心素养的习得、思维品质的提升、"以人为本"的教学理念、"立德树人"的学科育人功能必能真正落地生根。

（二）英语读写结合教学的实践与研究

唐娅妮　李雪丽　王怡恬

随着高中英语课标对学生学科核心素养的要求提升：语言能力、思维品质、文化意识和学习策略四个维度协同提升，以及高考英语改革对读写能力要求的提升（体现在听说考试中读后回答问题、阅读表达最后一题读后回答问题以及高考英语写作等对学生回答的语言准确度、交际合理度及思维辩证度等方面），如何制定符合学生认知水平及需求、课程标准对该主题语境的要求及核心素养要求的教学目标；如何利用北师大版新教材，科学整合话题文本内容，将文本内容更好地服务于单元整体教学目标；通过何种英语教学活动将读与写有机结合，达到学生学科素养的提升；通过何种英语教学活动完成本节课学科育人、立德树人的教学目标；如何检测并评价学生课堂活动表现，如何跟进并反馈学生学习效果。

问题解决的五个阶段

这些问题的解决要以课标要求为指导，基于学情，结合单元主题意义制定教学目标、设计教学环节和评价方式。解决的过程主要包括以下五个阶段：

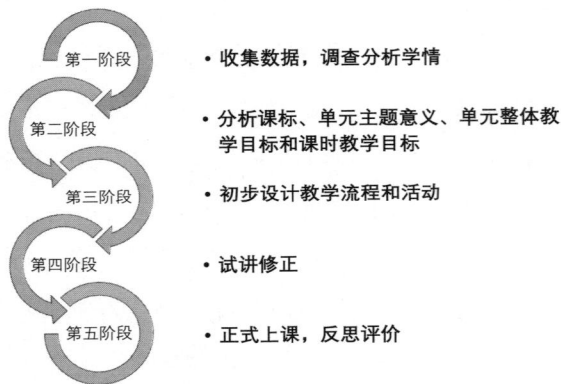

第一阶段	• 收集数据，调查分析学情
第二阶段	• 分析课标、单元主题意义、单元整体教学目标和课时教学目标
第三阶段	• 初步设计教学流程和活动
第四阶段	• 试讲修正
第五阶段	• 正式上课，反思评价

图 3-1　问题解决的五个阶段

第一，收集数据，调查分析学情。制定学生学情调查问卷，明确学生对矛盾以及冲突的真实生活体验，邀请学生反思自己在处理生活矛盾冲突时的方法，并评价自己的解决是否有效。通过学生的入门条，整合了有关学生对冲突理解、处理和自己解决冲突的方式评价等数据，较好地为教学目标的制定奠定了学情基础。

第二，分析课标、单元主题意义、单元整体教学目标和课时教学目标。在教育学院院长张金秀教授、西城区高中英语教研中心付琦老师，以及西城区高中示范校英语学科带头人的帮助下，组建了智囊团，探讨并分析课标对人与社会话题语境的学习要求、单元主题意义，明确单元整体教学目标以及本课时教学目标的关系并设计本课教学活动。在讨论后，我们梳理了单元文本间的关系。

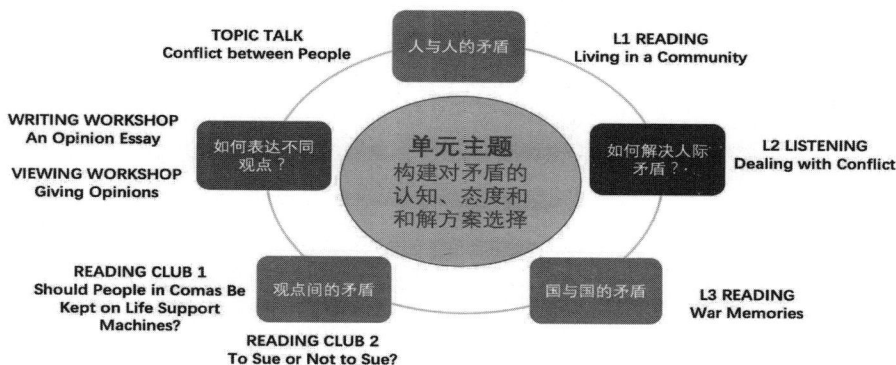

图3-2 单元文本间关系

单元内容和结构:

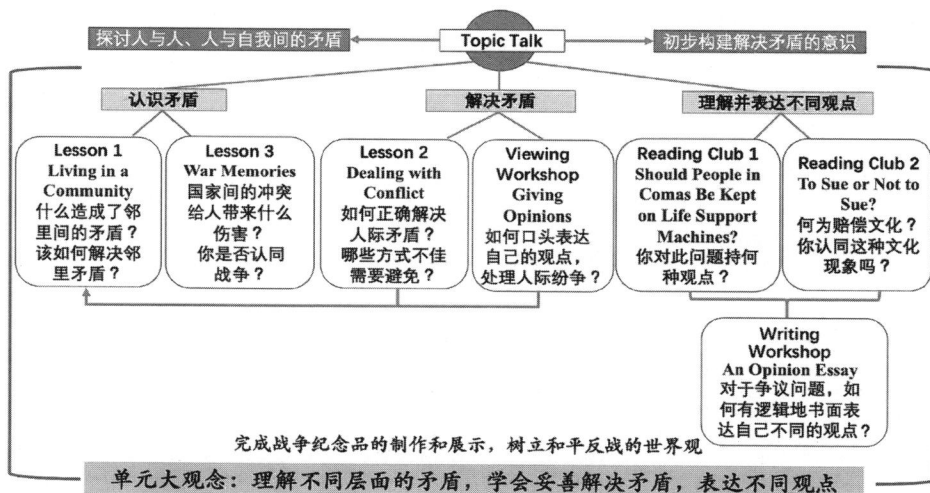

图3-3 单元结构图

单元整体教学目标:

1. 通过听、读、看了解不同层面的矛盾冲突,思考并分析解决冲突的方式,表达对战争的看法。
2. 获取解决矛盾的相关方法,完善并运用于实际生活中的矛盾解决中。
3. 分析有争议话题的矛盾双方看法,辩证看待不同观点,并有逻辑地表达自己的看法。
4. 树立正确的反战主义世界观,践行并宣传和平反战的理念。

单元教学目标与课时关系：

表 3-6　单元教学目标与课时关系

单元教学目标		语篇及课时
1. 梳理不同层次矛盾的发展过程，分析矛盾背后的成因	描述生活中人与人、人与自我的矛盾，提出解决此类矛盾可行的办法	单元 Project（听说 1 课时）
	梳理并分析两侧新闻中心邻居间的矛盾冲突，分析矛盾产生的原因，列举可行的和解办法，建议他人解决自己生活中的矛盾	单元 Project（读写 2 课时）
	梳理三篇战争故事的故事线，分析任务情感，推理作者写作意图和对战争的态度，创作诗歌表达对自己对战争的理解	单元 Project（读写 2 课时）
2. 获取解决矛盾的相关方法，完善并运用于实际生活	获取解决矛盾的方式方法，运用并提出解决矛盾案例的措施	单元 Project（听说 2 课时）
	梳理视频中的母女双方观点，评价其和解沟通的方式	单元 Project（看说 1 课时）
3. 辩证思考对立观点，形成并表述自己的观点	梳理并分析争议话题的对立观点，阐明自己的观点	单元 Project（读写 1 课时）
	解释赔偿文化的意义，评价赔偿文化的优缺点	单元 Project（读写 1 课时）
	运用议论文文体，论述自己对争议话题的看法	单元 Project（写作 2 课时）
4. 树立正确的反战主义世界观，践行并宣传和平生活	合作完成"战争纪念品"的制作和解说，树立"人类命运共同体"的理念和反战主义的正确世界观	单元 Project（1 课时）

本课时的教学目标：

【语言能力】
1. 语言知识：
梳理并概括邻居双方的冲突发展过程；总结专家所给解决人际矛盾的三条建议；运用解决矛盾的词汇表达自己对矛盾和解方式的看法。
2. 语言技能：
通过听、说、读、写、看等活动，获取文本信息，概括邻居双方的冲突发展过程；总结专家所给解决人际矛盾的三条建议，应用并表达自己的看法。
【思维品质】
概括矛盾产生的经过和发展；分析导致双方冲突的原因；提出解决办法。
【学习能力】
通过小组活动培养合作学习能力，能与小组成员进行有效交流和沟通，和小组成员互为学习资源。

第三，初步设计教学流程和活动。

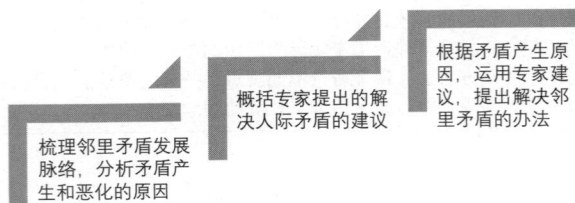

图 3-4　初步设计教学流程

第四，试讲修正。为了熟悉课堂环节，检验设计活动是否科学合理，我们利用两周多的时间在西外、铁二中、实验中学三所学校的高中部进行了试讲，各个学校学情的不同让教师能更好地把握不同层次学生可能会遇见的问题或可能出现的回应，帮助教师更好地调整教学设计。最终设计的教学流程如表3-7所示。

表3-7　教学流程

教师活动	学生活动
环节一：导入	
教师活动1 请学生看一张照片，引入话题； 请学生分享入门条中的矛盾事例； 引导学生思考邻里间会因什么起冲突。	学生活动1 看照片，回答教师问题，了解话题； 读入门条中的矛盾案例，开拓思路； 思考产生邻里矛盾的问题，分享。
活动意图说明：激活生活中的有关邻里冲突的已有经验。学生应能描述图片，并联系实际说自己了解的邻里冲突类型。	
环节二：读前	
教师活动2 请学生看文本标题、配图和图片说明，猜测文章大意。	学生活动2 小组讨论，推测文章大意并分享。
活动意图说明：激起阅读兴趣，引导学生利用非连续性文本推测文章大意，帮助学生带着问题阅读。学生应能根据已有线索，推断文章大意并自圆其说。	
环节三：读中	
教师活动3 请学生读后概括文章大意； 请学生第二次读，小组合作绘制矛盾发展线。	学生活动3 阅读并检测自己的推测，概括大意； 读并绘制矛盾发展线，分享。
活动意图说明：梳理矛盾发展脉络，为分析矛盾产生原因和提出解决方案做铺垫。学生应锁定与矛盾发展相关的主要事件，并用自己的语言进行概括。	
环节四：读后	
教师活动4 请学生分析造成邻里矛盾的原因，并简要提出解决办法； 请学生看专家建议的视频，记录并概括主要建议； 分配角色，学生再次讨论如何解决矛盾。	学生活动4 初步分析造成邻里矛盾的原因并提出解决办法； 听并记录相关信息，归纳专家提出的三条建议； 分角色讨论可行的矛盾解决办法。
活动意图说明：理性分析造成矛盾的主要原因，应用与解决矛盾相关的主题词汇，提出合理的解决办法。学生应能根据已有经验以及课堂所学，辩证思考并创造合理的解决办法。	

第五，正式上课，反思评价。在前期准备工作就绪后，教师如期正式上课，高质量地完成了本次国家级公开课，并在会后听取专家意见和点评，为今后的教科研活动打下基础。

经验成果的主要内容

1. 根据学生认知规律和育人目标，整合并重构教材文本，调整授课顺序

由于本课两篇文本都关注于邻里冲突，但两篇文本所呈现的案例都没有很好解决，主人公们并没有达成 win-win resolution，因此如何利用学生关注文本的关键期，遵循 problem-solution 的探究逻辑，将文本常规的讲授方式调整成符合学生认知规律的授课方式就是主要问题。最终，本课时调整成了读一篇文本案例，初步分析矛盾产生的原因，学习解决矛盾的办法，再进行系统化的分析并提出解决方案。本课时还根据学情加入了专家介绍解决矛盾的建议，而此内容根据教材安排原本在本课时后才会出现，但为了帮助学生形成更系统的矛盾和解知识网络，在本课时将第二课的部分内容糅合到了本课时。这种重组和构建的方式更有利于教材的合理使用，帮助学生构建认知。

2. 关注学生价值观的培养和立德树人的教育目标，构建处理矛盾的方法论

如果在本课时仅仅讨论邻居双方矛盾是什么，为什么会产生这种矛盾的话，那么就忽略了单元主题的探究，也忽视了教学对育人目标的要求和重要作用。本课时聚焦于构建处理矛盾和冲突的方法论，形成由若干方法组建成的方法网络，依据学生可能发生的精神增长和价值取向的培养的目标来进行教学设计，凸显了英语教学立德树人的功能和作用，帮助学生在未来的学习生活中更自信地处理和面对矛盾冲突。

难点：

1. 提供多种冲突情景，诱发学生进行深度学习

深度学习的发生机制之一就是创设真实情景。本课开始前就让学生写了入门条，课的开始就是分享学生生活中真实的矛盾案例，因此做到了"从学生身边入手"，创设真实情景，诱发学生的深度学习。两节课最后的输出环

节学生为同伴写解决矛盾的建议，这做到了"回到学生身边去"，让学生再看自己身边人真实的矛盾情景并给出建议，形成了设计闭环，帮助学生进入深度学习的状态。

2. 丰富的课堂活动增强学生体验，提高深度学习的程度

本课时中分析矛盾和提出解决建议的过程都不是教师告知学生的，而是在教师的带领下，帮助学生一步步探究和发现形成的。比如课堂中采用了多模态语篇，读文本，看视频，听建议等形式多感官地刺激学生，不仅照顾到不同学习者的学习需求，也丰富了学生深度学习的体验，保证了深度学习的效果。除此之外，教师还利用可视化思维的活动帮助学生梳理矛盾发展脉络，学生在此过程中真实思考并操作，形成了更全面的认知。

创新点：

关注读写结合，落实学生的书写基本功。本课时的特色为读写结合，写是学生长久以来的弱项，因为写的过程更考验学生思维的严密性和落笔的准确度。本课为了帮助学生落实书写，细化思维过程，总共涉及了三次写的任务，第一次在课前，入门条中写出自己生活中遇到的矛盾和冲突；第二次写读后是绘制 conflict line，写出关键词，再进行口述延展提取的信息；第三次写是按角色写解决矛盾的建议。在本堂课中写的任务环环相扣，难度呈梯度上升，帮助学生落实写作基本功。

经验成果的成效及社会反响

本课程特色与亮点为依据教材、学情以及《课标》中有关对核心素养的规划，利用读写结合的方式呈现课程内容，凸显提升语言能力和思维能力的素养落实，切实提高学生的学业水平。课程的实施有前测、中测和后测，量化学生核心素养能力的变化，并针对过程性表现随学情调整课程实施。此外，本课程带来的教学效果突出，参与课程实施的学生学业水平成绩高于未参与课程的学生参照组学业水平成绩，课程的实施帮助解决了学生语言基础不牢、思维层级进步较慢、跨文化知识缺失和学习缺乏自主性的不足。

本课程的辐射和影响是给我校更多教师带来可实操、可复制、可检测、效果好的单元整体授课策略。读写结合授课方式解决了一线教师长此以往面临的大问题：教学内容不够落实、教学效果不好检测、教学设计无法及时调整等的实际困难，也为教师参与市区级公开课、课题申报、科研研究提供了新的方向和完成条件。在课程研发的过程中，我校青年教师在教研组的带领下参与了国家级指向深度学习的英语学科单元整体教学设计——读写结合教学的实践与研究，课程实施在教研网全网直播，帮助教师在课程实践中摸索正确的道路，也通过课程的播出引领全区乃至全国范围对读写课程的思考。

此课程和研修学院、北京师范大学附属实验中学联合在中国教研网上做了项目推广，授课当日9000多人在线观看，目前累计有1万多人次观看，受到好评。

（三）史地政跨学科结构化思维

跨学科课题组 [①]

"双新"带来机遇与挑战

2020年7月，西城区成为普通高中新课程新教材实施国家级示范区。2021年2月，西城区发布"双新"示范区建设项目指南，随即我校申请了"F+育人模式下推动教与学方式改革与行动研究"的重点改革项目。作为学校改革项目中的三大传统人文学科历史、地理和政治，在"双新"背景下，如何落实立德树人的根本任务，如何培养学生的科学思维和创新意识，如何将学科素养与课程教学融合，提高课堂教学效率、提高学生的学习效率，对于老师们来说既是一种机遇，亦是一大挑战。

历史、地理和政治教研组通过新课程、新高考等主题研讨与交流，认

---

① 跨学科课题组成员包括沈大富、冯丽娟、王艳雪、吴健、赵丹、余仕兵。

识到高中新教材整体存在内容偏多、偏新、偏难的状况；新的课程标准强调了对学生学科核心素养的培养；从文理分科转向选科的学业水平考试变革；初中教学模式与中考制度的重大调整使得学生状况也在发生着重大的变化……面对这些困难，我们史地政三个学科的教师应该如何迎接挑战，进而抓住"双新"改革这个机遇呢？

"结构化思维"在教学中大有可为

著名教育家顾明远教授指出："教育的本质是培养思维，而培养思维的最好场所是课堂。"所以，利用"双新"这个大的教育背景，改变与创新课堂，促进学生思维培养，正是我们努力追寻的方向。但是，具体选择什么作为培养的重点？从西城区提供的众多主题中，我们看到了"结构化思维"。结构化思维（Structured Thinking）是学生需要具备的一种重要的思维方式。它是指依据明确的目标，从整体与结构的角度出发，借助结构的组成要素实现整体和部分以及部分与部分间的逻辑练习，同时进行结构化的思考与表达，能够多角度思考，深刻分析问题产生的原因，系统制定行动方案，并采取恰当的手段使问题得以高效解决的一种思维方式。鉴于此，历史、地理和政治教研组的教师们决定把教学变革的重点放在"结构化思维"与课堂效率改变的研究上。

我们认为，结构化思维对于实现新教材各学科结构的明晰化、学生核心素养的培养、学生学科思维能力和学生高中等级考试的目标都将会是一种有益的尝试。结构化思维培养贯穿到学生高中三年的学习中，对于学生实现近期等级考试目标及长远发展都有着非常重要的价值和意义。而教师在教学中重视学生结构化思维的培养，围绕结构化思维和核心素养的培养进行合理化的设计与探索，加强教育教学研究，将会更好地把握教学的重难点，把握学科体系与主干知识，进而采取更有针对性的教学变革，从而提高教育教学效率，促进教师个人的专业化发展。

这样，历史、地理和政治三个学科决定联手研究，共同关注在文科类学科中的结构化思维教学及应用，深入探究适用于高中文科结构化教学的教学模式，提升教学辅助工具应用等方面的能力，从而达到提升高中文科课堂教学效率，达到利用研究推进教学效率的目标。

"结构化思维"与师生课堂内外的变化

（1）历史：把你的思维画出来，让我们共同进步。

教师课堂示范——帮助学生学习历史知识逐步结构化、体系化

美国教育心理学家、认知心理学家杰罗姆·布鲁纳指出："关于人类的记忆，经过一个多世纪的研究，得出的最基本的一点就是——细节的东西，除非放到一个结构良好的模式当中，否则很快就会遗忘。"历史知识繁杂，若没有良好的结构模式，历史课堂将变成名词、概念、术语或零散信息的堆砌，不仅无序，也将很难被认识和记忆。但是，要想提高学生的历史核心素养，必须使学生具备基本的历史基础知识，建立起基本的历史知识体系。课堂作为历史教育的主阵地，教师需要将浩瀚烦琐、复杂难懂的史实性知识加以选择与转化，结合课程标准将具体的教学内容进行结构化设计，从而有序地组织和推进教学。在课堂中，教师通过课堂示范与引导，告诉学生如何去解构课本及历史场景，建构起新的历史结构，从而帮助学生在学习过程中去尝试构建自己的知识体系。通过一段时间的教学，学生从学习到模仿，将会逐渐建立起自己的历史知识体系与结构。

如在学习统编版《中外历史纲要·下册》的第二单元《中古时期的世界》中的《第3课 中世纪的欧洲》时，学生通过阅读课前引言，初步了解到中世纪的欧洲仅仅是当时世界的一个组成部分，此外还有非洲、亚洲和美洲等地区，各个地区都创造了各具特色的灿烂文化，既形成了整体认识，又强化了其时空观念。在教学中，教师从"黑暗的中世纪"这个传统的表述出发，引导学生去思考，为什么中世纪会被认为是"黑暗"的，我们可以从哪些角度去认识它。经过引导，学生了解到可以从政治、经济和思想文化等角度去认识中世纪的这一突出特征。在这部分内容学习结束之后，教师又提出

新的问题，中世纪真的就仅仅是"黑暗"的吗？这样的设计既为学生示范了如何多角度去认识一个时代的基本特征，如政治、经济、思想文化等，又引发了学生新的思考，还要学会全面辩证地看待历史问题。然后，继续带着学生从这些角度去寻找中世纪的"曙光"。西欧学习结束之后，再带领学生去学习东欧社会的简单状况。最后，引导学生进行课堂总结——中古时期的欧洲，既归纳特征的整体结构，又回应全面辩证看待问题的角度。

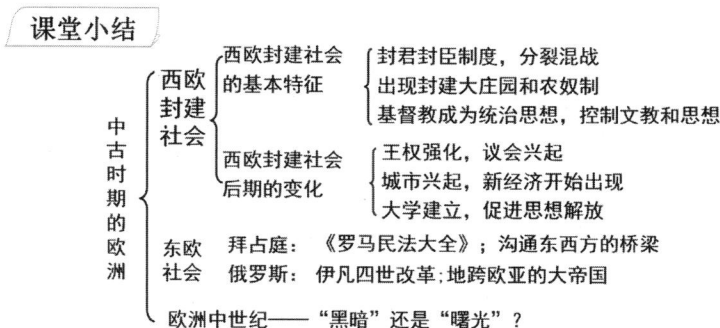

图 3-5 教师课堂知识结构化呈现——沈大富《中古时期的欧洲》

通过精心设计课堂教学，学生对于中世纪的欧洲形成了整体结构，其相关的历史知识体系也就基本建立起来了，而且以后遇到类似的时代学习，也会有了基本架构的基础。

学生整理笔记——学生建立知识结构化的尝试

学生在上课中听讲，积极思考，与老师互动，记笔记，这样的上课状态只是完成了学习的第一步。要想把所学知识进一步掌握，还需要学生在课下进行自我的知识整理，并进行相应的复习与巩固。在此过程中，学生借助思维导图把所学知识再现是非常重要的。在教学中，我对学生提出相应的笔记整理要求。教师要求学生把自己的思维画出来——这样，学生必须进行自我的思考与整合，这将促进其思维结构的形成，而教师通过审阅学生的思维导图，也就了解了学生的基本状况，可以认识到学生的掌握状况，思维结构是否清晰、合理，还存在什么问题等，这样老师也可以给学生提出相应的建议。经过多次尝试后，学生们绘制思维导图的速度提高了，导图所呈现的历史知识结构也在不断优化。下面是两位学生所总结的部分课本知识结构。

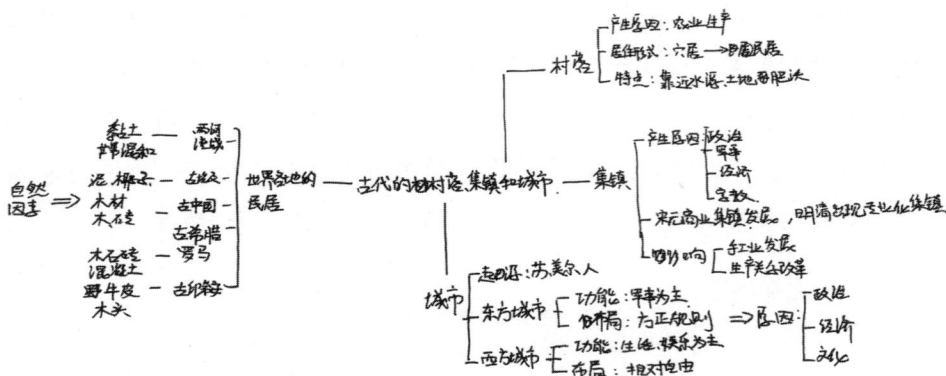

图 3-6　学生知识结构化作品——崔怡雯《古代的村落、集镇和城市》

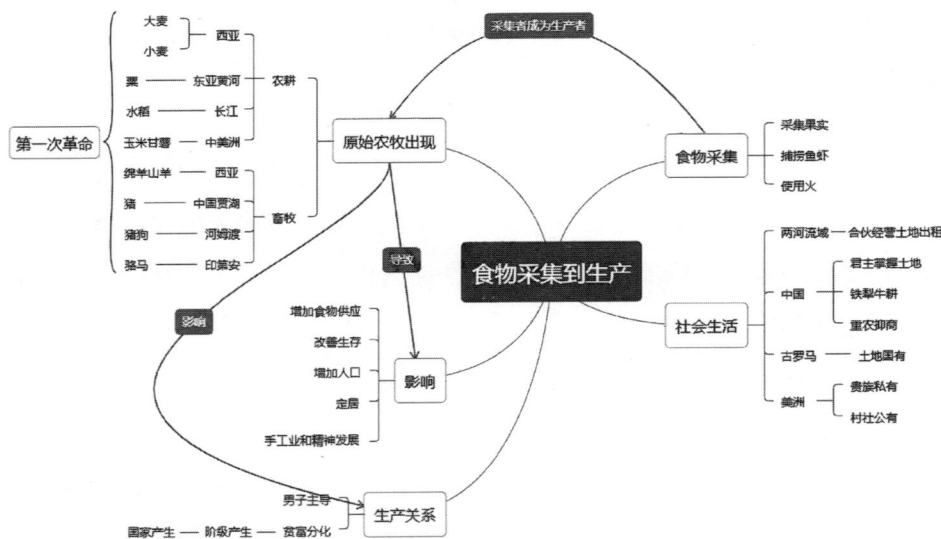

图 3-7　学生知识结构化作品——朱子昂《食物采集到生产》

从学生作品可以看出，学生对所学的知识已经形成了较为清晰的整体结构，而且学生也自我感觉"思路更清晰了，每课知识点也都能巩固一下"。

从预习到调整——自主尝试与师生碰撞来优化结构化思维

为了提升课堂教学效率，教师要注重引导学生做好历史的预习工作，从最初带着老师提出的问题去预习到自我预习提出自己的问题，再逐渐过渡到能够自我整理出预习内容的初步结构。利用课前预习的方式，学生们基本都提升了自主阅读、获取信息并形成自我思维结构的基本能力。

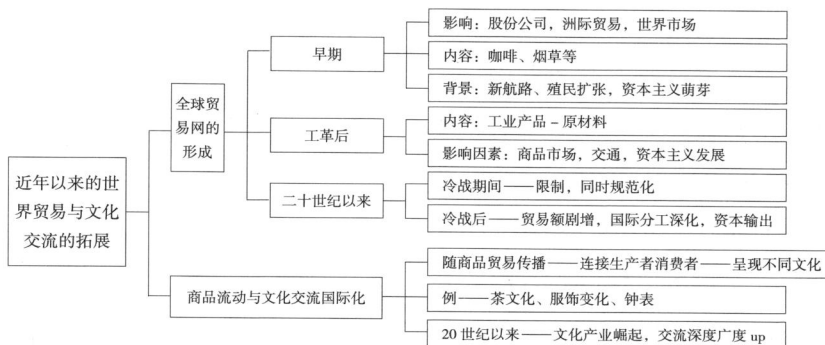

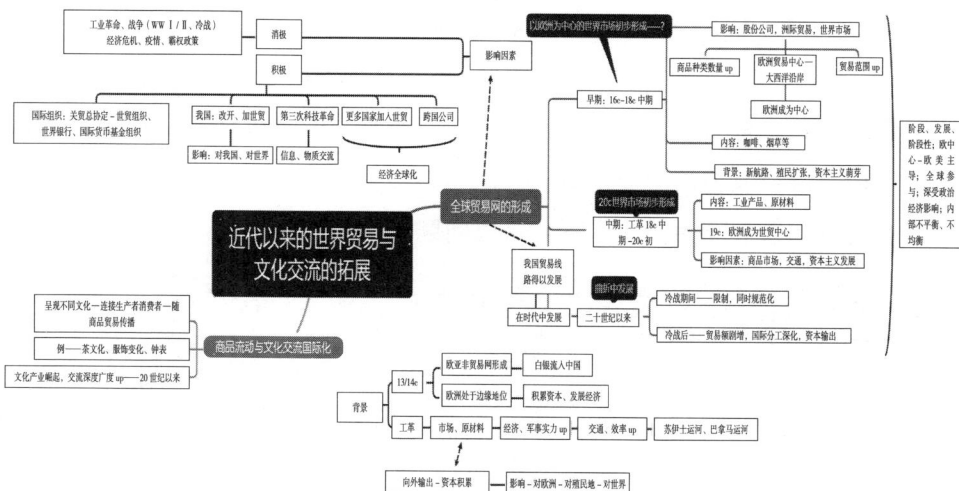

近年以来的世界贸易与文化交流的拓展

- 全球贸易网的形成
  - 早期
    - 影响：股份公司，洲际贸易，世界市场
    - 内容：咖啡、烟草等
    - 背景：新航路、殖民扩张，资本主义萌芽
  - 工革后
    - 内容：工业产品－原材料
    - 影响因素：商品市场，交通，资本主义发展
  - 二十世纪以来
    - 冷战期间——限制，同时规范化
    - 冷战后——贸易额剧增，国际分工深化，资本输出
- 商品流动与文化交流国际化
  - 随商品贸易传播——连接生产者消费者——呈现不同文化
  - 例——茶文化、服饰变化、钟表
  - 20世纪以来——文化产业崛起，交流深度广度up

图3-8 学生预习作品——张家玮《近代以来的世界贸易与文化交流的拓展》

图3-9 课堂学习后学生修改作品——张家玮《近代以来的世界贸易与文化交流的拓展》

通过审阅学生绘制的预习导图，老师了解到了学生认识问题的基本结构与思路，学生的呈现丰富多种，有很多值得肯定的地方，有时也会激发老师的灵感；学生也会呈现出不同类型的问题，这有利于教师优化其教学设计。教师在讲授过程中有意识地肯定学生的优秀之处，对学生未能整理的部分或者部分有问题的地方进行启发、纠正，从而提升了课堂教学的效率。学生在上课时，结合自己的思路，参考、借鉴老师的讲解，优化自己的思维结构，

在课后就可以进一步修改、优化自己的思维导图。通过对比张家玮同学的两幅思维导图，不仅可以看到导图的体系更完整了，内容更丰富了，还可以看到本课知识之间的逻辑关系也呈现出来了。此外，本课知识和以前所学知识之间的关联也有一部分建立起来了。通过"个人预习—互动交流—自主修正"的学习过程，师生双方都有了更多的收获，可以说是典型的教学相长，共同成长。

学以致用——运用与提升结构化思维解决问题的能力

仅仅能掌握历史知识并不是学习的真正目的，更重要的是要让通过学习获得的知识和思维能力被运用，能够用于解决学习与生活中的具体问题。所以，更重要的是要通过创设具体的情境，让学生学会运用所学的结构化思维去认识新问题，解决新问题。具体到教学中，就是利用不同的历史主观题型，帮助学生掌握答题方法思路——关注框架与细节：一是要注意相关题型的答题结构、框架；二是要特别关注题目材料中的具体细节，关联宏观的历史阶段，分析具体的历史细节所反映出的历史信息，在训练中提高在情境中解决历史问题的能力。比如下面这道问题。

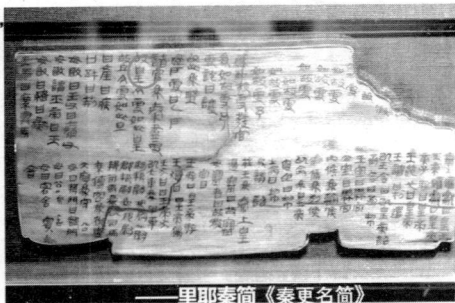

里耶秦简发现于湖南湘西里耶古城，共36000多枚，主要是秦洞庭郡迁陵县的档案。此片木简的诏版分为两排，记载了五十四个事项：

原先各国称呼平民为「民」或「百姓」，此时都要统一按照秦人的习惯改为「黔首」。黔是黑色的意思，平民以黑巾裹头，故而得名。还有一些名称的变化我们更为熟悉，例如改「王」为「皇帝」，并追尊父亲「庄襄王」为「太上皇」。从今往后要将观献（仰视着进献）「天帝」改为观献「皇帝」，「帝子」游改为「皇帝」游。此外，连皇帝的「皇」字上半部是「白」还是「自」都要管。

左上第二列，「毋敢曰猪曰彘」。连猪的称呼也要按秦人叫法，「彘」才是正音，不准「曰猪」……

——里耶秦简《更名简》

根据材料，由表及里地分析你所获取的秦统治的重要信息。

作业收上来后，学生作业呈现形式多样，有手绘图，也有软件绘制图，虽然内容表现各有不同，但均体现出了各自的思维结构。

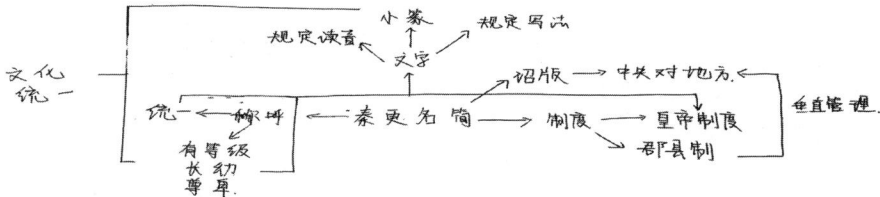

图3-10 学生知识结构化作品——付雯依《秦更名简信息》

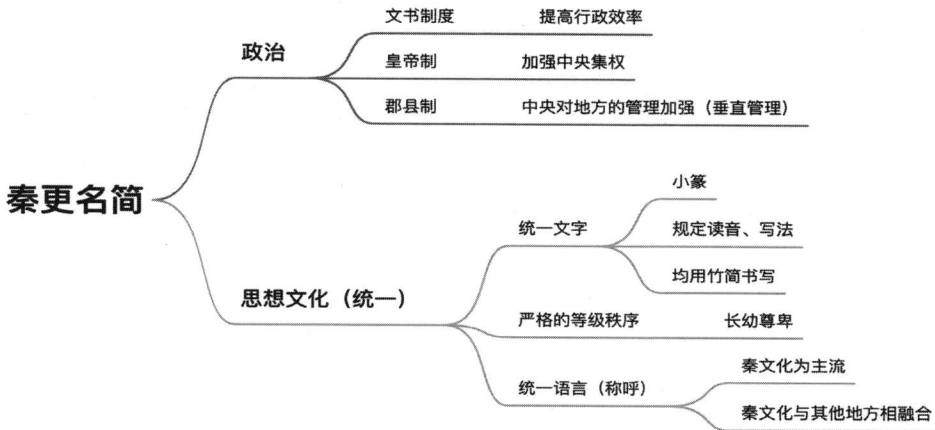

图3-11 学生知识结构化作品——李思睿《秦更名简信息》

　　在问题讲解时，老师首先点评了部分学生的思维导图，肯定了学生作业的优点并指出可以继续完善的地方。如第一个学生对材料的信息抓得比较准确，能够结合所学得出重要的直接信息和隐含信息，还可以在分类和整体感上进行完善；而第二个学生用软件绘制的思维导图对材料的信息挖掘不错，分类准确，层级也清楚，表现很出色，不过也有个别遗漏，还可以在两大类之间寻找关联。通过展示与点评学生的作品，既有利于增强学生的学习信心，也有助于学生找到自己优化答案的思路。

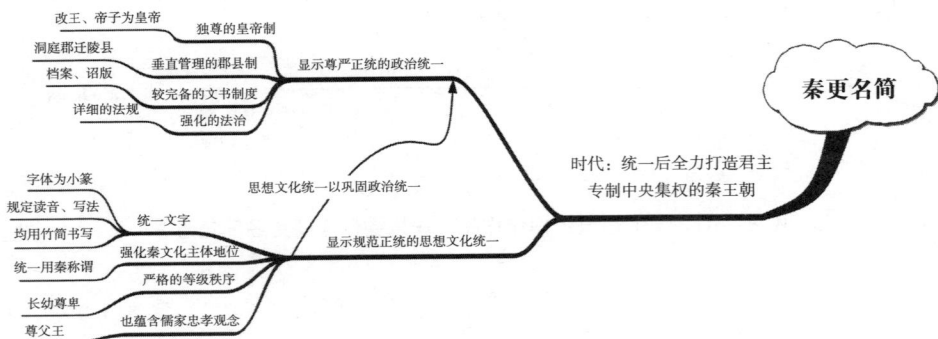

图3-12　教师知识结构化的成果——沈大富《秦更名简信息》

随后，老师呈现了自己在学生优秀作品的基础上绘制的思维结构图，并进行讲解处理此类问题的思维方式：首先，要充分提取信息，并把图片和文字材料中呈现的各类直接信息整合成政治和思想文化两大角度。其次，把这些信息关联到所学时代，归纳为相应的制度或措施，并进一步强调了"显示尊严正统的政治统一"和"显示规范正统的思想文化统一"两大核心，还挖掘出两者之间的关系为"思想文化统一以巩固政治统一"。最后，综合以上内容，总结出当时的时代特征：秦王朝在统一后，全力加强君主专制中央集权的统治。通过这样的设计，培养学生先从材料充分获取信息，再结合所学进行角度归类，进而关联到所学时代的具体特征，从而搭建起了解决此类问题的基本思维方式和解题结构。这有利于检验并发展学生的"学以致用"水平，通过类似的训练，学生运用结构化思维解决问题的能力得到了明显提高。

（2）地理：利用结构化思维提升地理核心素养和教学效果。

（略）

（3）政治：共绘结构化思维导图，助推教学相长。

政治组老师针对自身特点、学生实际和学段特征，发挥各自所长，有序运用结构化思维导图，助力教与学双向进步、共同成长。

【主要做法】

老师根据学生们的学习实际情况，渐进式培养学生对学科主干知识和解题能力的逻辑化体系化理解，并将之外显化，形成不同层级的符合学生实际的结构化思维导图。

就构图的方式和路径而言，有个体独立式，主要体现在知识预习上；有合作探究式，主要体现在单元或模块总结上。

就构图的表现形式和个性而言，有手绘的，有电脑的，有同题异构式的。

就推进环节与构图内容而言，从四个层面推进构建结构化思维导图。

★预习式结构化思维导图构建

——围绕教材内容，以话题为抓手，推动学生自主构建思维导图

老师提前布置教材内容，然后学生自己预习、阅读教材，根据自身对教材的理解自主构建相关内容与任务的结构思维导图，然后老师再进行适当指引和完善。

这个做法，旨在培养学生利用教材锻炼阅读及有效捕获信息的能力，并将自身的理解以构图形式结构化、逻辑化；借此，老师亦可充分了解学生元认知实际能力情况，然后有针对性教学。

这个做法，优点是督促学生自学，培养学生阅读习惯，使学生的构图更加丰富多彩。在实践中，这对学生的能力要求较高，基于本校学生能力实际，推动起来有一定难度。

★巩固式结构化思维导图构建

——围绕课堂教学，以内化为抓手，推动学生主干结构思维导图外显

师生共同完成主干知识课堂教学后，学生结合自身所记课堂笔记进行整合，以构图形式将思维外显。

这种做法，学生喜欢，有的放矢，聚焦度高。当然，要高质量地体现清晰的逻辑层次、合理的结构体系，是需要学生再认知再梳理的。就这点而言，学生感觉要构好图也是有难度有深度的，绝不是简单地将老师的笔记以各种符号进行拼凑就可以对付的。

这种做法，优点是学生通过结构化思维构图，实现了自我再认知，自我

再整合，内化和外显了课堂内容，实现"一堂课一构图"，简单清晰明了，效果较好。同学们一起构图时会呈现出"大同小异"的效果。"大同"即主干知识高度相同或相似，"小异"则是根据构图者自身的喜好与特点，更具个性化。比如，"哲学的基本问题"构图。

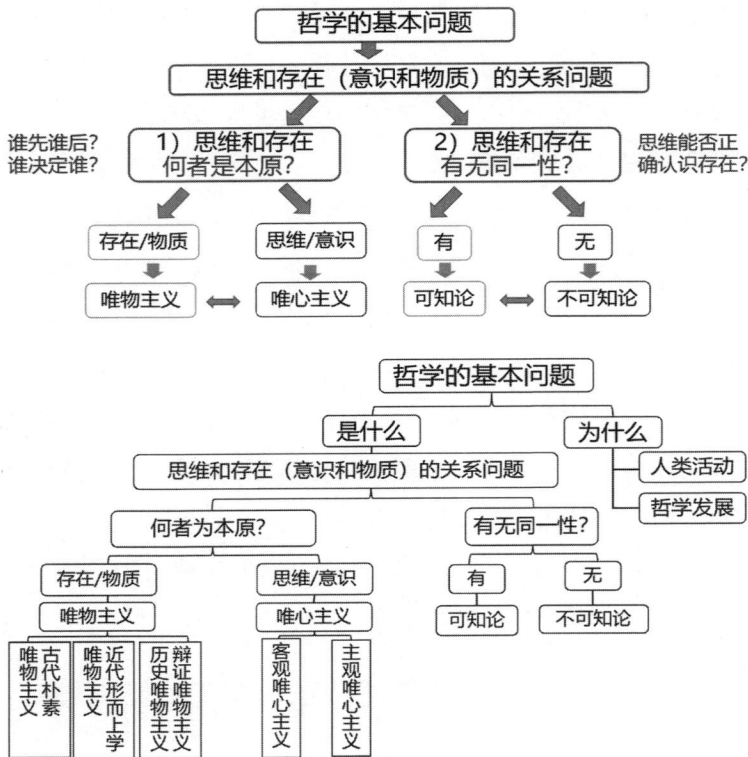

图 3-13　哲学的基本问题

★阶段式结构化思维导图构建

——围绕阶段小结，以拼图为抓手，实现单元或模块一纸化思维导图

学习需要不断小结或总结，做到一阶段一清，一模块一结。如何将每堂课的内容连接起来，构建更大、更高层级的结构化思维导图，关键在于厘清和把握知识点之间的内在逻辑体系。实践中，以单元或模块为载体，让学生在已有"零散"的结构化思维导图的基础上按照一定的逻辑，把握其内在关

联，进行"拼接"与"组图"，从而在一张纸上做到一单元一构图，一模块一导图。比如，必修3《政治与法治》模块，分别构建"人民当家作主""党的领导""依法治国"，然后在此基础上进行"拼接"与"组图"，进行模块一纸化思维导图构建。参见下面四幅构图。

★备考式结构化思维导图构建

——紧扣高频考点，以总结为抓手，构建备考式系统化思维导图

在高考备考过程中，综合梳理和研究主干考点，借助高考真题或模拟题出现的频率，开展专题或专项训练，在训练中系统总结主干知识或者这类题解题技能，构建主干知识或重点解题能力结构化思维导图。

这样的思维导图，极大地促进了备考，激发学生更大的兴趣，有很好的实际效果。

【学生的感悟】

在老师的指导下，我们开展了合作探究构图活动。我们形成六人小组，对老师布置的任务，分工协作、互相探讨、共同努力，最终圆满完成。这项活动对于我们来讲，是政治学科中的一次尝试，也是一次提升。同学们即将进入高二选择性必修科目的学习，选科的同学都非常重视自己的所选学科。

合作探究构图活动，对于选考政治的同学是一次非常好的学习机会。在这样的活动中，我们通过对学科知识的梳理，能够系统地进行复习，提高了政治的学科素养，强化了学习的能力。

合作探究构图活动，让我对知识点的理解更进了一步，小组合作，也培养了我的责任感，大家都按时完成，生怕拉别人后腿，因为我们是一个整体，缺了谁也不行，所以唯有团结共进才能达到最优。

合作探究构图活动，有助于从不同的角度，多层次多方面地学习以及感知知识内容以及内涵，并且能更好地分析和理解知识，细化知识内容，提高政治分析能力，以及学习水平。同时，通过团队合作，发现合作的美丽，找寻合作的魅力。

合作探究构图活动，提升了我梳理知识的能力，并养成了框架知识整理

的习惯，框架化梳理让我更加深刻地理解了不同知识间的联系。同时，培养了我团队合作的能力，感悟到了协作、合作探究的魅力，众人拾柴火焰高。

合作探究构图活动，我学到很多方面的知识。首先，我完善了对过去一年里政治学习的知识框架，在整理的过程中完成了复习和再理解。其次，我学会了运用不同的软件和方法将心中的思维导图模式化构建在文档中，提升了我有效利用工具的能力。最后，我在不断完善思维导图的过程中通过与同学沟通合作，不仅加强了协作能力，更加强了思维的碰撞和交流。

合作探究构图活动，让我对政治知识的理解更加丰厚，对政治的框架认知更加清晰，同时和同学合作完成，也更加培养了我合作互助的能力，挖掘个体学习潜能，增大信息量，使我们在互补促进中得到了共同提高。

合作探究构图活动，不仅帮助我温习了本学期的知识，还联系了之前的知识，使其更体系化，让我对政治知识的理解更加深刻，使我的政治知识架构更加完整。并且在与同学的合作中加强了团队协作能力，提高了社会交往能力。

合作探究构图活动，使我更深刻地理解道法知识点和法律背后的意义，让我有了知识框架，更好地记住每一个知识点。同时还培养了我的团队学习能力。在小组成员的帮助下，提高道法学科素养。

合作探究构图活动，绘制思维导图，锻炼了我们小组的合作能力。同时也融汇了每个人的思维，在提高对基础知识理解的过程中相互促进。理解了知识不仅仅是简单的罗列，而是相互之间紧密相连。这些知识可以串联起来，在这中间就是思考的作用。这也明确了日后的学习也可以使用这样的方法，面对之后大量需要背诵、理解的内容，更应该将知识串联起来，思考知识点之间的联系，绘制思维导图。

新课程新高考背景下的政治学科的教与学，面临着新的压力和新的挑战。要引导学生构建思维导图，做到浅显易懂，清晰明了，老师自身的功课尤其重要。下面提供赵丹老师处理选择性必修3《逻辑与思维》模块的思路为参考借鉴。

《逻辑与思维》这一课程模块挑战性最大，主旨是通过培养学生的科学思维能力，提升学生的科学精神等思想政治学科核心素养。通过科学思维的训练，引导学生掌握科学思维的基本要求，把握逻辑思维和辩证思维的方法，提高创新思维能力，学会运用科学思维探索世界，认识世界。在教学中，赵丹老师充分利用了郑板桥艺术创作的心得——"删繁就简三秋树，领异标新二月花"。把郑板桥总结的"删繁就简""领异标新"两个创作规律运用于《逻辑与思维》模块的教学。

首先，赵老师"删繁就简"，重塑教材的基本结构和主干知识，正所谓以最简练的笔墨表现最丰富的内容。面对新教材，带着问题阅读教材、理解教材、重构教材，最终做到了熟悉教材，有了最基本的教材结构。为了更好地重塑教材结构，赵老师做到了"领异标新"，那就是借助不同学科之间的知识联系重新构建本学科的结构。事物之间是普遍联系的，高中语文和数学学科在不同阶段的教学中也涉及了形式逻辑的基础知识，我们抓住这一关键与不同学科同事学习请教，了解到不同学科在这些知识方面学习到什么程度，再重新从政治学科做调整。这样，做到了学科之间的融会贯通，心中出现了全新的一种结构。

其次，设计作业帮助学生建立知识结构。《逻辑与思维》这一课程模块教材内容比较抽象与枯燥，难以激发学生的学习热情和兴趣。如何充分重视学生的主体性，调动学生的积极性，满足学生多方面发展的需求，尽可能地给学生留出足够的时间和空间思考问题，解决问题，是每个高中政治老师面对高中新课程需要研究的课题。思想政治课既是理论课，更是以实践来支撑理论的课程。这里的实践，既包括政治教师自身的实践，也包括学生的亲身实践。我在适当的时候给学生布置总结知识结构的作业，先给学生一些关键词或者是简单的知识之间的线索，要求学生自己阅读教材，整理知识结构。待学生的作业上交后，我再逐份批阅，在课堂上讲解后学生再改，最后挑选优秀作业发到学科群内，其他同学做对照，修改自己整理的知识结构。如此下来，学生们的收获是明显的。

"结构化思维"引发教学变革的进一步思考

经过一段时间的"结构化思维"与学科课堂教学结合的研究。历史、地理和政治三组老师既感受到了研究的不容易，也感受到了研究推进所带来的喜悦。在此过程中，教师理论水平有了提高，开始在课堂教学中进行实践研究的探索，并取得了一定的实践认知，积累了一定的案例。通过学习相关理论与案例，教师明晰结构化思维的定义、内涵与适用范围，并尝试将结构化思维与学科教学进行有机整合，如对部分知识进行结构化思维的解构与建构、从单元教学的角度对教材进行整合等，以帮助学生更好地参与教学过程，培养思维能力。通过此研究，大家都感受到了自身的变化，也感受到了教师专业素养与教学实践能力所得到的提升。而学生也得到了相应的成长。他们无论是在学科知识体系的建构上，还是在主干知识的把握上都有了一定的进步。学科思维能力和核心素养也得到了培养，这对孩子们的未来发展无疑是非常有利的。

当然，随着研究的进行，我们发现旧问题在逐步消失的同时，新的问题又在呈现。在研究中，不同的学科不仅面临着各自学科带来的挑战，也面临着一些共同的问题，比如如何进一步整合各自的学科知识结构体系的问题；如何针对学生的知识水平和认知水平优化在课堂教堂中的结构化思维运用，以进一步提升课堂效率；如何在研究中因材施教，在整体研究的状况下体现出具体的针对性；如何改变结构化思维中学生相对被动的应对局面，从而提升其参与度与效果；等等。

前面的研究告诉我们，教育与科研之间相互促进。我们也坚信，随着我们研究的深入，教育变革之路会越来越宽。

（四）思维导图在高中历史学习中的运用探索

沈大富

高中新课程给历史教学带来了新的教学理念，同时也带来了新的挑战。

历史新教材抛弃了传统的通史体系,将古今中外的历史拆分成了政治、经济、思想文化三个专题式的必修模块,传统的知识体系被分解,知识间的关联被割裂,这给教学带来了很大困难。模块学习的方式表现为学完一个模块就结业一个模块,并不刻意强调模块间的联系。然而历史新课程的学业评价及高考试题却并非简单地分为政治、经济、思想文化三个模块分别考试,它是涵盖三大模块主体知识的综合考试。因此,学生除了要把握牢固的模块知识外,还必须具备较强的历史整体认识和历史思维能力。然而,在教学实践中,历史课时少但内容多,学习后漏洞明显;学生有学好历史的愿望,但是多采取突击和死记硬背的简单方法;学生积累的历史知识缺乏完整性,忘得也快;学生缺乏必要的历史思维能力。因此,我们必须采取合理、有效的方法和措施,帮助学生巩固历史知识,并培养其历史思维能力。

思维导图在教学中的运用

思维导图是放射性思维的表达,也是人类思维的自然功能。它是一种非常有用的图形技术,可以应用于生活的各个方面,其改进后的学习能力和清晰的思维方式会改善人的行为表现。思维导图还可用色彩、图画、代码和多维度来加以修饰,使其更加生动和富于美感,这样更有利于回忆信息,从而激发人的潜能,增强其创新性。本文中的"思维导图",更主要体现为对学生思考问题过程和内容的一个图像化记录。

一是帮助学生处理重点和难点。在学习历史的一些重点和难点知识时,学生认真听了,似乎也懂了,但检测后发现他们并没有理解和掌握。老师的对策是:首先示范简易的知识点的思维导图绘制,让学生模仿和绘制。学生有了点滴经验后,再在重点、难点问题上布置思维导图作业,引导学生去绘制思维导图以争取有所突破。比如工业革命这个重点知识,两次工业革命的背景、内容、特点和影响等容易混淆。教师则可以通过思维导图了解学生对知识点的掌握状况,了解其思维状况,如有的学生是原因或影响掌握不完整,而有的学生则是知识的归类或者整体结构上还有问题,教师就可以有针对性地提出合理化学习建议。通过画思维导图，师生之间还能实现一种有效的互动，从而最终促进学生对于知识的理解与掌握。

二是帮助学生学会建构知识树。学生绘图能力有提高后，教师可结合学生实际和历史学科特点，逐渐扩大思维导图主题的知识涵盖量，尤其是注意让学生去打通模块界限，学会整合知识，构建知识，并提升绘制思维导图的能力，在会考和高考备考中，逐渐形成历史特色"思维导图"——教师引导，学生自主构建知识树。学生们从高二学习新知识开始画思维导图，一直坚持到高三的总复习，这个过程培养了他们的自主整合能力，使他们学会了建构自己的思维之树。这改变了过去的纯抽象记忆方式，代之以自主探究、有逻辑层次的、以图形为载体的形象化学习方式。学生画图后，逐渐做到"心中有图，知识记忆牢，考试也清醒"，收获是显而易见的。

三是引导学生进行有效复习。针对有同学觉得画图后不知道怎么使用，笔者向同学们介绍了画图后的两种复习方法。一种方法是定期结合所画思维导图复习，以保持对知识点的理解和记忆。一般原则是：对于1小时学习内容，最佳复习间隔和时间使用如下：10分钟后复习10分钟，24小时后复习2—4分钟，1周后复习2分钟，1个月后复习2分钟，3个月后复习2分钟，6个月后复习2分钟……以达到长效记忆。另一种方法是在复习时画新的简图。每次把还记得的内容再快速地做一次速射思维导图，然后对照原图，调整不符合的地方，强化回忆不恰当或回忆模糊的地方，还可以补充新的感悟。这两种方法都节约了未来复习的时间，使学生尝到了结合思维导图复习的甜头，记忆速度和复习进度都有了一定的提升，记忆效果增强了。

四是以评价引导学生思维发展。在实践中，我们逐步形成了对学生思维导图评价的基本准则。首先，强调思维导图的中心词与各关键词之间的逻辑性。只有经过严密的逻辑性思考后绘制出的思维导图，才能帮助学生更好地理解和记忆。其次，关注知识的完整性。思维导图既然是让复杂的问题简单到在一张纸上可以画出来，那么就应该能从这张图上一下子看到问题的全部。思维导图具有整体结构，形成了知识网络体系，才能更有利于建立牢固的记忆。再次，关注思维导图的个性和创新性。每个学生是不同的个体，其思想也是各具特色的，导图如果能够充分展现自己的个性思想，就应该是出色的；如果能够具有创新的结构或思维那就是非常优秀的。最后，关注思维导图的美观性。导图如果能够在关注逻辑、完整和个性创新基础之上，又能够做到美观、简洁等，那就更加完美了。

五是巧借思维导图解题。在 2010 年底，我们开始选择典型的综合题，把思维导图引入解题训练之中，告诉学生首先要从宏观上判断试题所属知识点和类型，审题中找准关键词，然后指导学生在历史试题解答中去寻求它的规律，包括解题常规的切入点，容易犯的错误等。解题时借助思维导图的构图技巧，同时注意借助思维导图的思考方式，试着去发散思维，紧扣材料；逐步扩展和联系知识，增加解题思路，以提升解答综合题的能力。

思维导图运用的效果

学生处理思维导图的过程必须要思考内容的联系、框架的构建、历史事件的发展过程清晰再现等，这都促使学生去一步步地构建、实践。在多样化、开放式的学习环境中，学生主动学习，积极参与，提高了自己的历史思维能力，培养了实事求是的科学态度，还增强了创新意识和实践能力，为其具备终身学习的能力打下了坚实的基础，这将会让学生终身受益。

一是多数学生的历史成绩和记忆历史的能力有相应的提高。绘制思维导图可以让学生在课下动起来，通过课下预习新课或者整理已学知识来学习历史，学生学习历史的兴趣及成绩均有了一定的提高。为认识其效果，探索中期笔者在两个班发放了调查问卷。调查显示，有 3/4 的学生认为自己的历史成绩有一定进步，个别同学认为借助导图后，历史成绩有较大进步。另外，实验班的基础较好，推广思维导图更顺利，所以实验班认为思维导图对学习有促进作用的比普通班高 22%。约有 3/4 的人认为自己记忆历史的情况有所进步，个别同学认为借助导图后自己的历史记忆状况大大增强。

二是多数学生的知识整合和宏观认识能力有所提高。在思维导图的绘制过程中，学生需要自己去学习和复习历史知识，打通不同知识之间或者不同课本之间的关联，学生在整合知识、提高宏观认识方面能力有所提高。调查显示，77%的学生认为思维导图有利于整合知识，75%的学生认为思维导图有助于提高宏观认识的能力。81%的学生认为在单元复习时思维导图的作用明显，而单元复习正是学生需要整合知识和形成宏观认识之时。

三是多数学生的历史学习方法和能力得到了优化。完成思维导图，不是一般地记笔记，课本和笔记整合成为一种需要，这对于优化学生的学法有重要的引导作用。学法上的优化无疑会提升学生的历史学习效果。思维导图强调知识的关联，使学生需要不时从不同的角度去复习一些重要内容。思维导图整合知识后，为学生的复习提供了更为简捷的方式和扼要的主干知识，有利于提高其复习效率，且逐渐改变了突击和死记硬背的复习方法。

四是提高了学生学习和实践能力，为终身学习奠定基础。在思维导图运用中，学生通过反思、师生碰撞交流提高了历史认识，知识树逐渐成长壮大；也通过整理知识提升了学习历史的能力，促进了学科知识体系的形成；同时还提高了解题能力，拓展了解题思路，历史思维能力得到了不同程度的培养。这有利于突破新课程体系下学生对于模块的孤立看法，实现知识整合并形成较为全面的历史学科知识体系，从而推进学生历史学习的进步。

反思与讨论

实践探索已经坚持了两年时间，在具体操作过程中难免存在不少问题，对探索中收集的各项资料还不能全面、科学地做出分析，需要以后进一步探索研究。

一是作为一种新的学习方式，需要更好地设计好其推进过程。开始指导学生使用思维导图时，由于对学生基础和绘制思维导图的难度等估计不足，急于求成，一部分学生使用思维导图并不主动。通过调查，除了多数学生是刚刚开始接触思维导图外，不同类型学生面临的困难也是不同的。其中普通班历史知识不扎实、基础薄弱，认为最困难的是绘制思维导图；而实验班基础好一些,绘制方面的难度略小,他们的最大困难在于如何跟进使用思维导图。思维导图的推进不顺利,其影响因素还包括教师指导策略、教师的研究周期和作业布置、学生对于思维导图的优势认识尚显不足、传统的学习方式对学生的影响根深蒂固、思维导图还没有与历史学习实现有效的结合,等等。鉴于以上认识,在新的年级开始推进思维导图时应该要更好地设计整个演进过程以推进其发展。

二是在不同类型、不同层次学生中的推广使用需要慎重。调查发现,学生比较普遍地使用传统的学习方式,传统的学习方式依然能够发挥突出作用。思维导图并非万能的工具,也并非对所有的学生都有效。所以对于思维导图在不同类型、不同层次学生中的推广使用尚需进一步研究。此外,对于思维导图软件的使用也值得去探索。

对思维导图在历史学习中运用的探索既给了我们极大的信心,也引起了其他学科部分教师的兴趣,已经有了在地理、历史、政治等学科之间协作推进的一种可能。相信更多学科和更多教师的介入会进一步加深对科研方法的系统认识和理解,并将各种方法更为准确地运用于以后的研究中,以提高其实用性与实效性。

(五)基于情境、问题的物理课堂教学

徐向荣

基于问题导向的教学设计

从以讲授为中心转变为以学习为中心的课堂,中间的桥梁是"基于问题导向"的学习。"基于问题导向"的课堂教学,所有的教学必须以学生学习为主线去设计,必须让学生参与到真实的学习过程中。

"基于问题导向"的课堂教学,以真实的问题形成问题链、问题矩阵,试图让孩子在学习中,在对问题的追寻中,慢慢形成一个知识结构——从低结构到高结构,从本学科的结构到跨学科的结构,从知识到真实的世界。

在"基于问题导向"学习的过程中，以认知建构的方式去重组问题、重组内容，让孩子在问题与问题的联系中，在综合地带和边缘地带，进行知识的碰撞，进行知识与知识之间的联系。在此基础上应用递进式问题链的课堂教学，以真实、连续、递进式的问题链为主线，将结构化的教学内容进行有效整合，逐层推进问题的解决，促使学生在设问和体验的过程中，形成自主学习的动机和欲望，在分析和解决问题的过程中，获得知识和方法，逐步形成问题解决的能力，从而达成教学目标。

基于上述理念的课堂教学中，教师需创设一系列问题，形成螺旋上升的问题链，通过为学生搭建一个个问题台阶，让学生逐层解答，拾级而上，最终达到解决问题的教学目标。递进式问题链中的每一个问题都需要具有一定的层次性和驱动性，问题与问题之间具有紧密的关联性、逻辑性和激发性，问题的解决过程能展现和揭示有意义的学习过程，同时积极渗透科学思想与研究方法。

在设计的教学模型中，递进式问题链中的一个个具体问题成为教学内容的载体，成为有效联结学生和教学目标的重要元素，以连续、逻辑的问题为教学活动的台阶与支撑，通过学生的体验、探究、分析、论证和交流等一系列活动，确立学生的主体地位。在这一过程中，教师通过即时反馈和引导，帮助学生不断提出问题、分析问题和解决问题，主动获取知识，发展能力，逐步达到既定的教学目标，其课堂教学整体架构如图所示。

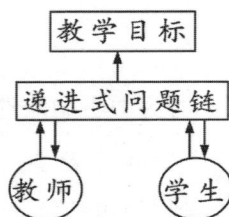

图 3-14 课堂教学整体架构

按一定逻辑顺序排列在递进式问题链中的各个问题，其功能与作用各不相同，具体可以划分为：情境性问题、体验性问题、技术性问题、探究性问题、应用性问题和延伸性问题。情境性问题是在特定的、真实的情境中学生自己发现的问题，是递进式问题链的起点，能够起到激发学习兴趣与动机的作用；体验性问题是学生在获取第一手感性认识的过程中发现的问题，能起到积累、准备与铺垫的作用；技术性问题是结构、技术与方法层面的问题，主要是为解决核心问题所设的前置方案中呈现出的问题；探究性问题是整个递进式问题链中的核心问题，往往是教学内容的重点所在；应用性问题是为了对问题解决的过程进行检验与矫正；延伸性问题是学生在学习活动中进一步发现的新问题，往往能够引发下一个递进式问题链。应用递进式问题链设计课堂教学的逻辑模型如图 3-15 所示。

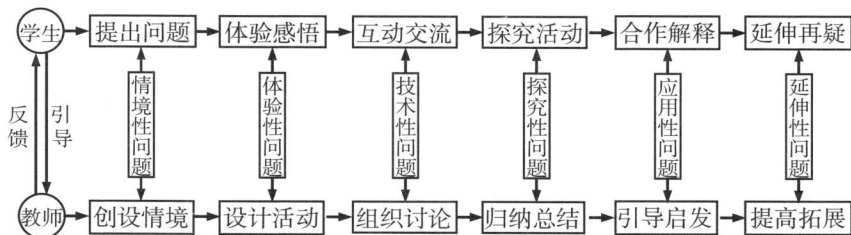

图 3-15 教学逻辑模型

下面分享两个教学设计：

《电表的改装》是人教社必修 3 第十一章电路及其应用第四节串联电路和并联电路中的一个学生实验。本实验内容为利用表头改装成大量程的电流表和电压表，使串并联知识得以拓展，深化学生认识，提高学生解决问题的能力。实验原理和电路设计是本课的重点。通过创设生活中简单常见的情境引入提出问题，结合本实验表头的研究，设计体验性活动，利用问题引导进行互动交流合作探究，最后进行拓展延伸。通过思维跨度较小的问题串来帮助学生完成物理规律在学生头脑中的建构，降低思维难度，提升学生的学习动机。问题情境将问题蕴含在情境之中，使学生接触到知识与思维方法更原始的表现形式，使问题更具体化和实用化，提升学生的探究能力。以问题为纽带，在课堂探究过程中，师生间、生生间围绕"问题"展开，教师是问题情境的创设者、问题生成的引导者、问题研究的组织者、问题解决的指导者；学生是问题探究即解决的主体。层层推进问题导向，促进学生知识迁移能力和自主设计能力提升，让学生体会成功的喜悦，增强学生的自信心和学习兴趣。以下是本节课的教学设计。

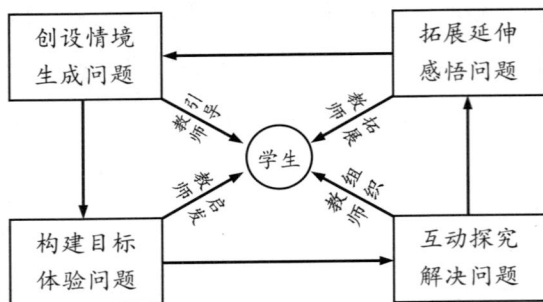

图 3-16 教学设计

表 3-8 电表的改装

电表的改装（第二课时）
1. 教学内容分析 利用表头改装成大量程的电流表和电压表，使串并联知识得以拓展，深化学生认识，提高学生解决问题的能力。着眼于串并联基本的物理规律，以学生自主推导分析为主。另外，电表的使用在整个恒定电流部分都是重点，尤其是关于电路的设计、误差的分析，对电表的结构要求很高，而这些又是高考实验的重点和难点。所以对电表的改装，需让学生从根本上搞清楚原理和设计思想
2. 学习者分析 从学生已有的知识来看：电表的改装建立在欧姆定律、串并联电路基础上，所以学生的理论基础已充足，但是对串联分压、并联分流思想没有强化过，对其应用就更困难了，需要指导激活； 从学生的认知特点来看：高二的学生经过高中一年抽象思维的训练已经能初步进行深层次的思考，自身也不再满足于简单的听懂，更希望通过自己的思考获得知识，提升思维
3. 学习目标确定 通过问题如何在大电流、大电压的电路中正常使用额定电压、额定电流较小的用电器入手，深化学生对串联分压、并联分流作用的认识；并进行知识迁移，学生合作设计改装电表，加深理解的同时提高学生的灵活运用能力
4. 学习重点难点 电表改装的实验原理和电路设计是本课的重点； 利用串并联知识对电路进行设计和计算是本课的难点
5. 学习评价设计 将电路的串并联规律应用到电表改装上，提升学生的知识迁移能力，自主设计能力，让学生体会成功的喜悦，增强学生的自信心和学习兴趣

续表

教学环节	问题引导	学生活动	设计意图
创设情境 导入新课 【生成问题】 【构建目标， 体验问题】	【情境1】已知灯泡L，正常工作时允许通过的最大电流为0.5A，最大电压为3V。 问题1：此灯泡能否直接接在5V的电源两端？ 问题2：现只有5V的电源，如何能使灯泡L正常使用？ 问题3：此灯泡能否直接接在电流为1A的电路中？ 问题4：现只有1A的电流，如何能使灯泡L正常使用？ 问题5：以上操作你应用了什么物理原理？ 【情境2】出示上节课实验用的表头（量程为0—500μA，电阻约为100W）。 问题1：若将表头接入电路中，表头的示数和通过表头的电路是什么关系？ 问题2：表头两端的电压和通过表头的电流之间满足什么关系？ 问题3：如果想测量大电流（或大电压）能否直接用这个表头来测量？ 问题4：如果想直接根据指针位置读出对应的电流（或电压）数据，应该怎么做？	学生相互交流分享思路解析： （1）灯泡只允许接入3V电压，提供的5V电压太大，需找"人"分担2V的电压（找电阻串联分压）。 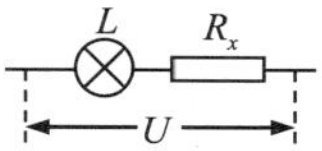 （2）灯泡只允许通过0.5A，电路中1A电流太大不能直接接入，需找"人"分流0.5A的电流（找电阻并联分流）。 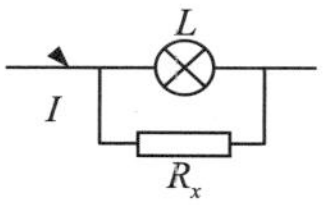 学生借助灯泡正常使用的经验，简要提出改装的设想。 	设置灯泡正常使用这样一个常见情景，让学生借助已有的知识，来理解串联分压、并联分流的原理，达到推陈出新的目的，为本节电表改装埋下伏笔。 创设情境，让学生体会改装的必要性。进行电表改装的探究
【互动探究，解决问题】 交流探讨电表在电路中的电学特性： 探究利用表头改装成大量程的电流和电压表的实验方案： 探究利用实验对改装后的电表进行校准	引导回顾对表头内阻的测量，引导学生总结电表具有电阻、电流表和电压表三方面的电学特性。 【情境3】如图是某一电流表G的刻度盘。使用时指针指着某一电流刻度，表示通过电流表的电流为某一数值，而且意味着表头的两接线柱之间有一定大小的电压，已知图中电流表的内阻是100Ω。 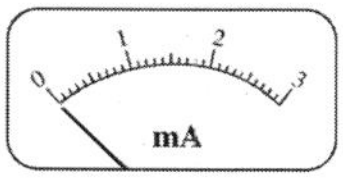 问题1：怎样在这个刻度盘上标出相应的电压数据？ 问题2：以上变换你应用了什么物理原理？ 问题3：通过上述变换，请简要说出电流表和电压表之间的联系？	回顾上节课的探究内容，总结电表具有电阻、电流表和电压表三方面的电学特性。 学生利用串并联知识，计算出相应电流对应表头两端的电压值，并且对应标注在刻度盘上。这样就将一块"电流表"改成了一块对应的"电压表"。 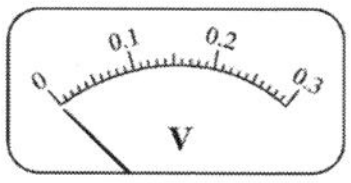	引导学生回顾探究内容，加深对表头在电路中的基本功能和电学特性的理解，为下一步设计电路进行改装奠定基础。 通过对表盘刻度的改画，让学生体会电流表和电压表之间的关系。进一步从多角度理解电表——电表就是一个会"说话"的电阻，既能读出电流值，也能读出对应电压值

教学环节	问题引导	学生活动	设计意图
【互动探究，解决问题】交流探讨电表在电路中的电学特性：探究利用表头改装成大量程的电流和电压表的实验方案：探究利用实验对改装后的电表进行校准	【情境4】灯泡正常使用的常见情境中，如果把灯泡换成电流表G，重新思考电路之间的关系。问题1：将电流表G和电阻串联，串联的电阻起到了分压的作用，我们称为分压电阻。分压电阻该如何计算表示？问题2：把表头和串联的分压电阻封装起来，加上刻度盘就成了崭新的电压表，这个崭新的电压表的内阻是多少？问题3：这个新电压表的刻度盘是均匀的吗？请你试着标记出它的刻度盘？引导学生将表头改装成大量程电压表。例1：有一个电流表G，内阻Rg=30Ω，满偏电流为Ig=1mA，要把它改装成量程为0—3V的电压表，要串联多大的电阻？改装后电压表的内阻为多大？问题4：将改装的电压表接入电路时，表头两端的电压和电路两端的电压相等吗？问题5：请总结出改装成大量程电压表的实验原理？	学生利用交互式电子白板进行实验设计探究。学生交流分享自己改装电压表的方案。将表头G和电阻R串联组成电压表。电压表的量程是0~3V，是指电压表V两端的电压为3V时，表头的指针指在最大刻度，即通过电流表G的电流等于Ig。此时表头G两端得到的是满偏电压Ug=IgRg=0.03V。电阻R分担的电压为UR=U−Ug=2.97 V。由欧姆定律可以求出分压电阻：$R=\dfrac{U_R}{I_g}=\dfrac{2.97}{1\times10^{-3}}\Omega=2.97\times10^3\Omega$电压表V的内阻等于Rg和R串联时的总电阻，即RV=Rg+R=3.00×103Ω=3.00 kΩ也可以选择整个电压表为研究对象，根据欧姆定律由$R_V=\dfrac{U}{I_g}$求得电压表的内阻。总结利用表头改装成电压表的实验原理。	本部分是本节课的知识重点，通过几步过程来突破。1.首先从灯泡正常使用中受到启发，借助串联电阻实现小量程的电压表能在较大电压的电路中正常使用。2.小量程的电压表量程扩大后又设置3个思考问题：问题1：使学生熟悉改装的方法，并会计算分压电阻的阻值。问题2：使学生明确新电流表的内部结构，并知道新电压表的内阻指的是什么电阻。

教学环节	问题引导	学生活动	设计意图
【互动探究，解决问题】交流探讨电表在电路中的电学特性。探究利用表头改装成大量程的电流和电压表的实验方案。探究利用实验对改装后的电表进行校准	【情境5】将表头改装成大量程电流表。问题1：将电流表G和电阻并联，并联的电阻起到了分流的作用，我们称为分流电阻。分流电阻该如何计算表示？问题2：把表头和并联的分流电阻封闭装起来，加上刻度盘就成了崭新的电压表，这个崭新的电流表的内阻是多少？问题3：这个新电流表的刻度盘是均匀的吗？请你试着标记出它的刻度盘？例2：有一个电流表G，内阻$R_g=30\Omega$，满偏电流为$I_g=1mA$，要把它改装成量程为0—0.6A的电压表，要并联多大的电阻？改装后电流表的内阻为多大？问题4：将改装的电流表接入电路时，通过表头的电流和电路中的总电流相等吗？问题5：请总结出改装成大量程电压表的实验原理？【情境6】教师展示真实电表的内部结构，让学生观察内部结构，与理论探究结果进行对比，加深对电表结构的认识。指导学生利用电阻箱，进行电表的改装。引导学生思考，如何直接利用改装后的电表进行测量。引导学生对改装完成的电表进行实验校准。指导学生分组完成电表的校准	总结电压表的改装分压思想，思考利用分流的思想将表头改装成大量程的电流表。将表头G和电阻R并联组成电流表。电流表量程为0—0.6 A，是指通过电流表A的电流为0.6 A时，表头的指针指在最大刻度，即通过电流表G的电流等于I_g。此时通过电阻R的电流$IR=I–I_g=$（0.6–0.001）A=0.599A。由欧姆定律可以求出分流电阻：$$R = \frac{U_R}{I_R} = \frac{I_g R_g}{I_R} = 0.050\Omega$$电流表内阻RA等于Rg与R的并联值。即：$$R_A = \frac{R_g R}{R_g + R} = \frac{30 \times 0.050}{30 + 0.050}\Omega = 0.050\Omega$$总结利用表头改装成电流表的实验原理。认真观察真实电表的内部结构，与理论探究结果进行对比，加深对电表结构的认识，提升对电表改装原理的理解。学生根据改装的实验原理，结合测定的表头的内阻，先理论计算出串联和并联的电阻值，并利用电阻箱进行具体的改装。学生将表头的刻度盘进行适当的标注，使之能直接利用改装后的电表进行读数测量。学生根据以往的知识，设计具体的电路，对改装完成的电表进行实验校准。学生分组完成电表的校准实验。加深对滑动变阻器分压电路的理解和应用	问题3：使同学们理解所谓电压表的改装，实际通过电表的最大电流并未增加，指针偏转受实际电流的控制，而新的电压表不过是把指针对应的刻度修改，使学生真正地明白电表改装的原理，为改装电流表以及改装多量程电表做铺垫。展示交流，共同学习。先通过给定具体电学参量进行计算，比较直观感受电压表改装的原理和过程。然后，在教师的引导下总结提升，加深对电表改装原理的深层次理解。通过学生的交流讨论，让学生体会改装电表的本质：分压和限流。再次感受物理的简单美。通过对比观察，进一步加深电表的结构认识，提升对电表改装原理的理解。利用对校准电路的设计，帮助学生再次回顾梳理电路设计的基本原则和方法，进一步提升学生的实验探究和设计的能力。培养学生实验动手操作能力

教学环节	问题引导	学生活动	设计意图
【拓展延伸，感悟问题】	【情境7】现有两个相同的电流表G改装成的A1（0—1A）、A2（0—3A）。 问题1：若两个电流表串联使用，两表示数相同吗？指针偏角相同吗？ —Ⓐ—Ⓐ— 问题2：若两个电流表并联使用，两表示数相同吗？指针偏角相同吗？ Ⓐ / Ⓐ 【情境8】现有两个相同的电流表G改装成的V1（0—1V）、V2（0—3V）。 问题1：若两个电压表串联使用，两表示数相同吗？指针偏角相同吗？ —Ⓥ—Ⓥ— 问题2：若两个电压表并联使用，两表示数相同吗？指针偏角相同吗？ Ⓥ / Ⓥ	经过改装的电流表串联在电路中，根据串联电路的电流相等的特点可得两表的示数相同。 根据电表改装的原理图可知，两个电流表的指针偏角不同。A1表比A2表的指针偏角大。 根据电表改装的原理图可知，两个电流表的指针偏角相同。因为A1表A2表的量程不同，即分度值不同，A1表比A2表的读数小。 根据电表改装的原理图可知，两个电压表的指针偏角相同。因为V1表V2表的量程不同，即分度值不同，V1表比V2表的读数小。 根据电表改装的原理图可知，并联电路两端的电压相等可得两表的示数相同。因为V1表比V2表的量程不同，即分度值不同，V1表比V2表的指针偏角大 	通过新情境的拓展延伸，激发学生的学习兴趣。拓展探究的过程就是对电表内部结构的深入认识的过程，同时也为下一节误差的分析奠定基础
总结反思	总结实验探究的基本规律和方法	学生交流感受	回顾整个实验探究过程："测""改""校"，并对每个设计和实验环节进行整体分析讨论，提升学生对实验的综合分析能力

　　《行星的运动》一节课位于人教版物理必修二第七章第一节，本节课中介绍了人类对于行星运动的探索历程，着重介绍了开普勒三定律的内容。在科学漫步环节介绍行星探索的历史。本节课是万有引力的基础，知识难度较低。在《普通高中物理课程标准（2017 年版 2020 年修订）》中对这部分内容是这样阐述的：2.2.4 通过史实，了解万有引力定律的发现过程。而开普勒三定律是万有引力定律发现的基础。在活动建议中，第四项写道：收集我国和世界航天事业发展历史和前景的资料，写出调查报告。在学业要求中写道：通过对行星运动规律和相对论的学习，认识到科学研究包含大胆的想象和创新，科学理论既具有相对稳定性，又是不断发展的，人类对自然的探索永无止境。具有探索自然、造福人类的意识。综上，从高考核心素养的角度来看，本节课蕴含了诸多科学思维，是一节值得深度挖掘，适合通过问题导向教学模式，培养学生科学思维的极佳课例。

　　高中之前，学生知道一些地心说、日心说等相关史实，对一些伟大的物理学家也有些了解，像牛顿、开普勒等，包括牛顿与苹果树的故事。学生在高中地理《宇宙中的地球》一章中，学习了"地球为什么会存在生命"。从地理学科的角度分析了存在生命的外部条件是安全和稳定，安全是指太阳系中八大行星"各行其道"，轨道具有共面性、近圆性、同向性；存在生命的内部条件是日地距离适中、自转和公转周期适中、质量和体积适中。地理中这部分内容与开普勒第一定律、高中阶段行星轨道按照圆轨道近似处理、赤道处的临界问题等存在交叉融合，能促进学生理解本章内容。而且，高一学生具有较强的观察力和一定的理解力。观察力已经非常接近成人的水平，观察的目的性更明确，持久性更强，视觉和听觉的感受性甚至超过了成人。以科学漫步"人类对行星运动规律的认识"学习为例，学生能概括总结出每一位科学家的主要观点，能知道"行星逆行""本轮""均轮""偏心点""偏心等距点"等概念，但是不理解这些概念，以及这些晦涩难懂的概念是如何促进开普勒得出正确的行星运动规律的。包括理解"8′的误差也许正是因为行星的运动并非匀速圆周运动"，认知水平不同的学生不一定都能想到这是因为行星轨道是椭圆而非圆。抽象概念的理解、观察的深刻性还有待在学习中提高，这些决定了学生如何"水到渠成"般地理解开普勒得出行星运动定律的过程，加深对行星运动定律内容的理解，降低学习的难度。结合以上情况，这一节教学中非常适合开展分组活动，通过项目式学习让学生参与进来，促进知识的形成，丰富学科认知。让学生体会到获得真知的愉悦，在提高思维深度的同时，驱动学生去不断探索，慢慢从被动学习、感觉记忆、短时记忆，变主动学习、理解记忆、长时记忆。

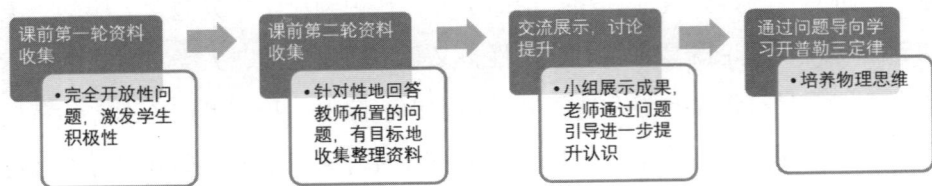

图 3-17 教学设计

根据前面的阐述，本节课我采用 PBL 教学模式。对于教学过程，分为课前和课堂两部分。课前部分，根据问题导向我进行了如下分解：以托勒密、哥白尼、第谷、开普勒对于行星运动的研究历程设计对应问题，由学生分组根据问题查阅资料，归纳整合并在课堂上介绍自己组的成果，其间由老师与小组共同探讨协商定稿，提高学生学习的积极性。课上由小组依次分享行星运动的发展史，老师点评总结人类对于行星运动研究的发展历程，以时间线设计问题，培养学生的科学思维，最终掌握开普勒三定律的具体内容。

（1）第一轮课前学习。

对于课前问题的设计，根据问题导向教学模式的内涵，要让学生充分地参与学习过程，并且为了引起学生的兴趣、激发探索的欲望，我布置了课前第一轮资料收集，任务是：分小组查阅托勒密、哥白尼、第谷、开普勒四位科学家生平贡献并整合制作演讲 PPT。学生们热情高涨，依照自己组内的计划有序开展任务，并上交汇报文稿和 PPT。

（2）第二轮课前学习。

在学生完成这项任务后，我进一步向各组追加了我所设计的几个问题，即第二轮资料收集，任务是：由小组在原有成果的基础上，进一步在我问题的引领下，继续开展资料查阅和整合进一步完善汇报文稿和PPT。这个过程充分体现教师角色的转变，对学生给予指导和背后的监控，而非纯粹的知识的传授者。学生也在两轮资料查阅过程中，充分体验问题解决者的角色，发挥学习的自主性。对于问题的设计，我相较传统书本内容做了一定的拓展，加入了一部分学生在以往认知中不熟悉的内容，甚至还有开放式问题和需要学生整合、归纳，进而表述的较难的问题。该设计利用课前更丰富的时间由学生做更充分的拓展学习，在回答老师的问题过程中深入思考，进一步学习到课本以外的行星运动的相关内容，最重要的是让每个学生充分地参与到学习的过程中，贯彻落实 PBL 教学模式。

第二轮课前学习我的问题具体设计如下：

表 3-9　课前问题设计

科学家	问题设计	问题设计意图
托勒密	1. 介绍地心说的观点 2. 对于火星逆行的解释 3. 阿里斯塔克及其最初日心说的观点	1. 了解地心说的内容 2. 尝试通过现代科学的视角解释火星逆行，理解地球与火星绕日运行周期不同以及地火轨道差异导致了火星逆行。通过了解本轮均轮，认识到其复杂性 3. 了解最初的日心说的设想。感受古人的智慧与远见
哥白尼	1. 介绍日心说的观点 2. 伽利略如何论证了日心说 3. 布鲁诺的生平及观点	1. 了解地心说的内容 2. 了解伽利略通过木星卫星、金星盈亏来论证日心说的精妙。通过金星与月球的盈亏对比，了解伽利略对于日心说理论的支持过程 3. 感受科学家为科学献身的伟大精神
第谷	1. 介绍第谷的观测仪器 2. 介绍第谷的观测精度 3. 介绍第谷的调和体系	1. 简要了解第谷观星仪器的设计 2. 感受精密的科学观测需要恒心、耐心。对第谷数据的精度有初步的认识 3. 了解仅仅依靠观测想要获得真理是不够的
开普勒	1. 开普勒与第谷的相遇 2. 开普勒的生平	1. 了解开普勒与第谷的关系 2. 了解开普勒在行星运动方面所做的工作与研究历程 3. 了解后世对于开普勒三定律的高度评价，其被称之为天空立法者的原因，使学生对于学习开普勒三定律抱有高度的期待

在第二轮课前学习的问题设计中，我尝试加入了比较具有挑战性的问

题，如解释火星逆行的本质、分析伽利略通过金星盈亏现象对于日心说的论证，以及第谷观星仪器的初步原理等。从实践中我发现，学生对于该类问题的回答较为肤浅，大多数停留在网络文案的水平，未能很好地形成自己的理解，故我在此结合学生查阅的资料，给予相应小组一定的指导，帮助他们形成自己的理解和认识，更有助于形成通俗易懂的汇报资料。

在学生第一轮任务查阅的资料的基础上，结合第二轮问题学生组内讨论的结果，两部分内容综合形成一份汇报文稿和PPT，交由学生选派代表在课上进行交流展示。所以，在正式的课堂授课中，我有约15分钟是四组代表进行交流展示的时间。剩下的时间，我设计了两部分的内容。第一部分，对于学生小组汇报的成果进行进一步提问、讨论、总结、提升，通过行星运动的研究的历史发展落实对地心说、日心说的认识，了解两者的差别。第二部分，通过PBL模式引导学生有针对性思考，开展开普勒三定律的学习，培养物理思维能力。本节课的流程如表3-10所示。

（3）课堂教学设计。

表3-10　课堂教学设计

教学内容	前景	问题导向设计	学生作答	老师总结	设计意图	科学思维
引入	课前学习汇报后	在人类历史上地心说为什么占据了如此长的时间？地心说是否有其存在价值	由于宗教的原因地心说占据了近千年的时间。地心说有价值，形成这样的认识已经非常厉害了，它为日心说的建立打下了基础	地心说最大的价值在于它是人类第一次利用科学思维对行星进行建模，这是人类认识自然界一个非常重要的过程，所以地心说有其重要价值	了解宗教对于科学进步的禁锢。培养学生辩证地看待问题，认识到地心说是人类第一次对于行星建模的过程，提出了轨道的概念，引入了圆模型。了解科学思维中建立模型的重要性	模型建构——抽象概括
		日心说为什么最终取代了地心说	日心说是正确的，中世纪人们的思想觉醒突破了教会的禁锢	通过图片显示地心说与日心说对行星运动的描述，能够发现日心说胜在简洁，人类对于物理规律的终极追求是简洁	辩证地看待日心说的进步以及仍存在的不足。了解人类探索物理规律时追求简洁的必要性	模型建构——抽象概括

续表

教学内容	前景	问题导向设计	学生作答	老师总结	设计意图	科学思维
开普勒第一定律	开普勒结合第谷的数据与哥白尼的圆轨道模型进行验证，但是在火星轨道上，总存在约8弧分的误差	如果是你，对于这8弧分的误差如何对待	①认为是误差，在一定程度内可以忽略 ②认为第谷的观测数据不准确 ③认为哥白尼的模型存在问题	通过与第谷的相处，开普勒充分相信老师数据的精度，他怀疑的是哥白尼圆轨道的问题，他是非常有勇气的，因为从物理学规律简洁的角度，似乎圆是最完美的。他通过数据求证了20余种曲线，终于发现只有椭圆吻合	通过历史故事带领学生感受开普勒对于真理追求的执着，不屈服于传统的思维方式。通过自己的理性思维与扎实的数学功底推理出行星轨道模型，凸显了物理思维中模型建立以及质疑创新的过程	科学推理—分析质疑创新科学推理—归纳推理
开普勒第二定律	既然轨道是椭圆的，行星还做匀速率运动吗？运动的速率分别是怎样的	展示2022年四季对应的天数。根据如图所示的信息你能得到什么结论	地球环绕太阳运动的速率是变化的，秋冬季运行的速度大，春夏季运行的速率小	开普勒希望总结出行星绕行太阳速率的规律，他在阿基米德面积学的文章中得到启发，从面积的角度推算找到了开普勒第二定律	通过学生容易理解的节气间隔的知识引导学生思考行星模型到行星运动的规律	
开普勒第三定律	开普勒认为自己只是找到了单个行星的轨道和速率，并未建立起各星体之间的运动规律。开普勒发现，不同轨道的行星，距离太阳越近，运动周期越短	展示八大行星半长轴和周期的关系表格。请大家推测，a与T有什么关系呢	是二次函数，幂函数等	通过Excel表格拟合发现不是正比例也不是二次函数，可能是幂函数，但是不通过深度的演算是难以确定的，我们通过计算器拟合得到周期与半长轴的1.5次方成正比	通过数学方法论证物理量间的关系，带领学生感受科学论证对于探寻物理规律的重要性，并感受到发现真理的不易，培养科学论证的意识	科学论证

基于问题情境的概念教学

问题是指个人在有目的地追求而尚未找到适当手段时所感到的心理困境。心理学研究表明，意识到问题的存在是思维的起点。问题意识是指人们在认识活动中，经常意识到一些难以解决或疑惑的实际问题及理论问题，并产生一种怀疑、困惑、焦虑的心理状态。这种心理又驱使个体积极思维，不断提出问题和解决问题。因此，物理教学中教师应创设情境引导学生发现问题、提出问题，培养学生的问题意识。

问题情境指将问题蕴含于特定的场景中，可以是现实世界的真实情境，也可以是实验情境、活动情境等。问题情境中的"问题"旨在引起学生的认知冲突，使学生的已有知识结构不能解决这个问题，从而产生消除这种"冲突"与"不平衡"的愿望。问题情境中的"情境"旨在让"问题"具体化，并具有一定的复杂性和真实性。问题情境将问题蕴含在情境之中，通过思维跨度更小的问题使学生接触到知识与思维方法更原始的表现形式，降低思维难度使问题更具体化和实用化，完成物理概念在学生头脑中的建构。

《问题导向学习模式的"电场强度"概念学习》基于问题导向学习模式，力求给学生创设真实问题情境，要求学生在情境中，以小组合作的学习形式，在教师引导下共同解决问题，学生在构建物理知识的基础上，发展自身的合作学习能力、问题解决能力及自主学习能力。通过分解教学目标来构建问题系统：把教学目标根据教学内容分解为一个个递进的、具体的子任务，然后把由教学目标分解得到的子任务转化为问题的形式呈现给学生，从而构建问题系统，并且生成课堂探究活动，见表3-11。

表3-11　课堂探究活动

	教学子任务	问题系统	课堂活动
第一层级	建立电场的概念	电荷间的相互作用需要介质吗	实验演示，建立电场概念
第二层级	探究电场强度特点	如何研究电场强度？如何感知电场的强弱	实验探究，得出研究场的方法
		电场力可以直接反映电场强弱吗	实验探究，研究电场力特点
第三层级	电场强度的比值定义式	探究如何定义电场强度	理论探究，构建概念

具体的教学设计如下：

第一层级：建立电场的概念

设计分析：下面的环节通过静电球和荧光灯管的实验来串联。实验有四个目的：

（1）通过演示实验引起学生学习兴趣。

（2）简单论证"超距作用"观点的不足。

（3）切身感受场的特殊存在方式。

（4）通过介绍超距作用和场概念提出过程，说明任何物理规律都是经过科学家们长期思考和探索，不是一步到位的，并引导学生体会科学思维之美。

表3-12 教学设计

实验情境1	问题引导	学生讨论结果
不接电的荧光灯管靠近接电的静电球，灯管发光，且不同位置亮度不同；用金属罩罩住静电球，荧光灯管不再发光	1. 两个物体（电荷）没有接触，相互作用是怎样发生的？	学生查阅资料，"非接触力"的发生在历史上存在两种观点：（1）超距作用；（2）以"场"为媒介
	2. 金属罩的作用是什么？	金属罩对电场特殊的屏蔽作用，所以灯管不再发光，这个实验证明电场的存在，同时否定超距作用观点
	3. 电场究竟是什么？	建立"场"的观念：电荷和电荷之间的相互作用也是通过电荷周围的特殊物质发生的，这种物质就是电场。电场由电荷产生，并在它的周围存在着

按照教材的描述进行教学，学生可以"很轻松"地得到 $E=\dfrac{F}{q}$，但是绝大部分学生不太理解为什么要用比值来定义。所以，建构电场强度概念的过程，是对学生逻辑思维能力进一步培养的过程。对这一难点的突破，我把整个教学过程分为以下两个层级：实验定性探究和理论定量猜想。

第二层级：定性探究电场强度特点

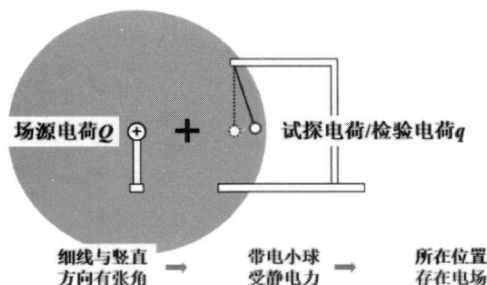

环节一：

设计分析：要想研究电场性质，首先要能感知它的存在。如何研究电场强度？引导学生科学思维，学会用看得见、摸得着的物理量去完成对抽象物理量的研究。本节课的电场以及后面要学到的电势能、磁场等概念，都用这样的思想进行研究。

表 3-13　教学设计

实验情境 2	问题引导	学生讨论结果
带电锡纸小球靠近金属球壳静止悬挂，给金属球壳带上电，锡纸小球由于受到金属球给它的力而摆起一定的角度	1. 为什么带电金属球先吸引小球，然后又迅速弹开？	泡沫小球与金属球壳接触后就带上了同种电荷，所以与金属球壳相互排斥
	2. 细线与竖直方向有夹角，说明什么？	说明受电场力，是这个位置的场给的。所以说明这个位置存在电场
	3. 电场看不见、摸不着，怎么研究？	电场看不见、摸不着，是抽象概念，我们可以通过看得见、摸得着的物理量去研究电场，这个物理量就是电荷在电场中受到的电场力。所以我们可以借助电场对电荷产生力的作用即通过"看细绳与竖直方向的张角"来研究电场本身
	4. 如果想研究电场中每一点的情况，应选取什么样的试探电荷？	试探电荷也会产生自己的电场，如果这个电场太强，就会对我们要研究的电场产生影响，所以试探电荷带电量应该小；为了研究每个点的电场情况，试探电荷还应该体积小

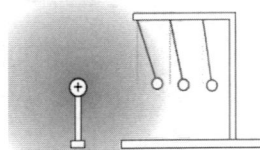

同一试探电荷在不同位置受静电力相同吗？

操作：　增大 Q 和 q 间距离

现象：　细线张角变小

结论：　静电力变小

本质：所在位置电场变弱

环节二：

设计分析：设计下面实验，让学生通过上述方法，将电场力（表面现象）和场的强弱（客观本质）建立认知联系，即通过细绳与竖直方向的夹角的大小，来判断该点场的强弱，为后续环节的探究做准备。

表 3-14　教学设计

实验情境 3	问题引导	学生讨论结果
带电锡纸小球靠近带电金属球壳静止悬挂，远离场源的位置，电场力变小；靠近场源的位置，电场力变大	1. 同一试探电荷在不同位置受静电力相同吗	学生分组实验：给金属球壳和锡纸小球带电，同一试探电荷，即给锡纸小球带一定量的电荷，增大试探电荷距离场源的距离，再减小距离。观察细绳张角的大小。交流实验后，学生得出结论：远离场源的位置，电场力变小；靠近场源的位置，电场力变大
	2. 力的大小变化能反映场的什么特点	试探电荷所受的电场力，是在该位置的场施加的。力变小了，说明场变弱了。说明场存在强弱

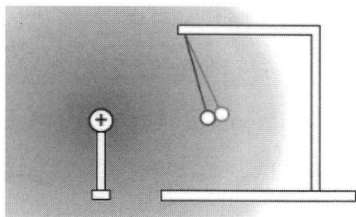

环节三：

设计分析：明确受力可以表征电场特点后，学生往往会简单地认为，电场力就可以直接用来表示电场的强弱。那么，如何破解这个难点呢？首先可以请学生思考下面的问题：

（1）如果把试探电荷拿走，这个位置的电场还在吗？

（2）不同的试探电荷放在同一位置，这个位置的电场会变吗？

两个问题层层递进，从特殊情况到一般情况，从理想实验到动手设计实验验证，说明同一位置的电场不变的情况下，力可以变化甚至消失，意在打破学生的惯性思维，即认为电力大小与电场强弱的一一对应，形成认知冲突。使学生能够直观感受到：静电力不光与电场中位置有关，还与试探电荷有关，所以不能光用电场力来描述电场强弱。首先设计实验："探究不同试探电荷在同一位置受静电力是否相同。"

表3-15 教学设计

实验情境4	问题引导	学生讨论结果
带电锡纸小球靠近带电金属球壳静止悬挂，保持锡纸小球位置不变。不断改变带电锡纸小球的带电量，细绳与竖直方向张角变化	1. 如何改变试探电荷的带电量	用不带电的金属球轻轻接触试探电荷的底部或者侧面，带走一部分电荷量
	2. 不同试探电荷，在同一位置受静电力是否相同	学生探究实验。 结论：不同试探电荷在同一位置受静电力一般不同
	3. 对比两个探究实验的结果，分析试探电荷所受的静电力与什么因素有关	与在电场中的位置和试探电荷有关
	4. 可以用电场力的大小直接表示该点电场的强弱吗	我们可以通过电场力来研究电场的强弱，却不能用电场力的大小直接表示电场的强弱

第三层级：运用比值定义法和类比法

设计分析：至此，学生已有了对电场的基本认识：①电场对放入其中的电荷要产生电场力的作用；②同一电荷在电场中不同点所受电场力一般不同。即"静电力不光与电场中位置有关，还与试探电荷有关"。自然地，学生就会意识到需要对电场的强弱进行比较。既然电场的强弱是反映电场力的性质，我们就从寻找电场力与试探电荷的定量关系入手。对于电场强度这种"性质量"，探究的思路可以概括为：通过探究发现物理量的比值为定值，反映出可以用物理量的比值描述事物的某种性质，即比值定义法。

表3-16 教学设计

实验情境5	问题引导	学生讨论结果
思想实验：假设在电场中的某一位置，有一个带电量为 q_1 的试探电荷。它受到电场给的电场力为 F_1	1. 研究过程中共涉及三个物理量，如何研究三者关系	根据两个探究实验，研究过程中试探电荷与金属球间的距离（反映了电场的强弱），锡纸小球的带电量和锡纸小球所受的电场力，研究三者之间的关系要用到控制变量法
	2. 若改变该位置试探电荷带电量，它受到的电场力如何变化	如果在同一位置，放入两个带电量为 $2q_1$ 的试探电荷，那么它们受到的电场力应该为多大呢？——$2F_1$；以此类推，推测试探电荷在电场中某点受到的静电力与试探电荷的电荷量成正比
	3. 这个比值有什么特点	在某一位置，电场强度应该是不变的，可试探电荷的电荷量和电场力却都在变；但它们的比值却保持不变；在不同位置，比值一般不同，说明这个比值与位置有关
	4. 这个比值能否反映各点电场强弱的特点	上述分析说明：比值的大小可以反映电场的强弱，可以用来描述电场力的性质，由此可以得出结论：试探电荷所受的静电力与它的电荷量的比值可以描述电场的强弱

某一位置	电场力	F_1	$2F_1$	$3F_1$	……	nF_1	比值
	试探电荷电荷量	q_1	$2q_1$	$3q_1$	……	nq_1	$\dfrac{F_1}{q_1}$ 是定值

通过设置问题，引导学生体会运用数学工具"除法"就可以统一比较的标准——试探电荷相同，即通过比较比值一的大小就可以判断出两点电场的强弱。此类比值量的生成是在比较中不经意间发现的，但它却更深刻地反映了我们所要描述对象的物理本质。为什么要把电场力与试探电荷相比？是

因为比较电场的强弱需要统一标准；为什么要把比值一定义为电场强度？是因为在比较的过程中发现了电场的共性（或者说本质属性）——电场中任一位置电场的强弱由电场本身决定，与试探电荷无关，这也是比值定义法定义出来的物理量所具有的共同特点。

接下来，教师继续进行电场强度矢量性、单位等内容的教学，最终完成概念的构建。

课堂效果评估

（1）后测。

根据学生课堂学习情况选取对应习题进行检测，发现学生在重点突破问题处具有明显的提升，虽也有较少学生依旧对于所学内容不够清晰，这可以依靠后续练习进一步巩固提升。

（2）反思与评估。

为了突破"电场强度"教学中的重点、难点，笔者通过 PBL 教学法的教学模式，即创设问题情境—发现问题、提出问题—分析问题、提出假设—自主探究、合作学习—归纳总结、解决问题—升华问题、合理拓展；教学不能只讲知识，更重要的是讲获得这些知识的方法。比值定义法是一种科学的思想方法，其核心思想就是在相同的标准下进行比较。设计教学环节要把比值量的生成过程充分地展示出来，学生对比值定义的物理量自然就好理解了。诚然，比值定义法更能反映学生的探究能力、抽象思维能力和创造性思维能力。让学生更加容易理解比值法的含义以及如何利用比值法定义电场强度，引导学生经历物理概念的建构过程和科学探究的过程，提升了学生的物理核心素养。

本节课使用问题导向的方式带领学生梳理探究思路，学会在探究中分析、处理问题，帮助学生建立学习抽象物理概念——电场的方法，学生在学习抽象概念过程中，再一次运用了比值定义的物理思想方法，基本达到了对于学生各项能力进行针对性训练的目标设定。

（3）跟进训练。

根据学生后测中出现的不足设置跟进训练，跟进训练的试题选取主要面向两部分：一部分是学生在后测中体现的知识精准不够的强化训练，另一部分是针对学生对实验目的设计实验思路缺失的对应训练。

基于"情境变化"问题的运用

在"情境变化"问题中运用概念巩固和强化学生对有关概念的掌握，旨在通过创设新情境、新课题促使学生进一步理解和深化有关概念，进一步丰富和完善概念结构及概念体系，进一步发展学生的知识和认知结构，进一步培养学生的思维品质和思维能力，这是概念运用的较高层次。

1. "情境变化"问题的意义

在"情境变化"问题中运用概念具有非常重要的意义，主要有：

一是能更好地突出概念的本质特征，深化学生的概念理解。虽然说物理概念是物理学家在大量观察、实验的基础上，运用逻辑思维（抽象思维）的方法，对物理现象和物理过程本质的、共同的特征加以概括而形成的，但是，学生在概念学习的过程中，由于认识水平的阶段性和思维能力的局限性，对概念的理解往往会出现片面性、表面性和模糊性，因而学生在某个具体情景中可能并未抓住概念的本质特征，不能有效地鉴别、提取和运用有关概念。"情境变化"的问题可以为学生提供不同角度的、更加多样的素材，这些素材涉及的概念层次可能更深并且有时还可能具有"迷惑性"，能帮助学生在分析与比较中更加突出概念的本质特征，深化学生的概念理解。

二是能更好地培养学生的创新意识，提高学生的创新能力。在教学中我们经常会发现：不少学生对不太合乎常规的"情境变化"的问题很不适应，甚至束手无策。尽管这些问题很多时候涉及的"情境"（事件和过程）是一样的或是几乎不变的，涉及的概念或规律也完全相同，只是在问题呈现时，在问题结构（条件、目标和障碍）上做了些比较"独特"的调整或改变（如将显性"目标"改为隐性"目标"，将显性"条件"改为隐性"条件"等），简单说只是同一情境下设问角度和设问方式的比较巧妙的改变。造成这种情况的主要原因：一种是我们的学生的确不善于"围绕某一概念或规律"进行多角度的思考，思维的创新意识不强，思维的灵活性、思维的敏捷性、思维的深刻性等思维品质还较差；另一种是作为教师的我们在教学中可能没有更多地通过"情境变化"问题做出必要的"示范"，引导学生进行思维的创新，在潜移默化中培养学生的创新意识，进而提高他们的创新能力。

三是能更好地激发学生的积极思维，促进学生的能力发展。不同情景的问题更能引起学生的注意，引发学生的兴趣，因而也就更能激发学生的主动性和积极思维。而学生积极的思维投入为促进学生的能力发展提供了前提和基础。

四是能更好地养成学生的思维习惯，防止思维定式的束缚。我们已经知道思维定式的形成主要源于学生经常接触同一类现象或同一种问题模式；思维定式的形成往往会使学生"先入为主"，从而阻断其他思维方式的进入，造成思维的"闭塞"，影响问题的解决。"情境变化"的问题通过改变问题的条件、目标、障碍中一个或多个因素，使之与学生经常接触的问题模式有所不同，让学生经历思维定式造成的失败，从而引导学生更加重视对现象或过程的分析，更加注重对物理方法的运用，养成具体问题具体分析的良好思维习惯。

2. "情境变化"问题的设计

"情境变化"问题的设计应突出针对性、启发性和新颖性，更加注重于帮助学生深刻理解概念的本质特征，帮助学生养成良好的思维习惯，帮助学生发展思维能力和创新能力，从而帮助学生完善概念结构和概念体系、发展知识结构和认知结构。

学生运用概念的过程其实也是一种心理活动的过程。心理学告诉我们，当人们处于某种具体情景中时会产生"联想"。所谓"联想"是从事物之间某种联系与相似性，推出另一些事物的联系与相似性的一种思维方法。研究表明，由联想产生的思维迁移有正迁移（即联想的启示）与负迁移（即联想的干扰）之分，"联想的干扰"往往会使人们的思维受阻甚至做出错误的判断。具体到物理概念的运用，当学生面对一个具体的物理问题情景时，"联想的干扰"会使一些无关概念抑制必要概念的提取、附加信息抑制本质信息的提取，从而造成思维的障碍。在运用物理概念时，"联想的干扰"造成思维障碍的根本原因是概念不清，没有正确而清晰的概念结构和概念体系（当然，物理方法、思维能力也会有一定的影响）。我们设计情境变化的问题时，有意识地增加一些干扰因素，就是要克服"联想的干扰"，帮助学生更好地建构概念结构和概念体系，并发展学生的认知结构。

下面是两个增加了干扰因素、学生很容易出错而其实又很简单的问题：

问题1：如图所示，四根相同的轻质弹簧都处于竖直状态，上端都受到大小皆为 F 的拉力作用，针对以下四种情况：

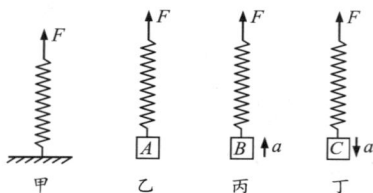

甲中的弹簧下端固定在地上；

乙中的弹簧悬挂着物块 A 而保持静止；

丙中的弹簧拉着物块 B 匀加速上升；

丁中的弹簧拉着物块 C 匀加速下降。

设四根弹簧的伸长量依次分别为 Δl_1、Δl_2、Δl_3、Δl_4，则有（B）：

A. $\Delta l_1 < \Delta l_2$ B. $\Delta l_2 = \Delta l_4$

C. $\Delta l_3 = \Delta l_1$ D. $\Delta l_4 < \Delta l_3$

问题2：如图所示，小球的质量均相同，弹簧和细线的质量均不计，忽略一切摩擦，平衡时各弹簧的弹力分别为 F_1、F_2、F_3，其大小关系是（A）：

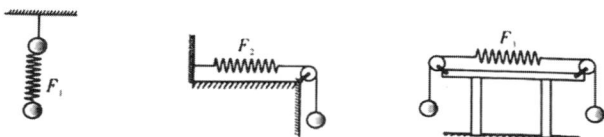

A. $F_1=F_2=F_3$　　　　B. $F_1=F_2 < F_3$

C. $F_1=F_3 > F_2$　　　　D. $F_3 > F_1 > F_2$

其实上面两个问题是同一个问题，都是考查学生弹力概念的掌握程度。第一个问题很多学生认为加速上升比加速下降弹簧伸长量要大，即使同样的拉力拉弹簧；第二个问题一些学生认为弹簧两端都有物体拉时的伸长量为只有一端有物体拉时伸长量的两倍。他们是在应用科学的物理概念吗？看来，为了克服"联想的干扰"，更加突出物理概念的本质，增加干扰因素的情境变化的问题确实应引起重视。

基于真实情境的物理建模

纵观整个物理学史，建构物理模型是科学探究、探索自然的一种重要的科学思维方法。伽利略对亚里士多德"物体运动速度与外力成正比、重物下落比轻物快"观念的质疑，应用逻辑推理，将斜面实验合理外推，证实了"若完全排除空气阻力的影响，轻重物体下落得一样快"的猜想，建立了自由落体运动模型。开普勒利用第谷大量观测的数据，建立了椭圆轨道模型，提出了行星运动的开普勒三定律，成为"天空立法者"。近代物理中普朗克提出"能量子"的观点，破除了经典电磁理论"能量连续变化"的观念。卢瑟福通过 α 粒子散射实验建立了"原子核式结构"模型。从某种意义上说，物理学的发展就是对已知的物理现象或过程进行分析，建构反映事物本质因素的物理模型，以达到认识世界和解决问题的目的的过程。在物理教学中，有意识地基于真实情境进行物理模型建构的教学，学习科学家那样的思考问题和解决问题的方式，让物理教学更加贴近科学探究过程，使学生切身体会科学家的思维方式。

新课程中的物理建模

新课标重视学生的学科核心素养培养。《普通高中物理课程标准（2017年版 2020 年修订）》指出，物理学科核心素养主要包括物理观念、科学思维、科学探究、科学态度与责任四个方面。其中"科学思维"主要包括模型建构、科学推理、科学论证、质疑创新等要素。科学思维是基于经验事实建构物理模型的抽象概括过程。总之，模型建构和问题解决能力的培养，是贯穿整个高中物理的重要内容。

从实际的教学现状来看，学生的模型建构能力还存在很多不足，主要表现在以下三个方面：一是建模能力不强，无法将模型的建立与实际问题的解决联系起来进行分析；二是在模型建立的过程中，容易受到外界因素的干扰，不能抓住问题的关键或本质属性，建立出针对性的模型；三是对物理模型应用水平不高，情景或条件的变式，极大地影响对模型的认识。

物理建模的教学模式

美国理论物理学家 David Hestenes 教授考察科学家通过模型建构设计实验、发现物理规律、建立物理理论来解释和预测客观世界的过程，提出物理模型的教学策略。他认为物理模型是对客观原型的结构、特征、规律的概念化表征。1995 年，他提出一般的物理建模教学过程包括模型建立、检验与完善模型、应用模型三个阶段。1996 年，Halloun 以 Hestenes 的建模步骤为基础，进行了改进与完善，将建模教学的步骤分成五个阶段，即模型选择、模型建构、模型验证、模型分析、模型应用等阶段，称为"五段式"建模教学模式。其基本流程如图 3-18 所示。

模型选择
对所选模型进行整理和分析 （需要对模型熟悉）

模型建立
确认所选模型的相关结构和成分 （需要对模型进行表征）

模型验证
用不同评价方法验证模型内部一致性 （必要时需对原有模型进行修正，训练学生元认知技能）

模型分析
解决问题，并对问题进行解释 （需要判断解答的适切性）

模型拓展
推论到新情境中，评价模型的适用广度 （帮助学生发展迁移技巧）

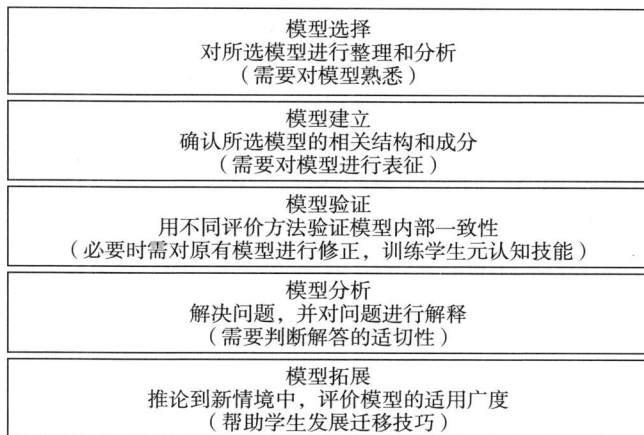

图 3-18 Halloun "五段式"建模教学模式

1. 模型选择

创设不同的问题情景，调动学生的前概念，学生通过回忆自己以前的知识体系，从中挑选出熟悉的物理模型，并对其进行整理与分析，然后开始建模。

2. 模型建立

对所选模型的组成成分与结构进行仔细的整理与分析，抽取出该模型中能够反映事物本质的主要因素。可以适当地结合数学模型的建立，帮助学生更好地对问题进行描述与解释。

3. 模型验证

学生了解到该模型是否能够用于进一步去理解、描述、解释、预测现象和事件。还可利用不同的实验方案，对于结果与目标差别很大的模型，进行重新建构或者选择模型；如果不一致，需要对原模型进行修正与完善。

4. 模型分析

教师引导学生先通过其他方式在课本上找到问题的答案，然后运用建立好的模型对答案进行辨别与解释，一旦模型经验证，能够解释我们所求问题的答案，我们就认为这个模型在这种情境下是有效的。运用模型对问题进行分析与解释是对建模目的很好的解释。

5. 模型拓展

应用模型解决新的情境问题。在这一阶段要训练学生的迁移能力，不仅要在产生该模型的问题情境中使用模型，还要将该模型用于新的情境中去。学生如果具有很强的学习迁移能力和思维发散能力的话，可以基于所建立的模型再构建一个新的物理模型。

Halloun 认为建模教学中的这五个阶段没有任何的等级关系，而且这些步骤之间可能有重复的部分，所以教师可以根据学生的需要灵活选择或者调整建模教学的步骤。

高中物理模型的建构

物理学是研究物质运动规律的学科，而实际的物理现象和物理规律一般都是十分复杂的，涉及许多因素。因此在研究问题时，我们常常对一些实际物理过程或者对象进行科学抽象后，建立能够反映事物本质特征和规律的物理模型，这就叫建构物理模型。

建构物理模型是一种研究问题的科学的思维方法。

物理模型一般可以分为三类：对象模型、条件模型和过程模型。

表 3-17　物理模型

对象模型	条件模型	过程模型
质点	光滑平面/斜面	直线运动：
点电荷	恒力	匀速直线运动
带电粒子	真空	匀变速直线运动
带电质点	原速率反弹	自由落体运动
理想电表	匀强电场	简谐运动
理想变压器	匀强磁场	曲线运动：
理想气体	不计电阻	平抛运动（类平抛）
轻绳、轻杆、轻弹簧	导轨足够长	匀速圆周运动
弹簧振子	磁场区域足够大	相互作用：
单摆	绝热容器	碰撞、反冲

在物理学中突出问题的主要因素忽略次要因素，建立理想化的物理模型，并将其作为研究对象，是经常采用的一种科学研究方法，这样的模型成

为对象模型。

例如：质点。在某些情况下，我们可以忽略物体的大小和形状，而突出"物体具有质量"这个要素，把它简化为一个有质量的物质点，这样的点称为质点。

再如：点电荷。任何带电体都有形状和大小，其上的电荷也不会集中在一点上。当带电体间的距离比它们自身的大小大得多，以致带电体的形状、大小及电荷粉笔状况对它们之间的作用力的影响可以忽略时，这样的带电体就可以看作带电的点，叫作点电荷。

表 3-18　对象模型

理想模型	主要因素	次要因素
质点	质量	大小、形状、质量分布等
点电荷	电荷量	大小、形状、电荷分布等

为突出外部条件的本质特征或最主要方面而建立的物理模型称为条件模型。

例如物体沿轨道运动时所受摩擦力对运动的影响很小，不起主要作用，或假设一种没有摩擦力的环境，则形成光滑轨道的模型；其他如不可伸长、不计质量的绳子，只受重力作用或不计重力作用，均匀介质、匀强电场和匀强磁场，等等。一般情况下题目都会给出条件模型，如果没有给出的要依据题意进行判定建立物理条件模型。得到物理条件模型就能简化对物理过程的研究。

把具体物理过程纯粹化、理想化后抽象出来的一种物理过程，称过程模型。

理想化了的物理现象或过程，如匀速直线运动、自由落体运动、竖直上抛运动、平抛运动、匀速圆周运动、简谐运动等。

根据教育部《普通高中物理课程标准（2017 年版）》对物理学科核心素养的水平划分，将模型建构也划分为五级水平。

表 3-19　模型建构的五级水平

水平	要求	附加说明
水平 1	能说出一些简单的物理模型	通常意义下的知道水平，但不知道物理模型的抽象概念，而是能够举出学过的一些物理模型的例子
水平 2	能在熟悉的问题情境中应用常见的物理模型	通常意义下的基本技能，一种运用某个物理模型的条件的技能
水平 3	能在熟悉的问题情境中根据需要选用恰当的模型解决简单的物理问题	两个基本技能的综合：物理模型的条件的运用和有关单一物理规律的运用
水平 4	能将实际问题中的对象和过程转换成物理模型	在解决实际问题的思维引导下建立一个对象模型和一个过程模型
水平 5	能将较复杂的实际问题中的对象和过程转换成物理模型	在解决较复杂实际问题的思维引导下建立对象模型和两个或两个以上过程模型的组合

　　物理模型是由客观物质世界过渡到物理概念、物理规律的中间环节，是对自然现象的高度概括。建模过程就是在对实际问题本质认识的基础上进行合理简化，提取物理概念，从而解决问题的过程。因此，建立合理的物理模型是问题解决的前提。

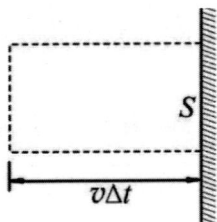

　　为了研究运动粒子对容器壁的压强，把粒子的运动做了如下简化：粒子大小可以忽略；其速率均为 v，且与器壁各面碰撞的机会均等；与器壁碰撞前后瞬间，粒子速度方向都与器壁垂直，且速率不变。这个简化的过程正是一个模型建构的过程：首先，运动粒子的大小对研究问题没有影响，可以忽略，并且可把运动粒子看成弹性小球，与器壁碰撞前后速度大小不变。其次，不考虑粒子间的相互作用，粒子做匀速运动。最后，最重要的是，考虑粒子运动的随机性，可认为粒子与器壁各面碰撞的机会均等。这样就在原始问题和物理问题之间构建了一个理想模型，如图所示。该模型描述了一个有规律可循的粒子运动的场景，能够用物理语言建构其运动图景，并用物理规律进行表征。

"经典物理学认为，金属的电阻源于定向运动的自由电子与金属离子（即金属原子失去电子后的剩余部分）的碰撞。展开你想象的翅膀，给出一个合理的自由电子的运动模型；在此基础上，求出导线 MN 中金属离子对一个自由电子沿导线长度方向的平均作用力 f 的表达式。"对同一个问题可以用不同的模型进行描述：从动量的角度，可以构建"电子在每一次碰撞结束至下一次碰撞结束之间的运动都相同，经历的时间为 Δt，电子的动量变化为零"的碰撞模型；从能量的角度，可以构建"电阻上产生的焦耳热是由于克服金属离子对电子的平均作用力 f 做功产生"的能量转化模型；从动力学的角度可以构建"沿导线方向，电子只受到金属离子的平均作用力 f 和 $f_{洛}$ 作用，二力平衡"的匀速直线运动模型。

生活情境中的模型建构

例 1：滚筒洗衣机逐渐代替波轮洗衣机走进了寻常百姓家。下面就两类洗衣机，叙述正确的有（   ）。

A. 相比于波轮洗衣机，滚筒洗衣机洗涤功能更强、对衣物损伤小，且更节约用水

B. 波轮洗衣机内筒在水平方向上做圆周运动，衣物自身重力发挥重要洗涤作用

C. 滚筒洗衣机内筒在竖直方向上做圆周运动，衣物自身重力几乎无洗涤作用

D. 两类洗衣机在洗涤特别是脱水过程中，运用了离心运动原理

【答案】AD

【解析】观察两类洗衣机，波轮型内筒在水平方向上做圆周运动，借助水对衣物的浮力、物体间的摩擦力等物理作用进行洗涤，所以衣物自身重力对洗涤作用不大；滚筒型内筒在竖直方向上做圆周运动，借助了摔打、物理间的摩擦力等物理作用进行洗涤，所以衣物自身重力对洗涤作用很大，故选项 BC 错误；滚筒型洗涤功能更强，在脱水过程中由于衣物自身重力的作

用，也不容易缠绕，因此对衣物损伤较小，故 A 正确；两类洗衣机在脱水过程中都运用了离心运动原理，故 D 正确。

原理介绍：滚筒洗衣机是模仿棒槌击打衣物原理设计的，利用电动机的机械做功使滚筒正反向旋转，衣物在滚筒中利用凸筋举起，依靠引力自由落下和摔打，在不断地被提升摔下的重复运动中，在洗衣粉和水的共同作用下，经过"摔打、雨淋、浸泡"来实现洗净衣服。波轮洗衣机则是依靠波轮的高速运转所产生的涡流冲击衣物，借助洗涤剂的作用洗涤衣物。

【策略点拨】勤于观察日常用品，分析其造型结构，并运用所学物理知识分析其功能作用。如此，有利于锻炼学以致用、解决问题的能力，也有利于培养创新思维，增强制造潜力。

例 2：研究发现，地球表面附近的电场强度不为零且竖直向下。经测量其平均值为 30V/m，试分析可能原因以及地球表面每平方米所带电荷量。

【答案】原因：地球表面带有负电荷，电荷量为 $q = 2.65 \times 10^{-10} C \cdot m^{-2}$

【解析】由于地球是一个孤立的导体，所以我们可以把地球看成是一个在其表面均匀分布的带负电的导体球，在球外的电场与负点电荷的电场相似，因此我们可以把它看作一个点电荷的模型。

设地球带电荷量为 Q，则由真空中点电荷的场强公式可得 $E = \dfrac{kQ}{R^2}$，其中 R 为地球的半径，地球表面附近每平方米面积上的电荷量为 $q = \dfrac{Q}{4\pi R^2}$，由以上两式得 $q = \dfrac{E}{4\pi R} = 2.65 \times 10^{-10} C \cdot m^{-2}$

【策略点拨】解决此类试题的思维程序是：

（1）把题目文字转化为物理情景，这里需要运用物理建模思维；

（2）把物理情景转化为物理条件，这里需要对照所建模型，自设物理量，在计算题中需要运用规范化的符号；

（3）把物理条件转化为数学条件，本质上是把物理模型转化为数学模型。

此类试题的解题条件一般是隐藏的，需要增强实践意识，"三个转化"才能形成思维自觉性。

实际背景的配置转换

例：小船横渡一条宽 100m 的河流，船在静水中的速度为 5m/s，水流速为 3m/s，要使渡河时间最短，船的实际位移是多少？

变式 民族运动会上有一个骑射项目，运动员骑在奔驰的马上，弯弓放箭射击侧向的固定目标，如图所示。假设运动员骑马奔驰的速度为 v_0，运动员静止时射出的弓箭速度为 v_2。跑道离固定目标的最近距离为 d。假定运动员射箭时所用力都相同，要想命中目标且射出的箭在空中飞行时间最短，求：运动员放箭处离目标的距离（本题忽略竖直方向的运动的影响）应为多少？

本题物理模型是完全一样的。牵连速度：水流速度—马速；横向位移：河宽—跑道离固定目标的最近距离；相对速度：船在静水中的速度—运动员静止时射出的弓箭速度；实际位移大小：船的实际位移大小—运动员放箭处离目标的距离。这些都是一一对应的关系。

以上变换背景的变式题，从本质来讲物理模型是不变的，运用的物理规律相同。

类比构造

所谓类比，是指由一类事物所具有某种属性，可以推测与其类似的事物也应具有这种属性的一种推理方法。类比是一种发现的方法，也是人们构造变式题的一种方法。

例 1：设质量为 m 的子弹以初速度 v_0 射向静止在光滑水平面上的质量为 M 的木块，并留在木块中不再射出。如图所示。求：整个过程中子弹和木块系统动能的损失是多少？

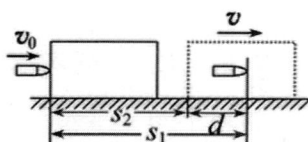

变式1　如图所示，木块 A 的右侧为光滑曲面，曲面下端极薄，其质量 $M_A=2.0kg$，原来静止在光滑的水平面上，质量 $m_B=2.0kg$ 的小球 B 以 $v=2m/s$ 的速度从右向左做匀速直线运动中与木块 A 发生相互作用，求：B 球沿木块 A 的曲面向图上运动中可上升的最大高度（设 B 球不能飞出去）。

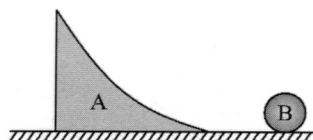

变式2　两根足够长的固定的平行金属导轨位于同一水平面内，两导轨间的距离为 L。导轨上面横放着两根导体棒 ab 和 cd，构成矩形回路，如图所示，两根导体棒的质量均为 m，电阻均为 R，回路中其余部分的电阻可不计。在整个导轨平面内都有竖直向上的匀强磁场，磁感应强度为 B。设两根导体棒均可沿导轨无摩擦地滑行。开始时，棒 cd 静止，棒 ab 有指向棒 cd 的初速度 v_0，若两根导体棒在运动中始终不接触，求：在运动中产生的焦耳热最多是多少？

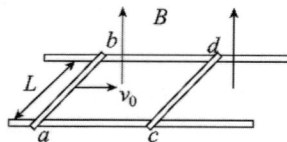

例2：类比是研究问题的常用方法。

（1）情境1：如图甲所示，设质量为 m_1 的小球以速度 v_0 与静止在光滑水平面上质量为 m_2 的小球发生对心碰撞，碰撞后两小球粘在一起共同运动。求两小球碰撞后的速度大小 v。

（2）情境2：如图乙所示，设电容器 C_1 充电后电压为 U_0，闭合开关 K

后对不带电的电容器 C_2 放电，达到稳定状态后两者电压均为 U。

a. 请类比（1）中求得的 v 的表达式，写出放电稳定后电压 U 与 C_1、C_2 和 U_0 的关系式。

b. 在电容器充电过程中，电源做功把能量以电场能的形式储存在电容器中。图丙为电源给电容器 C_1 充电过程中，两极板间电压 u 随极板所带电量 q 的变化规律。请根据图像写出电容器 C_1 充电电压达到 U_0 时储存的电场能 E；并证明从闭合开关 K 到两电容器电压均为 U 的过程中，损失的电场能 $\Delta E = \dfrac{C_2}{C_1 + C_2} E$

（3）类比情境 1 和情境 2 过程中的"守恒量"及能量转化情况完成下表。

情境 1	情境 2
动量守恒	
	损失的电场能 $\Delta E = \dfrac{C_2}{C_1 + C_2} E$
减少的机械能转化为内能	

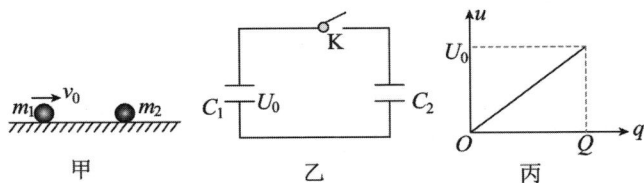

甲　　　乙　　　丙

【详解】（1）根据动量定理，有 $m_1 v_0 = (m_1 + m_2)v$ 有 $v = \dfrac{m_1}{m_1 + m_2} v_0$

故两小球碰撞后的速度大小为 $\dfrac{m_1}{m_1 + m_2} v_0$

（2）a. 根据题意，进行类比，有 $C_1 U_0 = (C_1 + C_2)U$

得 $U = \dfrac{C_1}{C_1 + C_2} U_0$，故关系式为 $U = \dfrac{C_1}{C_1 + C_2} U_0$

b. 根据图像，有 $E = \dfrac{1}{2} Q U_0 = \dfrac{1}{2} C_1 U_0 \cdot U_0 = \dfrac{1}{2} C_1 U_0^2$

损失电场能为 $\Delta E = E - E_{\text{末}} = \dfrac{1}{2}C_1U_0^2 - \dfrac{1}{2}(C_1+C_2)U^2$

代入 U 的关系式，可得 $\Delta E = \dfrac{1}{2}C_1U_0^2 - \dfrac{1}{2} \cdot \dfrac{C_1^2}{C_1+C_2}U_0^2$

因 $E = \dfrac{1}{2}C_1U_0^2$，则有 $\Delta E = E - \dfrac{C_1}{C_1+C_2}E = \dfrac{C_2}{C_1+C_2}E$

（3）对情景 1 的第二个空，类比情境 2 中第二个空，则情境 1 中填损

失的机械能，有 $E_k = \dfrac{1}{2}m_1v_0^2$，$E_{k\text{末}} = \dfrac{1}{2}(m_1+m_2)v^2 = \dfrac{1}{2} \cdot \dfrac{m_1^2}{m_1+m_2}v_0^2 = \dfrac{m_1}{m_1+m_2}E_k$

则有 $\Delta E_k = E_k - E_{k\text{末}} = \dfrac{m_2}{m_1+m_2}E_k$，故该空填损失的机械能为：

$\Delta E_k = \dfrac{m_2}{m_1+m_2}E_k$

对情境 2 中的第一个空类比情境 1 中第一个空，对情境 1 中第一个空，动量为 mv，而对于情境 2，C 与 U 的乘积表示电荷，所以该空填电荷守恒。

类比情境 1 中第三个空，情境 2 中的三个空可填损失的电场能转化为内能。

实体模型类

例：置于地面上的一单摆在小振幅条件下摆动，摆长为 l，周期为 T。可求得该处的重力加速度 g。

变式 1　如图所示为一双线摆，它是由在一水平天花板上用两根等长的细线悬挂一小球构成的。绳的质量和球的大小可忽略，设图中角 α 和线长 l 为已知，则当小球在垂直于纸面的平面内做摆角小于 5° 的振动时，其振动的周期为多少？

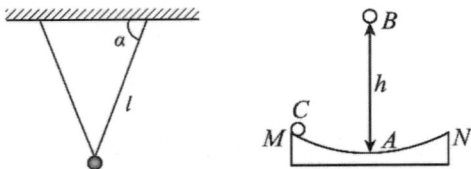

变式 2 如图所示，光滑的弧形槽的半径为 R（R 远大于弧长 MN），A 为弧形槽的最低点。小球 B 放在 A 点正上方离 A 点的高度为 h，小球 C 放在 M 点。同时释放两球，使两球正好在 A 点相碰撞，则 h 应为多大？

变式 3 如图所示，在倾角为 θ 的光滑斜面上，一根长为 L 的轻绳一端固定在斜面上，另一端系一个可看成质点的小球静止在斜面上，今将小球拉离平衡位置一段很小的距离，放手后小球在斜面上来回摆动，不计空气阻力，求其周期。

这三种模型都可称为"类单摆模型"。变式 1、变式 2 可寻找与单摆相似的"等效摆长"，变式 3 可寻找与单摆相同的"等效加速度"。

因此，通过以上的论述，基于真实情境进行物理模型建构的教学，有助于培养学生的科学思维，有助于学生的物理学习。

二、学生学习方式转型的实践探索

（一）基于学科素养提升的体验式学习

"体验式学习"在高中地理课程中的应用

王艳雪

体验式学习的理论基础

美国学者大为·库伯在总结约翰·杜威、库尔特·勒温和让·皮亚杰等人学习理论的基础上提出了体验式学习理论。体验式学习理论是指"学生的学习不是内容的获得与传递，而是通过经验的转换从而创造知识的过程"。"体验"是通过实践来认识周围的事物，是亲身经历。从体验的概念可以看出，体验式学习是个体亲历某件事并获得相应的认识和情感的直接经验的活动，是学生亲力亲为的学习，更是一种有意义的学习经历，是一种"真学习"。高中地理学科具有综合性和实践性，体验式学习在地理教学中的应用可以有效激发学生对生活中的地理现象的思考，活跃地理课堂的学习氛围，激发学生学习地理的积极性，进而有效培养学生的地理学科综合素质。

《地理教育国际宪章》（1992年）强调对于地理实践技能的培养要求通过实践技能能够探索不同规模的地理课题。最新的普通高中地理课程标准明确了地理学科的四大学科素养，即综合思维、区域认知、人地协调观和地理实践力。地理实践力正体现了高中学生在学习地理知识内容时，教师应该为学生创设更多的机会进行体验式的学习。地理实践力指人们在户外考察、模拟实验和社会调查等地理实践活动中所具备的意志品质和行动能力。高中地理课程知识内容较其他科目与学生的实际生活较接近，教学过程中教师可以创设多种真实的情景，让学生在情境中参与、体验，提升教学效果。

体验式学习的重要性

一是体现了以学生为主体。以往的课堂与教学中，多是教师一言堂填鸭式教学，忽略了学生的感受。不同学生的认知水平不尽相同，学生间存在个体差异，在这样的课堂中无法体现学生真正的学习情况，也无法让学生学习内容的外显，对于教师而言无法充分了解学生的学情。体验式学习方式，通过教师的精心设计，通过多种途径，让学生在课堂上或课堂下参与到学习的过程中，在"做中学"，学生由被动接受者转化为主动学习者，充分体现了学生的主体地位。体验式学习不仅局限在课堂上，课下也可以让学生动手参与到学习的过程中。

二是提升了教学效果。高中地理的知识内容较初中来说增加了理论知识与原理知识，往往教师在教学中多是自己讲解，但是"泛泛而谈"的讲解往往不够透彻，这种课堂缺少学生知识外显的环节，通常不能达到很好的教学效果，教学目标完成也不够理想。教师主导的课堂氛围往往沉闷而无聊，难以调动学生的学习兴趣，这对学生学习新知来说无疑是不利的。地理学科综合性强，对于地理事物的理解需要学生多角度去体会。缺乏体验的地理课堂将会使学生缺少整体的角度，无法全面、系统、动态地分析和认识地理环境。创设体验式的课堂氛围，可以充分调动学生的感官，如上台演示、画图、制作模型、小型演讲报告，在亲身参与中对知识内容进行思考，促使学生习得知识内容，提升学生的动手能力与思维能力，同时在参与过程中，学生收获了愉悦的学习体验。角色的转变更有利于地理知识的内化，通过实践获取地理信息，探索和尝试解决实际问题，学生具备了活动策划、实施等行动能力，同时提高了学生学习地理的兴趣，能够激发学生的学习动力。

体验式学习应用于高中地理教学的策略

学生的体验应按照学生的思维程度及教学内容进行设置。学生的体验学习是由浅入深、由易到难、由简单到复杂、由具体到抽象、由低级到高级、由感性到理性的发展过程。高中地理学科的体验式学习可以在课上实现，也可以在课下实现。但都需要教师进行精心的设计。

1. 课堂中体验式学习策略

（1）绘制示意图。

高中阶段，自然地理内容涉及的自然原理较多，课堂中教师进行讲解后，可以让所有学生在自己的笔记本中进行画图，或请一名学生在黑板上进行呈现，增加学生的体验，学生在绘图后，教师可快速了解学情，调整教学。课程标准中以下内容可采用绘制示意图的方法，见表3-20。

表3-20 绘制示意图方法

地理1	1.2 运用示意图，说明地球的圈层结构
	1.6 运用示意图等，说明大气受热过程与热力环流原理，并解释相关现象
	1.7 运用示意图，说明水循环的过程及其地理意义

续表

选择性 必修1	1.2 运用示意图，说明岩石圈物质循环过程
	1.4 运用示意图，分析锋、低压（气旋）、高压（反气旋）等天气系统，并运用简易天气图，解释常见天气现象的成因
	1.5 运用示意图，说明气压带、风带的分布，并分析气压带、风带对气候形成的作用，以及气候对自然地理景观造成的影响
	1.6 绘制示意图，解释各类陆地水体之间的相互关系
	1.8 运用图表，分析海—气相互作用对全球水热平衡的影响，解释厄尔尼诺现象、拉尼娜现象对全球气候和人类活动的影响

（2）角色扮演。

在选择性必修2区域发展内容中，以某一区域为载体分析区域背景，解决区域发展的实际问题，从而提升学生地理思维能力，解决实际问题能力。在本部分教学中，课堂可设置角色扮演。如选择性必修2课标中2.5以某资源枯竭型城市为例，分析该类城市发展方向。教师可以让学生提前查好某一资源枯竭型城市资料，如阜新，课堂上让学生作为城市的决策者，基于区域的背景，对该城市的现状、发展条件、今后的发展方向进行分析。这种方式更加适用于人文地理教学及区域发展部分教学中，帮助学生树立因地制宜，人地和谐发展的区域协调发展观，培养学生综合思维、区域认知的能力。

（3）试题讲解。

课堂上教师的讲无法代替学生的学，而学生学的情况需要进行输出教师才能具体了解学情，从而调整教学，提升教学效果。无论是高一还是高三，都有习题课，以往教师为了赶课时，习题大多自己讲，但是学生被动地听，往往遗忘得也快，因此在这类课程中，可以尝试让学生进行试题讲解，教师可以在课前分配任务，也可在课堂上随机让学生进行解答，学生讲解后让其他学生进行互评，增加学生间的互动。教师最后进行点评和纠正。这种方法也可应用于课堂中的习题讲解。这样的习题讲解学生印象深刻，课堂参与程度高，教学效果好。

（4）制作模型。

高中地理内容很多都是全球视角，如地球运动部分内容、全球大气运动的内容，往往需要学生建立全球的尺度，仅仅依靠教师的讲解往往比较抽象。因此可以让学生动手制作地理模型，在制作过程中理解知识内容，将抽象的地理知识具体化，充分理解地理过程。课程标准中有以下内容可使用制作模型的方法，见表3-21。

表3-21

地理1	1.1 运用资料，描述地球所处的宇宙环境
选择性必修1	11 结合实例，说明地球运动的地理意义
	15 运用示意图，说明气压带、风带的分布

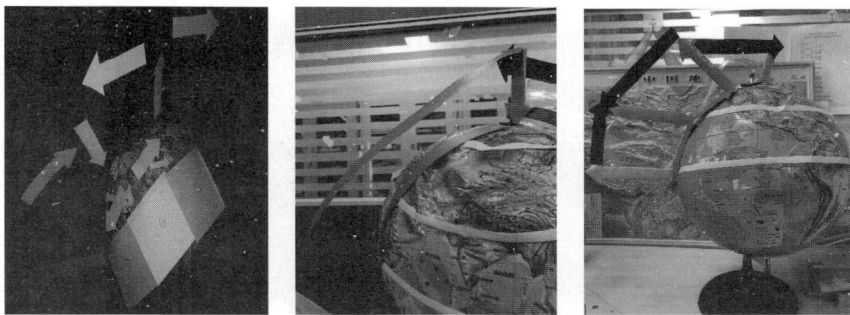

图3-19 学生制作的三圈环流模型

（5）演讲报告。

高中地理内容贴近学生的实际生活，另外还有一部分内容理论性也较强。教师在讲解这两部分内容时可能因为学生都特别了解或是特别陌生，课堂氛围会陷入沉默，因此这两部分内容都可以让学生在课堂上进行小型的演讲报告，教师提前布置好报告内容与报告时间，并且对学生准备的内容进行审核。课堂的时间交给学生，这样简易的内容增加了学生的生活体验，复杂的内容通过学生查找资料与学生的讲解，会让内容更加生动，贴近学生，更能让大部分学生理解。适合本部分的课程标准见表3-22。

表3-22 课程标准

地理1	1.11 运用资料，说明常见自然灾害的成因，了解避灾、防灾的措施
地理2	2.7 以国家某项重大发展战略为例，运用不同类型的专题地图，说明其地理背景
	2.9 运用资料，说明南海诸岛是中国领土的组成部分，钓鱼岛及其附属岛屿是中国固有领土，中国对其拥有无可争辩的主权
选择性必修2	2.9 结合"一带一路"建设，说明国际合作的重要意义

选择性必修 3	3.1 结合实例，说明自然资源的数量、质量、空间分布与人类活动的关系
	3.6 结合实例，说明设立自然保护区对生态安全的意义
	3.8 举例说明环境保护政策、措施与国家安全的关系

2. 课下体验式学习策略

（1）课后观测。

高中自然地理中，很多知识内容需要学生进行连续的观察，对实际生活进行观察观测。如学生在学习大气部分知识时可以对天气进行观测，如结合十一期间天气，绘制气温曲线图。学习地球的公转意义时可以对正午影长与影子方向进行观测，并记录节气物候现象，等等。

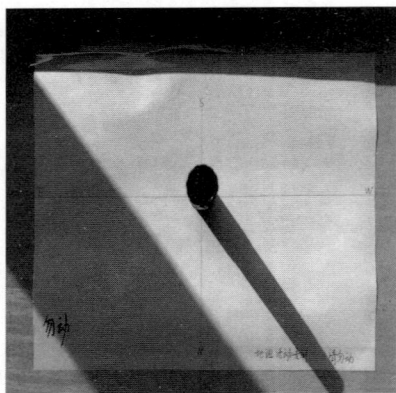

图 3-20　正午太阳高度、一日影子朝向观测

（2）制作手抄报。

高一阶段学生学习节奏相对较慢，这期间可以组织学生在课下绘制手抄报，绘制的过程学生需要动手查阅资料，对某一地理内容进行详细的了解，从而增加学生的学习体验，例如在高一学生学习地球运动内容中可以让学生动手绘制二十四节气手抄报，学生通过绘制了解了节气的时间、与地球运用有关的知识内容、节气的风俗习惯。高一阶段还可以让学生绘制地质年代表，从而让学生了解地球的演化过程。

图 3-21 学生绘制的节气手抄报

（3）绘制思维导图。

学生在课堂听讲过程中会对重要的内容进行记录，课堂上笔记往往是条目式的进行罗列。学习一段时间后，存于学生头脑中的印象是凌乱的。因此学习完某一章节内容后，学生需要将知识内容进行梳理，绘制思维导图就是梳理的过程。学生在绘制中将知识系统化，能够掌握知识间的上下位关系，帮助学生对知识进行记忆，刺激思维，发散思维。高中地理知识中每部分章节知识都可让学生进行绘制，另外绘图的方式可以是自己亲笔绘制也可以使用软件绘制如 X-MIND 等软件。

（4）进行地理模拟实验。

高中地理的实践性也体现在学生可以动手实践，如进行地理模拟实验，学生根据学习内容进行实验设计、器材选择、观察、记录、数据分析，不断尝试这一系列的动手实践，对真实的世界进行感受与体验，从而提升对地理知识的理性认识，培养了学生求真求实的科学态度。如在高一阶段让学生进行热力环流实验、地转偏向力实验等。课程标准中以下内容可设计地理模拟实验。

表 3-23 课程标准

必修 1	1.6 运用示意图，说明大气受热过程与热力环流原理
选择性必修 1	1.1 结合实例，说明地球运动的地理意义 1.7 运用世界洋流分布图，说明世界洋流的分布规律，并举例说明洋流对地理环境和人类活动的影响

（5）地理调查。

人文地理内容中，包括了人口、城市、产业区位选择和环境与发展，这些内容与学生生活实际相近。在本部分教学中，教师可以设计一系列的地理调查，如人口部分内容，可以让学生调查家庭中的人口迁移情况，城市中调查所在城区功能区的分布等。在讲知识内容前布置给学生，这样学生在学习该部分内容时更加容易接受。课程标准中以下内容可设计地理调查。

表 3-24　课程标准

| 地理 2 | 2.1 运用资料，描述人口分布、迁移的特点及其影响因素 |
| | 2.2 结合实例，解释城镇和乡村内容的空间结构，说明合理利用城乡空间的意义 |

（6）研究性学习旅行。

课程改革后增加了研究性学习旅行，学生在真实的旅程中感悟真实的地理知识内容，这是真正的体验式学习。地理教师可以利用这个机会，给学生布置相应的地理考察任务，让学生实地考察，联系课本中的知识内容，体会真实的地理世界。如贵州研学中可以设计学生观察南方植被、观察喀斯特地貌任务，了解贵州风俗习惯等，考察前给学生提供相应的地图和资料，引导学生在观察中发现与周围地理事物的关系，提升学生综合思维和人地协调观素养。在研学过程中可以设计课程标准中需要学生观察的内容。

表 3-25　课程标准

地理 1	1.4 通过野外观察或运用视频、图像，识别 3—4 种地貌，描述其景观主要特点
地理 2	2.3 结合实例，说明地域文化在城乡景观上的体现
地理必修 1	1.3 结合实例，解释内力和外力对地表形态变化的影响，并说明人类活动与地表形态的关系
	1.9 运用图表并结合实例，分析自然环境的整体性和地域分异规律
地理必修 2	2.2 结合实例，从地理环境整体性和区域关联的角度，比较不同区域发展的异同，说明因地制宜对于区域发展的重要意义
	2.8 以某流域为例，说明流域内部协作开发水资源、保护环境的意义

3. 设计评价方式

学生体验式学习的成果需要教师设计相应的评价方式。如学生在学习某学段时，增加对学生的过程性评价，例如课堂中学生是否参加试题讲解、是否参加演讲报告。讲解与报告进行等级性评价。课下实践中学生表现与完成情况，进行学生之间的评价与老师评价相结合，对优秀的成果进行展示，将学生实际体验情况在最终的学段评价折合成分数进行最终评价。

地理学科与学生生活联系非常密切，教师应充分发掘学校的、学生身边的各种资源，这些都为学生提供了真实的学习情境，利用环境为学生创设体验式学习的学习环境。如地理专业教室、学校的天文观测设置，哪怕是在学校操场观察日影变化、学校植被情况，教师都可以进行设计。体验式学习内容设计要基于学生的学情、教学要求与学校情况，有成果地呈现。体验的内容可以更加丰富，最终提升学生地理核心素养。

化学课堂中学生学习体验方式的实践研究

陈 然

体验式教学指的是以教学内容为基础，设计与之相关的教学情境，引导学生自主展开学习活动，并感受到真实学习体验的教学手段。新课程标准中指出要以核心素养为目标，在开展化学教学的过程中可以通过创设真实问题情境的方式来促进学习方式的转变，并要对课程内容结构进行优化，在构建真实情境化内容的同时落实核心素养。体验式教学恰恰打破了传统化学课堂的教学模式，将教师与学生的角色互换，真正把学生放在课堂的主体位置。围绕核心素养的构建，笔者在高中化学课堂实践中，倡导学生自主学习，为学生创设多种体验方式，提升了学生的综合素质并取得了较为满意的学习效果。

体验挑战任务，激发学习兴趣

从体验式教学的角度出发，如何最大限度让学生获得化学的学习体验和思考体验是教师重点考虑的教学目标。学生主动求索，收集整合资料并在过程中发现问题提出问题，继而自主完成相应的学习任务，不仅可以提升学生化学学习的主观能动性，提升学生课堂体验的参与度，还可以给学生一定的思考空间进行逻辑梳理。并且在完成任务以后，学生会获得一定的成就感，从而激励学生更专注于化学课堂。

例如，在"元素周期律"教学时，虽然已学习了元素周期表的相关知识，但学生尚未形成对原子结构（电子层数、最外层电子数）的规律性认识，也未形成从一种物质到一类物质、从具体性质到规律性性质（相似性和递变性）的研究思路。笔者在网上购置了多套元素卡牌，每张卡牌上均有元素符号、原子序数、原子结构示意图、原子半径、相对原子质量等必要信息，设置了具有挑战性的一系列分组活动：【活动1】自制元素周期表：将3—9号、11—17号元素有规律地排列，阐述排列依据，结合卡片信息发现原子核外电子排布与化合价的变化规律。【活动2】继续将31—35号元素进行排列，明确主族元素原子结构与化合价的关系。【活动3】思考与讨论：观看钠、镁分别与水的反应，镁、铝分别与盐酸的反应，从原子结构角度解释现象产生的原因，得出金属性钠＞镁＞铝的结论。【活动4】思考与讨论：预测Si、P、S、Cl元素非金属性的强弱并说出依据。通过类比，从理论上推测第二周期元素金属性和非金属性的变化规律，说出理由。【活动5】建立元素周期律，明确含义及本质原因。最终学生在一系列"闯关"活动下，自主构建起元素周期律，建立位置—结构—性质三者关系模型。

设置恰当的学习任务可以较好地诠释学生的化学体验，完成任务获得的成就感是进行任务型课堂教学、拓展化学体验最突出的部分。从心理学角度来说，任务型课堂也可使学生逐步克服面对较复杂的化学问题时的恐惧心理，帮助学生树立化学学习的信心和热情。

体验数字化实验，建立思维模型

著名的化学家傅鹰先生曾言，实验是化学的最高法庭。数字化实验也被称为"手持技术"，利用数据采集器、传感器、计算机及其配套软件，集数据采集、分析于一体，将操作烦琐、难以定量或是不易观察的化学实验变得简便、直观、准确，这为化学实验教学及研究提供了广阔的发展平台。对于高中化学知识，难度和广度相较于之前都有所增加，特别是一些抽象的化学知识或原理，传统的实验教学无法很好地突破难点，但数字化实验可以将抽象转化为具体，降低学生学习难度，提高学生学习兴趣。因此，在借助体验式教学法引导学生开展化学学习时，将传统的化学实验与数字化相结合，合理运用数字化实验的优势弥补传统实验的不足，可以使学生获得真实的学习体验，感受化学知识的内涵本质，有效增强自己的学习效果。

例如，在"水的电离和溶液的pH"一课，教材中对溶液pH的测定介绍了pH试纸与pH计两种方法，学生对pH试纸并不陌生，但对用来精密测量的pH计却大多未曾使用过。授课时，教师可在演示实验中引入pH计，并可让学生直观地看到不同溶液的pH数据，学生会惊讶地发现明矾的水溶液pH=2.55，柠檬酸pH=2.67，一个盐溶液竟然能比一个酸的酸性还要强！常温蒸馏水的pH=7，而选用热开水测定之后pH变为了6.74，难道热水就变"酸"了吗？由此学生产生强烈的认知冲突，期待着老师的答疑解惑，继而可以带着浓厚的兴趣及渴求完成后续的学习。

实验是建立化学课堂与学生化学体验之间联系的最直接方式，无论是在设计实验的环节还是开展实验的阶段，学生都是行为的主体。在实验中，学生不仅可以互相合作、讨论，在实验中规范自己的操作，还可以进行课堂知识的回顾和实践，形成并强化化学学习的思维模型，学生的化学体验在实验中被无限放大。数字化实验还可以让学生增长见识、拓宽视野，树立学科创新意识，使学生具备基本的化学学科核心素养。"数字化实验"进课堂也是一种教学发展趋势，只要将其与传统实验有机结合，就能更好地调动学生的学习积极性，为他们创造良好的实验探究环境，同时也能提升课堂教学深度，增强教学效果。

体验试错经历，发展科学思维

化学实验中出现误差和异常现象是客观存在的，学生对化学课堂的体验也需要从方方面面进行完善。在教学过程中，学生自主实施的实验往往与教学实验或是老师的演示实验具有明显的差异，正所谓实践出真知，这时就需要引导学生从原理层面进行异常现象的分析，重新设计、实践，总结与反思，帮助学生正视失误，从中汲取处理异常现象的经验，在剖析和发掘中成长。

例如，在分组进行"简易电池的设计与制作"实验过程中，教师提供给学生多种电极材料：纯锌片、粗锌片、铜片，学生首先都是倾向于选择外观干净漂亮的纯锌片去进行实验，结果发现铜—锌—饱和食盐水原电池电流表指针几乎不发生偏转，后又选择了不同浓度的稀硫酸代替饱和食盐水重复实验，指针也仅仅只是微弱偏转，这与老师教学时的演示实验大相径庭，学生一度产生怀疑：铜—锌—饱和食盐水真的能构成原电池吗？后在老师鼓励下，学生尝试使用粗锌片代替纯锌片进行实验，结果在滤纸刚刚浸透饱和食盐水的瞬间，电流表指针就已偏转至最大刻度，学生们皆惊呼神奇！据此，学生们将之前尝试的多个方案与最后的成功案例进行对比终于发现：粗锌片中含有碳，连接装置后可以构成无数个微小的锌—碳—饱和食盐水原电池，大大加快了化学反应速率，才得以看到明显的实验现象。学生自己也谈到，如果一上来就只是重复教材上的标准实验，一次就成功，也不会有这么深的印象，正是多次的试错经历，引导他们想要一步步探究尝试、对比分析、主动思考，真正将知识与实践联系起来。

学生可以通过分析实验数据和异常现象，获得一定的真实经验，并据此展开讨论，对实验步骤进行创新和改进，形成科学思考、积极思考的意识。教师在教学活动中也应当注意学生的"失误"行为，让学生敢于直面问题与挫折，从而获得一定的课堂体验，帮助学生形成冷静思考、大胆设想小心求证的科学思维习惯。

体验创新活动，提升关键能力

学生学习能力的培养是进行多形式化学体验教学的核心目标。参与创新实践活动不仅可以帮助学生理解化学原理与社会生活的联系，更可以发展学生的高阶思维能力。"微项目"倡导"做中学""学中悟"，基于真实情境，以真实问题为导向，是发展学生的关键能力，树立学生正确的价值观念，实现学科育人功能的有效手段。学生通过对核心任务进行问题界定、有效拆解，将真实问题转化为学科问题，调用已学知识和方法，建立认识问题的角度，形成解决问题的思路。

例如，学生在必修阶段完整学习了元素化合物和化学反应与能量相关知识后，笔者设计了"燃油汽车尾气与雾霾天气"的微项目作为重要的复习教学活动，该项目内容对于必修二第五章第六章核心知识的承载是丰富的，以氮氧化物为核心，全面覆盖了氨气、氮气、氮氧化物、硝酸盐、铵盐等含有氮元素的物质的相关性质及转化关系，从化学反应速率及限度视角丰富了对化学反应的认识，并且聚焦生活中的实际问题，具有开放性、不确定性、错综复杂等特点。学生通过前期分组进行资料收集整理，于课堂分组交流汇报。学生首先展示自制手抄报，明确雾霾、汽车尾气涉及的物质及主要微粒，科学认识汽车尾气与雾霾的形成；接着运用二维图明确雾霾产生过程中的"一次转化""二次转化"；在所有学生都认为燃油汽车势必会产生较重环境问题时，再请同学从化学反应速率及限度视角对三元催化转化器工作原理进行解释，辩证地看待该问题；最后拓展了解汽车尾气中"氨"的成因，感受调控化学反应条件。培养了学生根据实际情况，自主依据绿色化学思想和可持续发展观念对社会性科学问题进行综合处理的能力。

"微项目"通过丰富的活动让学生在真实问题的解决中感悟化学的学科价值，构建化学认识模型，形成严谨的科学态度，树立正确的价值观，最终培养学生的化学核心素养。总之，化学学科的创新实践活动鼓励学生通过自己的方式了解化学物质及反应历程。学生的自主探索经历可以使他们建立起化学学习的感性认识，通过教师有意识的引导，这些感性认识可以在研究、探索过程中逐步科学化，从而使学生在逻辑思维层面对化学原理产生理性的认识。

在给学生创造体验式学习的尝试中，笔者深深体会到：我们只有关注学生的学习体验，才能达到满意的学习效果。化学的体验式教学加深了学生对化学的感性认识，无论是体验数字化实验还是体验失误案例的方式，都从不同方面给予学生回顾和重新认识的机会。体验式教学更可以帮助化学课堂扎根教材而又不拘泥于教材，拓展学生的学习体验，使学生从感性的知识层面强化对物质、性质、反应的认识，从而帮助学生建立理性的化学学习思路。"体验为主线，思维为主攻"正是体验式学习的精彩概括，"体验"也促使各项核心素养"润物细无声"地在教学中渗透，落地开花。

（二）指向思维品质改进的深度学习

崔允漷教授从学生、教师、目标、内容、教学、评价六个方面全面解析深度学习和虚假学习、浅层学习的区别。依据崔教授的解析，评价是体现目标实现的闭环，深度学习的目标是"学以致用，即真实情境下的问题解决"。为实现这个目标，学生的学习一定具有"高认知、高投入、高表现、生成性、生产性"的特点。没有学生主体积极参与的课堂，学习最终一定是没有过程或错误过程的虚假学习，这样的课堂学习是激发不了学生的学习动力的。

表 3-26　深度学习：方式与结果；认知与情感[①]

	虚假学习	浅层学习	深度学习
学生	似容器	似比较高级的动物	积极主动学习的人
教师	又有"一桶水"	死记硬背、机械操练	引起、维持、促进学习的人
目标	"教材"中的直接答案	"不知所以然"的标准答案	高认知；高投入；高表现；生成性、生产性
内容	无须理解的信息	字面理解的信息	不只是知识，是任务，是做事，是项目；情景＋结构化知识
教学	虚（没有过程）学习；假（错误过程）学习	侧重记、背、练的学习方式	以大概念、大项目、大任务、大问题来组织
评价	只管结果对错	纸笔、记背、操练	学以致用；真实情境下的问题解决

---

① 崔允漷.真实情境下的深度学习 [EB/OL]. (2019-09-26) [2021-11-08].https://mp.weixin.qq.com/s/AZGeqsIn36R8LZz81s_40g.

指向思维品质改进的深度学习

周 青

20 年来，随着政治经济发展，教育改革不断走向深入，"双减"政策之下，全社会给教育提出更高要求，减，减的是过重作业负担；而减是为了加，加的是学生学习的深度。这是一个很有意思也很有意义的话题，值得深入探索。一般来说，减去，是对事物主体的贬损，既然是损，似乎总是不好的，所以让身在其中者一时难以接受。但，产生损失的，是对有益部分的砍削，而双减则不同。它减去的是看起来必不可少、十分有用的赘余部分。所以，这样的减，不是损失，而是疗治、救助，以期更大的胜利。"双减"面对的是一直以来的常规思路，即，要想出成绩，必须加大作业量。实践证明，这样是错误的。大量布置作业，是省事的方法、众人共同的选择。但不是好方法，因为一切的出发点都设置在浅层学习上，即，令学生知道如何得出正确答案。现代社会，世界的迅猛前进告诉我们，知道答案，不了解原理，不会自主学习，是不能长久的，是不能在核心竞争中取胜的。课程改革要向深度去。

何为思维品质

思维，就是思考的维度。既然有维度，就有高低之分。理论上说，高维度可以理解低维度，而低维度无法理解高维度。也就是说，如果思维品质低下，就会极大受限，就会被高维度者控制。

在物理的概念中，维度有很多种。我们现在把思考的维度，简化为高与低两种去审视。

高维度：能找到事物之间的联系，可以把具体事物概括后抽象化、概念化。有举一反三的能力，可以触类旁通，一通百通。不仅在意结果，更注重过程。会自主探究，并以自身为主体，老师为导引，与他人合作学习。享受学习的过程，喜爱学科实践。体验为主，结论是附带而出。情感丰富且节制，思维飘逸又连贯统一。

低维度：以上的反面。以分数为终极目标，学习没有乐趣，对探究感到麻烦。极少情感辐射，很难和学习文本中的思想感情产生共鸣。于是，学得机械、死板、僵硬。稍有变化就手足无措。久而久之，无法参与学科实践，和学科特点很有隔膜，与学科所要求的素质格格不入。直接反映是成绩不佳，似乎无论如何努力也不能取得效果，因之产生厌烦情绪，对学习绝望。

事实是，第一种情况的学生处于塔尖，第二种学生是多数。我们喜欢第一种，但要省思，他们为何会出现，他们的维度是怎么塑造的，如何用科学的方法引领第二种脱困，走向第一种。

不能简单地抱怨低维度的存在，要想一想，一切是怎么到这一步的。观察表明，高低之分关键在于初始设定，就是家庭。一个家庭中，施教者素养高，视野开阔，或受教育对象在最初进入教育系统时，遇到的施教者教育理念先进，以拓宽视野为教育核心，那么这种学生相应地会更自信、自主。

但问题是，受教育者到了高中阶段，许多认知已经成型，很难撼动。也没有一种理想的方法可以重新来过，怎么办呢？

低端思维，很大程度上来源于恐惧。他们不肯脱离固有，是因为已知者看似更安全，完成起来也比较省事。所以，要改变端层思维殊为不易，因为在学习中的既得利益使人放不下已有。当务之急，首先肯定是改变思想，建立新的价值体系。这就是当下教改的初衷。教育是国家的基石，国家需要有头脑有思想有智慧有意志品质的青年。陶行知说，要解放孩子的头脑、双手、脚、空间、时间，使他们充分得到自由的生活，从自由的生活中得到真正的教育。作为人的发展，真正的人生也应该是自由的，或者说自我意志可以掌控自己，使个体得以与社会主流结合。这种自由不是任性而为，更不是脱离社会生活，确定有意义的人生都是与社会联系，对国家有益的。如此可见，低端思维不仅有害个人生命质量，更是对社会资源的浪费，教育者终其一生，要想办法改变它。这就是所有教改命题的最高目标，是教育者的最终责任。

人，最难改变的是思想观念。怎么做呢？我想要以行动反过来促动。如，课程改革，把评价体系改变了，就是很大的动作。一个人学习的质量不再靠某一次考试一锤定音，考试主要是为学生下阶段学习提供指向，课堂发言，与同学合作探究，也纳入考查评价……这样，很多固有的观念就崩塌了。

旧有的被否定了，我们去建立新的，那就是深度学习。

何为深度学习

深度学习，不仅是期待，而且是必要。深度学习是国家民族发展的呼唤。它是指一种有效率有真实效果的学习，是帮助每个个体成长，让每个人获得认知获得社会认可获得人生幸福的学习。相应地，深度学习针对虚假学习和浅层学习。虚假学习，只关注所谓"完成"，忽视个体人的个性、接受度、学习能力、家庭影响等细微具体的不同。不去区分，显得没有耐心，缺乏人文关怀。而基础教育的内核，就是借助各个学科，传递、培养人道主义、人文精神，即教育，首先要成人，然后才是能力高强的人。浅层学习，也大致如上。所谓浅，就是不触及灵魂，不成熟。所以很多时候，我们教育出的学生，无法踏入社会，不会解决实际问题，不会灵活变通，由此还产生很多心理问题。

1. 推行难度

深度学习推行过程中，阻力不小，有些来自一线。这首先因为深度学习的施展需要很强的专业支撑，这里的专业不仅指教师在师范学校所接受的职业指导。如果那么简单，教师，就只是份职业。专业支撑，是指教师全方位的结构学科体系。这确实很难，大致是，教师不仅要会处理教材，传授知识，这些是相对容易的，属于浅层学习。教师更要指导学生思想感情的去向，审美的落脚点。

苏霍姆林斯基说，在我们所教育的人的身上，高尚的道德品质，丰富的精神世界和体质的健全发展应当合而为一。教育者的本领和艺术，在于他每时每刻都能够清醒地把握住这种和谐发展的实质。一个共产主义新人，并非所有良好特点和品质的机械堆积，而是他们和谐结合的统一体。

教师虽然不是顶层设计者，但关系教改的成败。一切从搜索引擎直接可得的，都是知识。学生在网络极其发达的今日，比教师更会搜索。我们要做的，是教会他们搜索不到的东西，或者说，施教者应该展示知识运用起来之后的样貌。比如，《大堰河——我的保姆》，如果以文字的精美为标准，它算不得好诗，可能在有些学生看来，都算不得是诗。如果以对全世界受压迫的人民来说，以游学法国、家境优裕的地主阶级的少爷，却自称是大堰河的儿子、视人民为母亲的主题思想来说，这作品是当之无愧的好诗，是献给所有苦难的旧中国人民的情书。

如果不对情感、社会背景、时代声音进行敏锐的辨析，只是机械的理解，只是知识的记诵，那很多真味都会丧失。教改要求系列化、情境化，主动生成……说的就是这个意思。

系列，是说前后知识，要成体系，要勾连起来。比如，在学习了史传文学后，进入古代文人散文单元。都是散文，似乎史传更宏阔，可单元提示为何说文人散文是文学的进步呢？那是因为，史传文学再伟大，还是依托于历史的；文人散文再个人化，也是文学的独立自觉。

情境，就是真实场景，就是要改变各学科只会做题、只会记忆的问题。

主动生成，相对于被动，相对于无法生成，也就是死板。学习，深度学习，不应该是一次一抛的用品，而应该是长久的生长在生命中的素养，闪闪发光。不是凑合，不是应试，而是内心激动凝固成乐章。

若如上所述，则学生不会再把学习当作苦役当作忍耐，会欣赏各个学科的美，会主动探求，想学习多一些，再多一些。当然这是理想而完美的状态，呈现出来需要正得其时、正得其人。而教改，就是要把这种近乎奇迹的随机的出现，努力用科学的方法固定下来，让奇迹多出现。

2. 问题实质

社会上有一种声音，认为深度学习必然带来学生之间差距的拉大，会制造不稳定因素。的确，平均似乎意味着平稳，差不多似乎带来和平宁静。但若这种和平是阻碍国家民族发展的呢。人与人本身就有很大差别，当标准同一时，差距几乎无法改变，伴随终生。教育方面，如若评价标准单一，则很多学生会在成绩排位时一直处于后位，总是被否定被打击，将永远不能品尝到学习的乐趣。所以，教改真正要做的，不是通过浅层记忆式学习拉平学生水平，制造虚假繁荣，而是要评价多元化。不是人为抹杀人与人的天然距离，而是给不同的人不同的展示平台。让学生在标准面前有选择，在自己喜欢且擅长的领域尽情施展才华。这样，扭转了以往金字塔结构，转而成为百花园结构。金字塔，塔尖是极少数，受压迫的是沉默的大多数。百花园，大家皆可承受阳光雨露后的怒放。这样于个人，增加幸福感；于国家民族，增加培养人才的可能。

距离感，是天然存在的。抹消它，是不自然的。深度学习，设计本质不是刻意鄙视后进者，不是一味只关注精英阶层。恰好相反，深度学习是变照本宣科为交互反馈，富有活力，体验生命。

深度学习注重的是能力提升，而不在于一城一地的得失。允许质疑，因为有质疑证明学生在参与课堂实践，在分析思考，因之，有质疑才有思辨。答案是需要的，尤其是理科，教师主导性亦不能抛弃，深度学习不是撒手不管，不是放任自流。但，并没有唯一的答案，即便理性如物理数学等学科，也不过是人类现阶段的认识。

如量子力学中的波粒二象性。光的波动说与微粒说之争从17世纪初笛卡尔提出的两点假说开始，至20世纪初以光的波粒二象性告终，前后共经历了三百多年的时间。牛顿、惠更斯、托马斯·杨、菲涅耳等多位著名的科学家成为这一论战双方的主辩手。正是他们的努力揭开了遮盖在"光的本质"外面那层扑朔迷离的面纱。

另一方面，坚持教师的主导性之外，也要承认学生的自主性。一直以来，我们认为教材的编选、教师的输出，是课堂学习的资源。其实，这里还有很重要的第三种要素，就是学生参与，三项归一才是深度学习的教学资源。学生反馈是重要的资源。虽则学生受年龄视野等方面限制，心智并不成熟，但他们拥有巨大的吸收空间，且乐于反馈，在反馈中蕴含创造力。如，学习《红楼梦》，学生用唯物的眼光看待人物，对一些似乎有定论的人物也不是脸谱化地去理解，他们能欣赏薛宝钗贵族少女的美，也能理解贾政的价值判断行为方式。

了解了思维品质的维度，也解释了深度学习的方向，具体该如何操作呢？

指向思维品质改进的深度学习

1. 明确限定

要实施改进，这里有两个限定。首先，假设思维有问题。其次，须知改进不是推翻，而是修正。思维的问题，在教育层面，必定是教得很多很累，但收效不尽如人意，甚至是反效果。改进者，是指尊重之前的付出。即便是有问题的教育方法，之前也一定曾经是前进的，至少是符合当时的需求的。里面有合理的成分，有适合教育规律的地方，值得保留。改进并不是另起炉灶，而是修理。

2. 切入点位

个人认为思维逻辑的提升，有一个很好的切入点，一个抓手，即建构对应的思想。就像数学中平面直角坐标系，利用横轴纵轴划分出四个区域，成为四个象限。对应，就是一切概念皆可对应出在其他三个象限的点。

以语文为例，屈原写到香草美人，就对应地写到奸佞小人；李白写到仙境，就对应地落回人间；柳永，写到青山就会写到碧波，写到自然就会涉及人文；托尔斯泰，写到战争，就会对应写到和平；马尔克斯，写到坚守本土母性的乌苏拉就会对应写到不断向外求索的父性的布恩迪亚……可见，思维的常态就是寻找对应、确定对应。我们把这个核心教给学生，是进入深度学习的一步重要操作。

一个案例

我曾以"敏锐"为题，让学生做议论文深入分析。因为是系列写作的第八次训练，也是收束，要求相对高一些。要求：1.常规动作要完成，如，开头明确对应关系，前三行必须见论点，努力写出第三、第四核心词；2.对应不是摆设，要真正使用对应关系，把思维、论证引向深入；3.力避思维懈怠。不可以叙代议，复述历史、政治等。不可成文上场；4.争取做到新颖，与众不同。新颖的本质不是跑题，而是卓异——比其他同学思考得深入。展示两篇节选：

1.敏锐是细致而精准，并非杂乱无章的大包大揽，给自身和外界的联系之间留有余地，这就是供我们进行判断和选择的地方。人是社会性的群居动物，无可避免地要与其他人产生必要的联系，所以敏锐也存在于人际关系中。愚钝容易受蒙蔽，无法看到本质，而是被诸多的言论所影响，跟在错误后面亦步亦趋。敏锐是一种能力，更是为人处世的态度。这个学生找到了第二核心词，不错，但没有找到第三、第四个，所以比较浅。思维、人际关系写得笼统。

2.敏锐，既要敏感，又要锐利。敏锐的人往往可以很敏感地嗅到风向的改变，又能迅速地做出决策，往往可以占尽先机，取得优势。它是我们社会生活中，一个令人向往的能力。人们赞扬敏锐，嘲笑愚钝。

但我并不认为敏锐是一件好事。它让你幸福，同时又让你痛苦。

敏锐的人是敏感的。他们往往对情感方面有很高的感知度，能体察到很多常人体察不到的情感，再利用他们锐利的思维去论述情感背后的人情世故。诚然，共情确实是作为人类非常重要的一份能力，但对于敏锐的人来说，这往往会令他们十分痛苦。他们的敏锐让他们时刻处于接收情感的高位，对于氛围中充斥的情感欲罢不能，这种情况反而会干扰他们的判断和决定，削弱锐利带给他们的优势。

敏锐的人是锐利的。这份锐利是一针见血，是一语成谶。他们的思考是锐利的，让他们刨根问底，看清许多事物的背后；他们的行动也是锐利的，让他们能果断行事，雷厉风行。但锐利，这个我们往往用来形容刀的词——用它去形容一个人，这个人恐怕便是一个群体里的刀。这把刀刺向自己，又刺向他人……

这个学生找到了三个对应，虽然有些偏激，有的地方可能偷换概念了，但思想深邃，高于其他人。

总之，一个时代有一个时代的使命，一个领域有一个领域的担当，我们要在教改的道路上砥砺奋进，不负国家民族所托。

指向思维品质改进的深度学习

梁亚林　黄珍武

授人以鱼不如授人以渔。授人以鱼只救一时之急，授人以渔则可解一生之需。

从"关注教"到"关注学"是教育，教学改革重大变化，随着信息时代的发展和教育教学改革的需要，特别是在科学技术迅猛发展的今天，任何知识都可以通过网络进行查询，判断的能力变得越来越重要，国际、国内都把深度学习作为推动教育改革的主要抓手；在数学课程标准中，也把深度学习纳入了实施建议；2014年，教育部基础教育课程教材发展中心设立了"深度学习"教学改进项目，把深度学习作为落实课程标准的重要举措。

关于"深度教学"

1. 什么是"深度学习"

"深度学习"是指在发展学生核心素养大背景下，教学情境下学生的学习活动，它不仅要发展学生的一般心理能力，更要培养学生的责任感、使命感以及创造美好生活的主人翁精神。这样的学习，不只是"大脑"的功能，也是特定社会历史背景下有意识的主题活动；不仅强调心理学意义上的抽象个体参与和个体建构，更强调社会关系中的个体主动建构和参与，强调学生作为社会个体的发展而非抽象的心理机能的发展。

"深度学习"的内涵是在教学中，学生积极参与，全身心投入，获得健康发展的有意义的学习过程。在这个过程中，学生在素养导向学习目标的引领下，聚焦引领性学习主题，展开有挑战性的学习任务与活动，掌握学科基础知识与基本方法，体会学科基本思想，建构知识结构，理解并评判学习内容与过程，能够综合运用知识和方法创造性解决问题，形成积极的内在学习动机、高级的社会性情感和正确的价值观，成为既有扎实学识基础，又有独立思考能力，善于合作，有社会责任感，具备创新精神和实践能力，能够创造美好未来的社会实践的主人。

深度学习强调学生立场，但同样重视教师主导作用的发挥，无论是教学目标的确定，内容的组织学习活动的设计等，都应依据对学生的了解和理解，同时教学设计也要体现教师个人对教学的理解，提出有个性的教学活动方案，避免使用统一的教学设计方案。

深度学习把以前的表层学习、浅度学习、机械学习转变成有意义学习、理解学习、探究学习，从以下四个维度展开学习：（1）深度学习方式：教学中的学生学习，需要有教师的引导和帮助；（2）深度学习的内容：人类已有认识成果，是具有一定挑战性的；（3）深度学习的要求：感知、思维、情感、意志、价值观、全身心投入的活动；（4）深度学习的目的：具体的、社会的人的全面发展。深度学习强调社会意义的个体参与、社会建构、历史建构，它是具体的社会历史实践、主体的成长和发展、核心素养、健康的身心、高水平的文化修养、较强的实践能力、高尚的精神境界。

深度学习阐明了在教育教学过程中"怎么学"和"学什么"这两个很重要的问题。

"深度学习"就是在教师的引领下，学生围绕着具有挑战性的学习主题，全身心积极参与，体验成功，获得发展的有意义的学习过程。在这个过程中，学生掌握学科的核心知识，理解学习的过程，把握学科的本质及思想方法，形成积极的内在的学习动机、高级的社会情感、积极的态度、正确的价值观，成为既具有独立性、批判性、创造性又有合作精神、基础扎实的优秀学习者，成为未来社会历史实践的主人。换言之，深度学习就是好的教学，是触及学生心灵的教学，它内在地包含着学生积极主动的学习。

2. 指向核心素养的深度学习教学实践

"深度学习"是为了发展学生核心素养，实现立德树人根本任务而设立的，深度学习是指教学活动，是触及学生心灵的"真"教学，是促进学生核心素养发展的教学。因此，深度学习与主题教学的目标与任务一致，都是指向核心素养的教学。

数学主题教学设计是在整体思维指导下，从提升学生数学学科核心素养的角度出发，通过教学团队的合作，对相关教材内容进行统筹重组和优化，并将优化后的教学内容视为一个相对独立的教学单元，以突出数学内容的主线以及知识间的关联性，在此基础上对教学单元整体进行循环改进的动态教学设计。数学主题教学设计的视野从课时扩大到了主题，设计过程由静态过渡到了动态，同时设计的主体也由个人过渡到了集体。

指向核心素养的深度学习要确定素养导向的学习目标。

指向核心素养的深度学习要凝练引领性学习主题，精练表达在大概念统领下的学习内容，将学科本质、学科思想方法与学科核心内容联系起来，将零散的知识整合，建立了对学科的整体认识，在教学过程中要明确四个依据：学科课程标准、学科教材内容、核心素养的进阶发展、学生的学情；要做好六个分析：单元学习内容分析，单元学习内容在课程标准中的要求分析，学生学情分析，单元学习内容的教材对比分析，单元学习重难点分析，单元学习教学策略、方法分析。

指向核心素养的深度学习要设计挑战性的学习任务，强调完整地做一件事（方案、作品、产品……），解决问题，形成概念，理解内容，素养发展。

指向核心素养的深度学习要设计持续性的学习评价，对核心素养导向的单元目标达成情况的测查，同时起到检测与调控学习过程、反馈与指导教学改进的作用，强调伴随式评价，贯穿单元学习始终，包括课前、课中、课后。以"弧度制"的学习为例：

表 3-27 弧度制

弧度制		
优	合格	不合格
可以通过小组合作，共同探究给出弧度制下对 1 弧度的定义	可以给出除角度制外某一种对角的度量方式	无法给出角度制外的角的度量方式
能自发意识到弧度与角度之间可以相互转化，并归纳出转化方法	能意识到弧度与角度之间可以相互转化，但归纳不出转化方法	不会将角度与弧度进行转化
能清晰表述弧度与角度的不同，并说明两种度量方式并存的必要性及合理性	能清晰表述弧度与角度的不同	不能清晰表述弧度与角度的不同

指向核心素养的深度学习要构造开放性的学习环境，物理空间、虚拟空间、人文环境、学科化都需要放开。

指向核心素养的深度学习要开展反思性的教学改进，要从五育融合的角度开展评价。

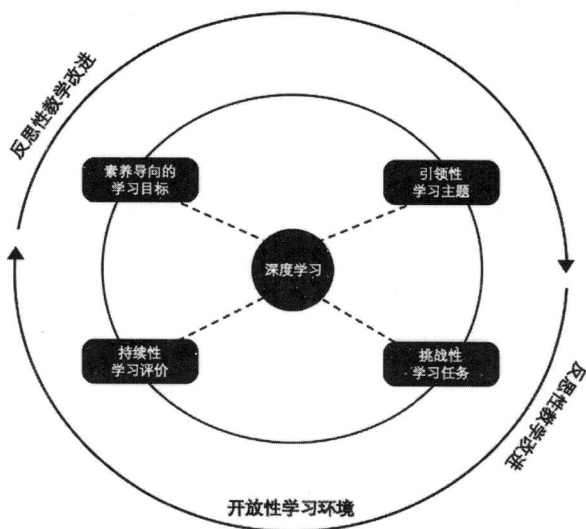

图 3-22 "深度学习"的要素模型

"深度学习——单元教学"

数学学科课程实施的单元，通常以主题为中心，单元学习主题是指依据数学课程标准，围绕数学某一核心内容组织起来的，体现数学学科知识发展，学科思想与方法深化或认识世界的、能够激发学生深度参与学习活动、促进学生数学核心素养发展的主题。

教师是主题及其内容的决定者，在确定"数学主题"内容时教师可以根据教学内容、学生学习情况，选择确定主题内容。最简单的方式是以"一章或几章内容"组成主题（单元），也可以以"一学期的内容"组成主题（单元）。较为复杂的方式是以"蕴含在一些章节中的重要核心概念"组成主题（单元），以"蕴含在一些章节中的重要方法"组成主题（单元），以"培养某个数学学科核心素养，基本能力"组成主题（单元）。

单元教学设计应该作为一种教学理念，而不是形式。作为教师，主要是备课时要关注"整体性"，即知识的整体性、之间的衔接、螺旋式上升、学教评一体化等。

深度学习的单元教学（五个要点）：

图 3-23　深度学习的课堂

"深度学习"下的单元教学具有以下五个特征：

1. 活动与体验——数学解读

数学思维活动——活动灵魂。数学思维活动目的、评价标准：提升学生数学核心素养；数学思维活动形式：学习活动，数学建模活动，数学探究活动；数学思维活动的有效性：明确的目标，问题引领，自然、有趣的情境设计，学生参与。

2. 联想与结构——数学解读

"联想与结构，既是学生学习活动及其方式，又与教学内容的特征有关；可看作是我们所主张的单元学习的理论基础。"数学学习不是孤立学习数学的概念、规则、模型、结论（定理）、方法、思想、应用，更重要的是揭示它们之间的关联、结构，形成有机的体系，构建高中数学的体系既是学习的目标，也是数学思维活动的载体，在这个过程中发展学生数学思维能力，提升学生数学核心素养。数学学习不能满足于一个知识点一个知识点地学习，不能满足于一道一道做题，在我们掌握每一个知识点的同时，还需要思考与已有数学知识体系的联系，思考与其他学科和实际问题的联系，需要整体把握，不断拓展自身数学体系，不断提升认知层次，"需要并发展着学生的记忆、理解、关联能力以及系统化的思维与结构能力"。

"联想与结构"作为学习方式所处理的学习内容，是在结构中、在系统中的知识，是能够说明知识间存在内在联系，能够彼此说明，是内容结构化、单元学习主题的理论基础。这个特征强调教师对内容的整体规划、整体设计。这与整体把握数学课程是一致的。

3. 本质与变式——数学解读

努力探索、思考数学的本质，不断提升对数学本质的认识、理解，这是学习数学的基本习惯。抓住数学本质已成为广大教师所提升自身专业水平的目标。它具体体现在如何凝练单元教学目标及单元主题。变式教学已成为教师广泛使用的教学方式，有必要处理好"本质与变式"的关系，"在变式教学中"重要的是抓住不变的，这些才是体现本质的。

4. 迁移与创造——数学解读

迁移——应用（解决问题）

数学内部：用某些数学知识、方法、思想解决数学中的问题，数学探究活动——综合能力

数学解决实际问题：数学建模活动——数学建模能力即实践能力

创造——发现、提出问题

make samething new for me-make samething new for us-make samething new for all

这个特征提醒老师要创造和创设适当的活动与机会，使学生能够实现知识的实践转化和综合应用，培养创新的意识，并在这样的活动中形成积极的社会性情感、态度与责任感。

5. 价值与评判——数学解读

价值与评判——价值判断：这是深度学习的核心目的，也是深度学习的灵魂，既是数学学习的，也是所有学科的，更是超学科的，通识的，以提升学生核心价值观和核心素养，提升学生学科核心素养为导向，使学生"成为既有扎实学识基础，又有独立思考能力、善于合作、有社会责任感、有创新精神和实践能力的、能够创造美好未来的社会实践的主人"。

在数学中，提升学生的价值和判断水平，不仅提升对数学学习内容——知识、方法、思想的价值判断，而且反思学习过程，改进学习方法和习惯，增强数学学习自信，逐步完善、形成正确的数学价值观——科学价值、应用价值、文化价值、审美价值。

价值与评判——是评价的原则，反思评价应贯穿于深度学习——单元教学的始终。"学生的成长最重要的表现就是能够对周遭的人物、活动、事件做出价值判断，能与他们（教师、同学及其他人）进行有效的沟通与合作。深度学习的教学活动要自觉引导学生能够有根据地评判在教学活动中所遭遇的人、事与活动，帮助学生形成正确价值观，形成学生发展的核心素养。""还要学生能够有根据地给出自己的态度与判断。这是培养面向未来、

能够创造美好生活的个体的重要基础。"

这个特征提醒教师关注教学正确的价值取向，关注教学的创造性和开放性。

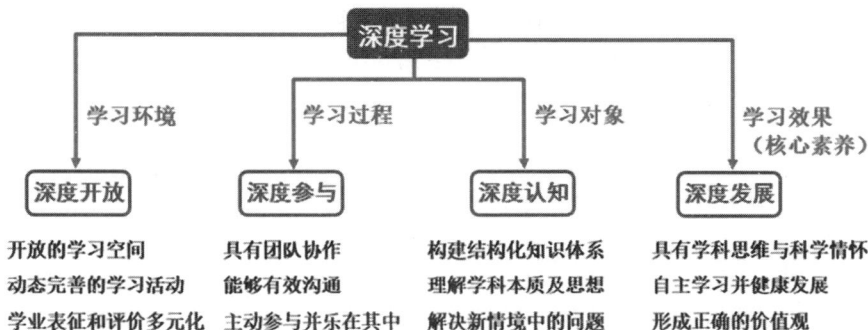

图3-24 指向深度学习的单元教学设计基本要求

单元教学是落实深度学习的有效路径，单元学习活动应该是学生深度学习的活动，深度的标志是学生与学习任务的深度互动，学生与教师的深度互动，学生之间的深度互动。

深度学习中的单元是能够作为整体落实学科核心素养的基本学习单位，单元教学的主题设计能够概括核心概念、内容结构、呈现方式、教学过程、育人价值等，在内容的结构化和情绪化、任务或活动的系列化、自主性、进阶性及育人的意义与价值等方面具有引领性；单元和课时学习目标能够体现学科核心素养要求，引导任务或活动设计课程目标、单元目标、课时目标，体现具体化过程，并建立关联；单元教学能够以任务或活动为环节呈现单元和课时的教学过程；任务或活动设计指向学习目标，体现系列化、自主化、进阶性，呈现教师引导、指导、阐述，与学生做想讲练的结合；单元教学过程设计侧重结构化，课时教学设计侧重具体化；单元教学的评价设计，能够依据学习目标、伴随任务或活动，着眼教学改进，呈现评价内容（结果与过程）、评价指标（关键表现）、评价方法（注意操作性）和赋值方法（结果表达）；单元教学的作业设计兼顾课内学习内容的应用与挑战性学习任务的延续，也为下一节课学习做准备，作业设计能诊断课堂核心概念、关键能力的掌握情况，作为后续改进相关内容教学设计的重要依据，为确定后续教学的内容、策略等做好准备。

表3-28 指向深度学习的单元教学目标的特点与内涵

特点	内涵
一致性	体现高中数学课程标准和课标教材的核心知识内容，符合学生的学习和认知基础
本体性	以高中数学的核心知识为载体，指向学生对数学思想和方法的理解，指向关键能力的培养
发展性	指向迁移应用所学知识解决问题能力的发展，指向数学核心素养的发展
可测性	具体明确、可操作、可达成、可检测，体现期望学生达到的学习程度
融合性	体现不同维度目标的融合，通过挑战性学习任务，将核心知识、数学思想、关键能力、必备品格、正确价值观等有机融合

行为主体+行为动词+学习内容+行为条件+行为程度

谁学　　　学什么　怎么学　学到什么程度

图3-25 指向深度学习的单元教学目标撰写的基本格式

指向深度学习的单元教学学习活动，要整体规划单元学习主题的学习内容，设计的问题；从规划的课时等方面来优化设计，设计挑战性的单元学习活动，在教学活动中秉持四个基本原则：过程性原则、导向性原则、系统性原则、激励性原则。

指向深度学习的单元教学要开展持续性学习评价，评价过程追踪整个单元学习过程，都要对学生进行评价，评价内容多维，以学科核心素养为导向，核心知识、数学思想方法、关键能力、思维品质和学习态度综合考虑；评价主体多元，除了教师是评价者之外，同学、家长甚至学生本人都可以作为评价者，评价形式多样，除了常规的作业、书面测验外，还可以采用课堂观察、口头测验、开放式活动中的表现、专题或小课题研究等评价的形式。

主题单元教学设计模板课参考如下：

（1）主题名称。

（2）主题概述（核心内容、内容结构、呈现方式、教学过程、育人价值等）。

（3）主题学情分析。

（4）开放性学习环境。

（5）单元学习目标。

（6）教学过程。

（7）评价建议。

（8）教学反思。

我们目前所做的工作

根据课题组的安排，我们依据人教版高中数学必修第四册教材中《直线与平面垂直》这一部分内容，经过小组成员的多次研讨、修改以及专家多次指导，基本完成了《直线与平面垂直及其判定定理》《直线与平面垂直的性质》《直线与平面垂直的应用》三节课的教案，其中《直线与平面垂直及其判定定理》这节课已经由李想老师录制完毕。同时，根据这三个教案，在指向核心素养的提升方面，本单元就其中几个方面做了如下设计。

在指向核心素养的深度学习要确定素养导向的学习目标方面，我们做了如下的整体设计：

表 3-29　学习目标设计

序号	内容	课时	核心素养
1	直线与平面垂直及其判定定理	1	直观想象、数学抽象、逻辑推理
2	直线与平面垂直的性质	1	直观想象、数学抽象、逻辑推理
3	直线与平面垂直的应用	1	直观想象、逻辑推理、数学运算

在指向核心素养的深度学习要设计挑战性的学习任务中，我们设计了如下问题：

表 3-30　学习任务设计

序号	内容	挑战性学习任务
1	直线与平面垂直及其判定定理	【探究活动】 以小组为单位，将纸板抽象为平面，小棍抽象为直线，探究： （1）是否可以通过直线与平面内部分直线垂直，判定它与平面垂直 （2）如果可以，至少需要几条直线
2	直线与平面垂直的性质	已知直线 a，b 及平面 a，给出以下三个论断： 1. $a \perp a$；2. $b \perp a$；3. $a \parallel b$ 请以其中的两个论断作为条件，余下的一个论断作为结论，写出一个正确的命题：_____
3	直线与平面垂直的应用	已知点 B，C 以及直线 l 在平面 a 内，点 A 在平面 a 外，给出如下三个结论： ① $AB \perp \alpha$，② $l \perp BC$，③ $l \perp AC$，把其中两个作为条件，另一个作为结论，共可组成多少个真命题，请把这些命题写出来并证明

在指向核心素养的深度学习要设计持续性的学习评价方面，我们做了如下设计：

表 3-31　持续性学习评价设计

序号	内容	优	合格	不及格
1	直线与平面垂直及其判定定理	在直观感知、操作确认的基础上学会归纳、概括直线与平面垂直的充要条件和判定定理，并用三种语言规范表达 初步掌握应用判定定理证明线面垂直的方法，能应用定理解决简单的实际问题	理解直线与平面垂直的概念，能明白直线与平面垂直的判定定理及其符号表示 初步掌握应用判定定理证明线面垂直的方法，能应用定理解决简单的实际问题	不理解直线与平面垂直的充要条件及判定定理 不能够应用直线与平面垂直的判定定理解决简单的实际问题
2	直线与平面垂直的性质	通过动手操作，能得出线面垂直的结论及性质定理 能够通过合作讨论，理解并正确证明线面垂直的结论和性质定理 能够比较清楚地利用上述结论解决相应的数学问题	能够接受并理解线面垂直的结论及性质定理 能够应用线面垂直的结论及性质定理解决比较简单的数学问题	无法想象并理解线面垂直的结论及性质定理 不能利用线面垂直的结论及性质定理解决比较简单的数学问题
3	直线与平面垂直的应用	通过活动和实例，直观感知，操作确认，归纳总结直线与平面所成角的定义，并能准确指出具体情境中线面所成角 能理解并掌握好三垂线定理及其逆定理，能够准确地利用上述定理解决比较简单的问题	能识别直线与平面所成的角，并能指出具体情境中线面所成角 基本理解三垂线定理及其逆定理，并能够应用上述定理解决比较简单的问题	不能理解线面所成角的定义，不能准确指出线面所成角 不理解三垂线定理及其逆定理，不能够应用上述定理解决比较简单的问题

通过研讨这三个教案，我们有如下体会。

1. 需要进一步理解和掌握教材

首先，最新版的教材中，有一些说法和以前不太一样，比如以前把由直线与平面垂直的定义所得到的"如果一条直线垂直于一个平面，那么它就和平面内的任意一条直线垂直"的结论当作线面垂直的一条性质，而在最新版的教材中则把它称之为线面垂直的充要条件，即 $l \perp \alpha \Leftrightarrow \forall m \subset \alpha, l \perp m$。

其次，用好教材。我们在教学过程中，往往需要补充一些例题、练习题，用以加深、巩固学生对知识的理解、记忆和应用。对于这样的题，老师们往往需要挖空心思翻找各种资料，费时费力。新版教材后附有大量的练习题、习题，这些是由编者精心设计、选取的好题，由于时间及题目难度关系，老师们通常无法让学生在课后都完成。老师们可以提前认真研读，针对自己学生的情况和教学需要，选取其中一部分作为课上的例题、练习题讲解。比如人教版必修第四册的课本第 115 页练习 A 第 3 题：三角形的两边，可以同时垂直于同一个平面吗？说明理由。这个问题，表述简洁且浅显易懂，以学生都熟悉的三角形为例提出问题，学生比较容易入手，容易想象得出正确结论。在讲完线面垂直的性质时，可以作为课上的补充例题，学生在直观想象得出正确的结论以后，再利用本节课中学到的知识和证明方法加以说明。这是一个很好地体现本节课的知识和方法解决问题的题目，作为起始课的例题，在加深学生对本节课知识的理解和应用以及思维方法的训练上起到了很好的效果。

2. 设计挑战性任务，发展学生创造性思维

深度学习不同于以往接受式学习，而是让学生发挥学习的主动性，积极主动地参与到学习的过程中来，主动发现、主动探索，从而在收获新知识的过程中获取思维的创新发展。设计挑战性的任务，使得不同认知层次的学生紧紧围绕一个共同的任务活动中心，在强烈的问题动机驱动下进行自主探索和互动协作的学习。因此，这种以"任务"为导向的学习模式，不仅可以激发学生的学习兴趣，更可以让学生在对知识的钻研探索、比较思考的过程中

获得思维的突破。

3. 活动与体验——学生学习的机制

"活动与体验"是深度学习的核心特征，回答的是深度学习的运行机制问题，是"深度学习·单元教学"的五个基本特征之一，这个特征提醒教师要真正承认学生在教学中的主体地位，设计能够让学生全身心沉浸其中的学习活动。学生们真切地感受和体验学习活动的丰富复杂、细微精深，真切或模拟地去体验伴随活动而来的痛苦或欣喜的感觉经历。因此，我们在研讨教案的过程中，将重心放在学生活动的设计上，根据教学内容尽量多地设计学生活动，通过活动，让学生"亲身经历"知识的发现、形成、发展的过程。在这一过程中，教师应该是编剧和导演。通过教师的启发、引领以及同学们在实验活动中的相互合作，课堂讨论中的相互启发，小组作业中的相互依赖与信任等，再现了知识发现过程中人与人的相互依赖、信任、竞争、合作。这个过程本身也是学生体验社会情绪、情感进行积极正向社会化的重要活动。

加强学习，努力提升自身素质

深度学习是学生积极参与的有意义的实践性学习，是聚焦学科本质和学科思想方法的学习，是一种先进的学习理念。作为一名一线老师，目前对它的了解还不够多，主要是通过讲座、各个渠道下发的学习资料来理解和研究，信息来源难免局限和不全面，难以深入理解其内涵，尤其是在学科教学上能见到的具有启发性的现成案例比较少。因此，在今后的教学过程中，一方面根据现有理解改进教学模式，同时，也多关注有关书籍、杂志，尤其是教学案例，不断提升自己的理解，提升自身素质。

附录：直线与平面垂直单元主题设计模板

主题名称：直线与平面垂直

主题概述：

垂直关系是对平行关系知识的延续和补充，垂直关系贯穿于立体几何的始终，是研究空间几何体、几何体的位置关系及进行逻辑推理的重要知识，对于培养学生数学抽象、直观想象和逻辑推理等核心素养具有不可替代的作用。这部分内容按教学指导用书要求是两节课，垂直关系对学生来讲相对于平行关系更难一些，所以安排了三课时，具体安排是：第一课时主要介绍线面垂直的定义和判定，第二课时主要介绍线面垂直的性质，第三课时主要是直线与平面垂直的应用。

通过本单元的学习，可以更好地认识三维空间中的图形，培养空间想象力，训练和发展推理论证能力，加强运用立体图形语言进行交流沟通的能力，更是逐步建立几何直观想象、数学抽象、逻辑推理、数学运算等核心素养。

主题学情分析：

学生前期已学习了空间中点、线、面的位置关系及异面直线所成角的概念，同时也完成了空间中平行关系的研究。在直线与平面平行教学中，学生已经初步经历了对定理的探究和证明过程。类比平行关系的学习，研究空间中的垂直关系，探究以线线垂直判定线面垂直的方法，对于培养学生核心素养有着积极的促进作用。

开放性学习环境：

教学环境开放性：多媒体教学；

学习活动开放性：个人演示、小组合作演示与讨论；

问题情境开放性：引入劣构问题。

单元学习目标：

理解掌握空间直线与平面垂直的定义、判定和性质，会用线面垂直的判定定理、性质定理解决问题；

了解线线垂直、线面垂直之间的关系转化，体会线线垂直和线面垂直的转化思想。

教学过程：

表3-32 教学过程

序号	内容	课时	核心素养
1	直线与平面垂直及其判定定理	1	直观想象、数学抽象、逻辑推理
2	直线与平面垂直的性质	1	直观想象、数学抽象、逻辑推理
3	直线与平面垂直的应用	1	直观想象、逻辑推理、数学运算

高中历史思想史教学中的史料实证——给思想史加点料

郭良伦

思想史是人类历史的重要组成部分，体现了社会发展过程中人类的理性思考，也是高中历史教学的重要组成部分。但历史教材局限于篇幅，对思想史讲解过简，内容艰涩、枯燥且复杂，教学过程中如果处理不好容易显得空洞、苍白、牵强。为了克服这样的难题，笔者在具体教学过程中做了多种尝试和努力，给思想史加点料，尽量做到具体、鲜活、有逻辑。以下主要结合人教版高中历史必修三的教学实践，与大家交流分享。

用鲜活生动的故事做"佐料"

学生若没有感受到具体、形象的历史，不能形成历史的表象，就很难形成历史的概念和认识历史的本质。而鲜活生动的事例能够帮助学生形象地感受，有助于理解思想家的思想，成为课堂的"佐料"，起到意想不到的效果。

关于王阳明先生的"致良知"一说，人教版教材给出的阐述是"他认为良知是存在于人心中的天理，是人所固有的善性，但良知往往被私欲所侵蚀，所以要努力加强道德修养，去掉人欲，恢复良知"。这样的解释看似通俗易懂，但是不够形象、具体，学生很难真正体会其中的本质含义。为了帮助学生更好地理解这一概念，我举了下面这个事例。

有个叫王守仁的门人，夜间在房内捉得一贼。他对贼讲一番良知的道理，贼大笑，问他："请告诉我，我的良知在哪里？"当时是热天，他叫贼脱光了上身的衣服，又说："还太热了，为什么不把裤子也脱掉？"

贼犹豫了,说:"这,好像不太好吧。"他向贼大喝:"这就是你的良知!"

听完这个事例,学生往往会哈哈大笑,在笑过之后也真正明白了"致良知"的意思。

结合思想家经历来"爆料"

在重大思想形成的过程中,人的因素是不可忽视的,思想理论成果与思想家的人生经历是有密切联系的,体现的是思想家在面临社会和人生重大问题时的思考和探索。适当"爆料"思想家的经历,既能提起学生的兴趣,又有助于我们理解思想家的思想。

王阳明先生由理学到心学的转化和发展就是和他本人的人生经历密切联系的。他早年热忱地信奉程朱理学。为了实行朱熹的教导,有一次他下决心穷竹子的理。他专心致志地"格"竹子这个物,格了七天七夜,什么也没有发现,人也累倒了。他在极度失望中不得不放弃这种尝试。后来,他被朝廷贬谪到贵州山区原始落后的生活环境里,有一夜他突然大悟。顿悟的结果,使他对《大学》的思想有了新的领会,根据这种领会他重新解释了这部书。就这样,他把心学的学说完成了,系统化了。

明朝大思想家李贽的"离经叛道"更是和他的人生经历密切相关。李贽于 1527 年生于福建泉州。到李贽这一代,他的家道已经中落。1552 年,他得中举人。中举后因为经济困难,不能再耐心拼得进士及第的资格,即要求循例在政府中任职。之后二十多年间,他沉浮于下级官僚,位卑俸微,郁郁不得志,目睹了官场的污浊和道学家的虚伪,自身政治清廉,不愿与他们同流合污,形成了离经叛道的不羁性格。1559 年,又因为父母去世而停职丁忧。服满后入京求职,等待了一年零八个月,才得了一个国子监教官的职位。候补期间,以教书糊口。他生有 4 个儿子 3 个女儿,但是除了大女儿以外,其他都不幸夭殇。据李贽自己说,有一次他有 7 天没有吃到什么东西,最后饥不择食,不能分辨"稻"和"黍"的差别。后来,李贽辞官,削发为僧,与人论战,76 岁时被明政府以"敢倡乱道,惑世诬民"的罪名逮捕入狱，死于北京监狱中。

　　李贽要侍者为他剃头。乘侍者离开的间隙，他用剃刀自刎，但是一时并没有断气，侍者看他鲜血淋漓，还和李贽做了一次简单的对话。当时李贽已不能出声，他用手指在侍者掌心中写字作了回答：

　　问："和尚疼否？"

　　答："不疼。"

　　问："和尚何自割？"

　　答："七十老翁何所求！"

　　据记载，在自刎两天以后，李贽才脱离苦海。然而东厂锦衣卫写给皇帝的报告，则称李贽"不食而死"。

这样将思想家的主张与其人生经历有机结合，揭示思想家形成思想主张的心路历程，将具体、形象的历史展现给学生。当然，思想家的人生经历是十分复杂的，教师在一节课中不可能将其经历全部展现给学生，在揭示心路历程时，可以选择与思想主张相关的人生经历"节点"，采用出示材料与教师讲述相结合的方式，将这些"节点"展现给学生，帮助学生理解。

利用单元总结提升做"肥料"

思想史的教学难度很大，设计、操作不好，容易使学生陷入一堆含糊而笼统的思想碎片中。而单元总结作为一种较高层次的学习，希望能帮助学生在了解历史知识的基础上，清晰地把握思想文明的轨迹，探究其发展传承中的社会动力，从而理解思想发展的历史规律，形成正确的价值判断，作为增加营养的"肥料"。

　　比如第一单元《中国传统文化主流思想的演变》时间跨度大、人物多、概念难，学生整个学完之后容易陷入一团乱麻之中，帮助学生把握主线厘清线索同样重要。

　　"古代儒家思想的发展是一帆风顺的吗？"儒家思想的始创者孔子希望恢复西周的礼乐制度，但这不符合当时代表社会发展趋势的新兴地主阶级的需要，所以，他的思想在各国遭到了冷遇；到了西汉时期，汉景帝清除地方叛乱，武帝时开始强化专制主义中央集权，董仲舒宣扬"君权神授"和"大一统"，提倡"三纲五常"，迎合了汉武帝的政治需求，儒学得以复兴。

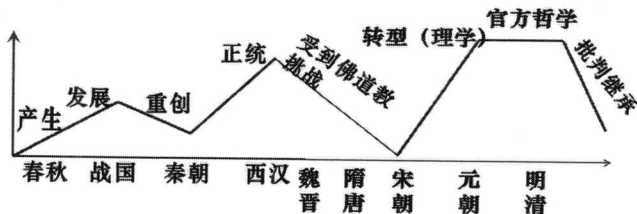

图3-26 古代儒家思想的发展

"儒家思想传承至今的社会动力是什么？"古代不同的历史时期，儒家学说的境遇起伏变化，但一直得以传承，究其根本原因，在于社会发展到唐宋元明时期，韩愈、程颐、程颢、朱熹、陆九渊、王阳明等对儒家思想进一步弘扬发展，使儒学走向精微，上升为官方哲学。因此，此时儒家思想的发展实质上是一次由内而外的主动优化和提升，是一次文化发展中的自我救赎。

所以梁启超总结儒家的变化是：

> 浸假而孔子变为董江都、何邵公矣，浸假而孔子变为马季长、郑康成矣，浸假而孔子变为韩昌黎、欧阳永叔矣，浸假而孔子变为程伊川、朱晦庵矣，浸假而孔子变为陆象山、王阳明矣，浸假而孔子变为顾亭林、戴东原矣。（梁启超《保教非所以尊孔论》）

西方人文精神的起源及其发展大致经历了从自然哲学走向人文哲学、从以神为本走向以人为本、从自然法则走向道德法则三个阶段。在智者运动、文艺复兴和宗教改革、启蒙运动中，西方人文精神从古代的朦胧稚嫩发展到明确成熟。

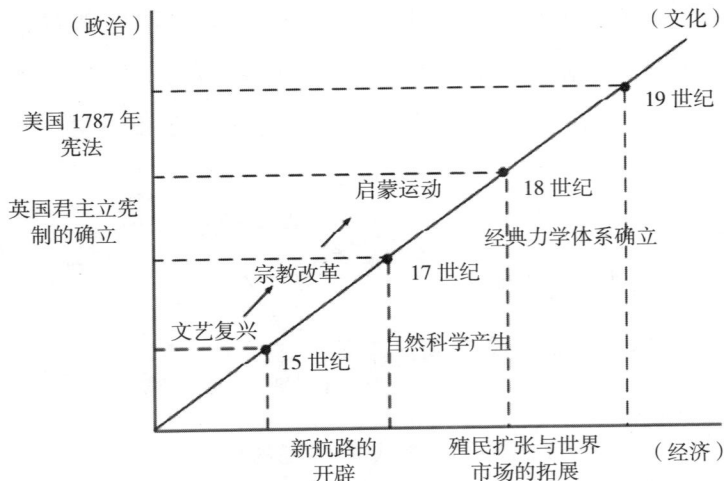

图 3-27　西方人文精神的起源及发展

此外，可以指导学生从政治、经济和思想文化三个维度构建时空坐标图，实现概念的网络化。

选取精当的史料做"原料"为教材的补充，使思想史知识更加系统有体系；用鲜活生动的故事做"佐料"形成历史的表象，形成思想的概念，认识历史思想的本质；适当"爆料"揭示思想家的经历，形成思想主张的心路历程，将具体、形象的历史展现给学生；利用单元总结提升做"肥料"，清晰地把握思想史的脉络轨迹。总之，想法降低思想史的难度，更加切近学生的认知水平，学好思想史。

（三）英语、物理等 PBL 项目学习

通过项目式学习发展学习能力的实践研究

唐娅妮

项目式学习（Project-based learning，简称 PBL），是一种以学生为中心的教学方法，它创设真实的情境和问题，鼓励学生自主学习、合作式和探究式地学习，学生们在试图解决问题的过程中发展技巧和能力，包括如何获取

知识，如何计划项目以及控制项目的实施，如何加强小组沟通和合作。项目式学习满足不同学习风格和发展需求的学生，评价方式多元，注重过程性评价和终结性评价相结合，促进学生在解决真实问题的过程中掌握技能、提升学习能力，有利于学生的终身学习。

根据《普通高中英语课程标准》(2020修订版)，"学习能力指学生积极运用和主动调试英语学习策略、拓宽英语学习渠道、努力提升英语学习效率的意识和能力。学习能力构成英语学科核心素养的发展条件。学习能力的培养有助于学生做好英语学习的自我管理，养成良好的学习习惯，多渠道获取学习资源，自主、高效地开展学习"。学生通过高中英语课程的学习，应该能达到的学习能力目标是："树立正确的英语学习观，保持对英语学习的兴趣，具有明确的学习目标，能够多渠道获取英语学习资源，有效规划学习实践和任务，选择恰当的策略和方法，监控、评价、反思和调整自己的学习内容和进程，逐步提高使用英语学习其他学科知识的意识和能力。"

"现有的高中英语教学方式和评价方式不利于学生发展综合语言运用能力，不利于学生优化学习方式，不利于学生形成自主学习的能力。""原有的高中英语教学方式过于强调语言知识的教学，过于强调知识的系统性和完整性，而忽视实际语言运用能力的培养。"(程晓堂，2004)新课程标准指出，"在英语课程中，要鼓励学生在教师的指导下，通过体验、实践、参与、探究和合作等方式，发现语言的规律，逐步掌握语言知识和技能，不断调整情感态度，形成有效的学习策略和自主学习能力"。

在单元主题的教学中，教师要以英语学习活动观这一指向过程的大观念统领教学活动的设计，即学生在主题意义引领下，通过学习理解、应用实践、迁移创新等一系列英语学习活动，逐步获取、建构新知识，转化能力，形成素养(王蔷、周密、蒋京丽、闫赤兵，2020)。

笔者通过听课观察发现，在当下的高中英语教学中教学尤其是读写教学模式化、作业形式模式化、评价方式单一化等问题比较普遍，而在高中英语教学中，学生学习能力的发展需要教师在教学中通过精心设计的教学活动，有意识地指导。因此，笔者在教学中引入项目式学习的方法。这些项目式学习的活动设计主要基于课堂教学材料所提供的主题意义语境，活动设计的目的要能激发学生的学习兴趣，调动学生已有的知识和经验，在此基础上通过全过程参与完成项目任务。深入学习该主题，构建新的知识结构，发展技能，丰富人生体验，树立正确的三观，做到知行合一。从以下几个方面叙述项目式学习对发展学习能力的积极影响。

1. 创设真实生活情境，延展教学边界，深化意义学习

在英语教学中，教师经常面临如何激发、维持、内驱化学生学习动机的问题。因为生活中缺少使用英语交流的机会，缺少沉浸式的学习环境，学生很难找到能够长期坚持学习英语的动机，大部分学生的学习过程都是"考试驱动"的。项目式学习强调要把学习置于真实而有价值的情境中，通过学习来解决真正的问题，并实现已有知识与能力的培养和发展（杨金燕，2017）。

笔者在教学中提出"泛在 ubiquitous"和"深度 in-depth"的概念。"泛在 ubiquitous"就是让英语学习广泛存在于生活中，善于发现、发掘和应用这些生活中可获得的学习资源，包括平面媒体、电子媒体、网络等来源的各种材料，利用好碎片时间把学习生活化，也就是"live the language"。"深度 in-depth"的概念就是倡导学生在教材学习材料学习的基础上，从纵深挖掘主题意义，通过拓展阅读和不同的学习方式发展批判思维和迁移创新的能力。

为了回应新课程实施的要求，加强课程教学资源建设，为必修阶段和选择性必修阶段准备充分的课堂拓展资源，推荐适量的视听材料，并自主开发部分课程资源，笔者开展了《读写养成计划》课程的实践研究。本课程教学材料从书本、期刊、新媒体、网站等多途径选择。在原有校本编辑的"Supplementary Reading and Writing"系列基础上，适时实时更新，配合热点和学生感兴趣的话题，对基础课程内容进行补充，这些新鲜的补充易于开阔学生视野，激发学生在生活中应用实践英语的兴趣，探究主题意义，开展

深度学习。这些不同类型的语篇从深度和广度两个方面拓展三大主题语境的内容，如专题讨论、论说文、新闻报道等文体，以及诗歌、短篇小说等文学类文体。

这些材料的处理方式灵活多样，有的作为主题的导入内容，有的作为学生课后深入学习的拓展，有的采用翻转的方式，有的用于学生开展项目学习。在高三复习备考阶段的读写结合选材围绕三大主题语境，有的与时事相关，有的与单元学习的主题相关，有的是考试阅读语篇或书面表达写作任务的拓展补充。与这些材料配套练习有的采取问答方式，有的配以"微写作"，有的要求用 GO（Graphic Organizer 图形组织者）的方式整理文章结构，目的在于逐渐突出读写的交互作用，由以读助写，到以写促读，最后达到读写共生的状态。

除《读写养成计划》课程之外，原版英语阅读以专题形式贯穿三年高中英语学习，既帮助学生拓展英美文化视野，又提供给学生综合运用基础课程习得来的语言知识、语言技能的平台，发挥原版小说真实、地道、趣味性、哲理性及可讨论性的优势。原版英语阅读的教学目标按学生认知水平和核心素养的发展整体规划，由获取新知到分析评价再到迁移创新，帮助学生利用虚构及非虚构的语篇，培养语言能力，提高思维品质，加强文化意识，并在此过程中训练同伴学习和自主学习策略。

这些课程在实施过程中，项目学习的方法作为一种比较新的尝试，取得了一些成效。项目学习因为其真实性的特点，为学生在主题意义的环境下创设了真实的生活情境，延展了教学的边界，深化了有意义的学习。案例一是高一学段制作旅游手册。在完成任务的全过程中，学生们分工合作，利用线上线下各种真实生活中可参考的范本，参照学习，动手制作，无论是电子版的成品还是手工制作的成品在展出中收获了不少的称赞，也收获了学习能力的提升，获得了成就感。案例二是高三学段手写新年问候信。写作训练与实际生活充分结合，新年时给老师和同学的手写信纷纷引来羡慕的目光，收到信的各科老师们迫不及待地要发图在朋友圈炫耀。真实的交际情境中信的内容真切感人，使学生们真正体会到写作中的语言准确、得体的重要性。

案例一：A Travel Brochure

项目学习背景

学生在开始项目任务前先完成两个相关单元的学习。

相关单元 I：Module 2 Unit 4 Cyberspace（北师大旧版《英语必修2》）。

单元课时：Lesson 4 Virtual Tourism。

文本分析：本课文本是一个介绍 Auckland 的网页，文本在体裁上具有非常鲜明的网页特点，不仅图文并茂，而且一些名词由不同颜色呈现，如同网页上的链接。在内容上，文本介绍了 Auckland 的重要地位、地理位置、历史发展、旅游资源和活动推荐等方面的信息。

相关单元 II：Module 4 Unit 12 Culture Shock（北师大旧版《英语必修4》）。

单元课时：Lesson 4 The New Australians。

文本分析：本课文本是一则广播节目的录音稿。主持人采访了两位澳大利亚人，通过节目想要了解问题"Is it all kangaroos and surfing？"的答案，目的在于挖掘深层的文化内涵。学生需要读完录音稿，在归纳整理出问题链的情况下理解呈现出来的信息及节目的目的和意义。

项目学习任务

学生在完成相关单元学习之后，开始项目学习任务。

项目名称：A Travel Brochure。

拓展阅读：《读写养成计划之 How to make a travel brochure！》这篇文本指导学生一步一步如何制作一个旅游手册。

操作要求：学生分小组合作，制作一本介绍某个国家的旅游手册。学生分工合作，分配好角色，制订计划，需要确定主题和内容，设计板块，手册制作方式，在一个月内上交装订成册的成品。

评价方式：小组以 presentation 的方式展示小组工作过程并推介自己的作品；年级展板展出评选最受欢迎的旅游手册。

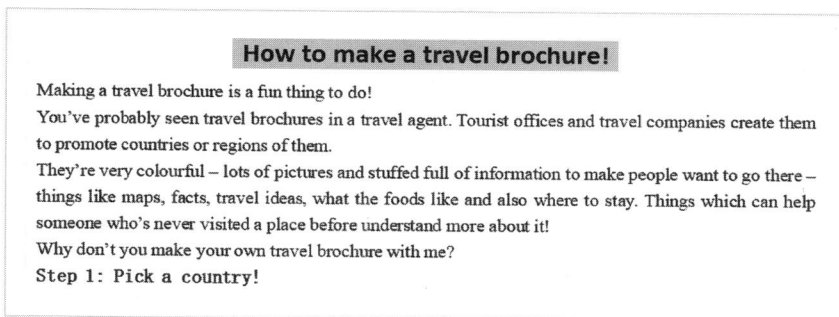

How to make a travel brochure!

Making a travel brochure is a fun thing to do!

You've probably seen travel brochures in a travel agent. Tourist offices and travel companies create them to promote countries or regions of them.

They're very colourful – lots of pictures and stuffed full of information to make people want to go there – things like maps, facts, travel ideas, what the foods like and also where to stay. Things which can help someone who's never visited a place before understand more about it!

Why don't you make your own travel brochure with me?

Step 1: Pick a country!

图 3-28 拓展阅读《读写养成计划》

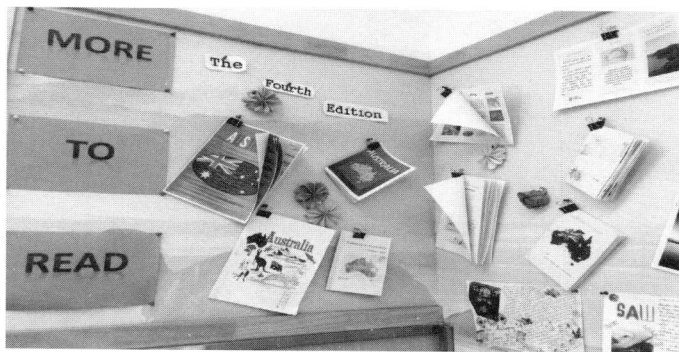

图 3-29 旅游手册年级展览

案例二：A New Year Letter

项目学习背景

学生在开始项目任务前先完成一个相关单元的复习。

相关单元：Module 1 Unit 3 Celebrations（北师大旧版和新版《英语 必修 1》）。

文本分析：本单元语境体现了三大主题语境之中的"人与社会"之"传统节日"和"人与自我"之"家庭生活"的结合。不同模态的语篇话题主要包括了庆祝中国春节、西方圣诞节和个人的重要时刻。这些语篇通过记录描述不同人的生活经历，多维度展现节日庆祝的意义。

书面表达：高三应用文写作复习。

项目学习任务

学生在完成相关单元复习之后，开始项目学习任务。任务时间在新年前。

项目名称：A New Year Letter。

操作要求：学生给自己的好友或者最喜欢的老师写一封新年问候信。学生将信写在彩色信纸上，在一周内上交，收到来信可以回信。信展出后会送给收信人。

评价方式：班级展板展出，评选从内容、语言和书写等方面开展。

图 3-30　新年问候信

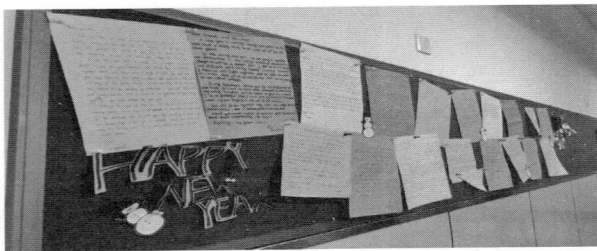

图 3-31　班级展板展出评选

2. 适应学习风格需求，自主合作探究，发展学习能力

"境中悟、动中思、自主学"是我校的螺旋外语教学模式。SPIRAL 是"境中悟、动中思、自主学"三个特点的英语首字母缩写（在情境中讲习 situational presentation，practice and perception；在互动中反思 interactional reflection，以任务激发 task-based stimulation 发展学生英语自主学习能力 autonomous learning loop），意思是多渠道整合开发多模态教学资源，课内课

外结合，线上线下融合，为学生创设学习情境；以评估为教学过程循环的接合点，以学生为中心进行教学设计和实践，满足不同层次学生的发展需求。多方式组织学习活动，创设学习空间，情境讲习、互动反思、自主延伸，最终实现学生的自主学习。"人与自我""人与社会""人与自然"三大主题是密切关联、不可分割的，它们在特定语篇中有所侧重。培养学生核心素养的实施办法没有固化的有效路径，教师要始终看到学生发展的需求。

教师要注重教学方法的实效，要重视对学生学习策略的指导。学生从高一入学在英语语言基础、学习兴趣、学习策略、学习风格、学习能力等方面差异很大。不同学习基础和学习能力的学生的共同需求就是要在原有基础上对英语学习激发出更强的学习动力、参与到学习过程中、发展自主学习能力，成为学习的主人。比如，教师在教学过程中指导学生观察记录自己的学习过程，对自己整个学习过程进行有效监视及控制，学习实践计划、监视、调节的策略。教师指导学生进行时间管理、环境管理、学习工具和资源的开发利用。

学生除了上课，课外大量信息的输入有助于水平提高。基于此，结合现代信息技术，必须进行资源拓展，才能提高学生的英语水平。教学过程中可以指导选择恰当的数字技术和多媒体手段丰富课程学习资源，拓展学习渠道。案例三是高二学段策划并实施一个 Hit-and-Run Kindness 的快闪活动。学生从策划到完成快闪活动，拍摄记录并剪辑成片，都离不开信息技术的使用。案例四是高一学段小组学习 Paper-cutting 知识，查找中国剪纸的相关英文材料，然后分学习小组自己研读这些材料，在这个过程中学生自主查找资料、学习分享，为课堂学习搭建一定的知识支架，并亲手制作一张剪纸作品。课时教学结束后，作业任务的第一项是细读讲座的文稿，继续研读大家分享的资料，另一项是完成设计的交际写作任务，向自己的英国朋友介绍中国剪纸，并在邮件中附上一张自己制作的剪纸作品的照片。学生利用自己找到的材料和课上所学，比较好地实现了深度学习和知识的迁移。这一项目作业从课前、课中、课后与课时教学融合交织，将教、学、评的环节循环反复形成闭环。

案例三：Hit-and-Run Kindness

项目学习背景

学生在开始项目任务前先完成两个相关单元的学习。

相关单元 I：Module 2 Unit 6 In and out of fashion（《剑桥英语青少版》BOOK 4）。

单元课时：Exercise 4 Listen。

文本分析：该听力语篇文本介绍了快闪（flash mob）活动，包括这一活动的起源，组织方式，具体实例说明，这样的活动的意义和问题所在。

相关单元 II：Module 2 Unit 7 Kindness matters（《剑桥英语青少版》BOOK 4）。

单元课时：Exercise 1 Read and listen Hit-and-run kindness。

文本分析：该阅读语篇文本介绍了 Danny Wallace 创立"Join-me"这个基于网络的慈善活动组织。文本介绍了其发展历史，用具体的例子说明了如何开展活动，说明了对陌生人表达善意的意义所在，在这个过程中表达善意的活动参与者又收获了什么。

《剑桥英语青少版》BOOK 4第二模块 The Way We Are 整个模块就人类对自身的反思，构建了一面让学生探究内心深处的镜子。学生学习 Personalities 性格综述，包括性格自测、名人性格、《傲慢与偏见》文学赏析；In and out of fashion 人类发明不断地更新换代；Kindness Matters 探讨善意的重要性，包括对陌生人的（Hit-and-run Kindness）、对亲人朋友的（四篇听力小故事），以及对自己的善意（Birthday Traditions in Different Countries）；学生还将学习 Peacemakers，了解不同国家的和平大使。每一篇原汁原味的文章，都让学生能够接触到最真实和最前沿的话题及语料。

项目学习任务

学生在完成相关单元学习之后，开始项目学习任务。

项目名称：Hit-and-Run Kindness。

操作要求：学生分组策划一个快闪活动，拍摄并记录活动。活动结束后，将活动用 video 的方式配上画外音剪辑成片。在一个月内上交成品。

评价方式：在班级和年级内展播，评选从活动意义、视频制作、台本语言等方面开展。

评价量规

设计 Good Sundays Activities 的评价标准是：需设计成 act of hit-and-run kindness

★ Activities should be done for strangers.

★ Activities cannot be done for helping someone but for showing kindness.

★ Activities should be more natural for givers to do and comfortable for receivers to accept.

图 3-32 学生快闪活动视频截图

案例四：Paper-cutting

项目学习背景和项目学习前期任务

学生在开始单元课时学习前项目任务前自主查找有关中国剪纸的中英文资料、学习分享，为课堂学习搭建一定的知识支架，并亲手制作一张剪纸作品。

相关单元：Module 1 Unit 3 Celebrations（北师大旧版和新版《英语 必修 1》）。

单元课时：Viewing Workshop。

文本分析：Viewing Workshop 通过一段视频以演讲者做讲座（presentation）

的方式使用图片和视频介绍了中国的剪纸艺术。作为人类非物质文化遗产的代表之一，中国剪纸具有悠久的历史。中国剪纸艺术是一种用剪刀或刻刀在纸上剪刻花纹，用于装点生活或配合其他民俗活动的民间艺术。在中国，剪纸具有广泛的群众基础，广泛应用于人民的社会生活中。其视觉形象和造型格式蕴含了丰富的文化历史信息，具有重要的社会价值。演讲者首先进行了一个大致整体的介绍，中国剪纸的历史和现状，其象征意义，以及根据用途分类分成三种主要类型。其次，演讲者详细介绍了三种类型的剪纸作品。作为装饰用的剪纸作品通常装饰在门上、窗户上、礼品上，用于一些重要的节日和重要生活场合的庆祝，如婚礼和生日。用于宗教目的的剪纸作品经常能够在寺庙和祭祀的场合见到。剪纸作品也经常见于服装设计图案。在这一部分演讲者通过具体的例子让听众对不同类型的剪纸作品的用途和意义有了更加直观的了解。最后，演讲者简单总结了中国剪纸的发展。因为纯手工制作，制作过程中一旦犯错，作品就会被毁。现在已经出现了剪纸工厂，剪纸也已经从一种装饰成为一种艺术形式。该视频讲座通过介绍中国剪纸艺术的历史、类型、图形寓意和发展让学生更好地了解这种民间艺术。通过学习，学生能用英语介绍中国的传统艺术，传播中国文化，主动地承担起文化传承的责任。

图 3-33　学生剪纸作品（项目前期任务作品）

课时作业即项目学习后期作业

Read aloud the script. Do further reading about Chinese paper-cutting.

Writing assignment.

假设你是红星中学高一学生李华。你的英国朋友 Jim 对中国文化很感兴趣。请给 Jim 写一封邮件介绍中国剪纸，并在邮件中附上一张你自己制作的剪纸作品的照片，内容包括：

（1）中国剪纸的基本信息。

（2）你的剪纸作品的介绍。

注意：① 词数 100 个左右。

② 开头和结尾已给出，不计入总词数。

3. 多元评价侧重过程，养成反思习惯，促学促教

评价贯穿教学整个过程，是教的一部分，也是学的一部分。项目式学习关注学习过程，促学促教的反馈使教学实实在在获益。教师要在学生活动过程中评价学生的领导力、沟通力、合作学习能力等，给予学生使用学科知识的舞台和情境，帮助学生获取学科信心，从而反哺教学的有效性和学习动机。

项目学习任务的评价不能限于语言这一维度，不能唯成果论，要给处于不同发展阶段、具备不同水平学习能力和学习风格各异的学生参与学习的空间，评价可以针对学生个体，也可以针对学生小组开展，要从参与过程的各因素来评价，如参与度、情感态度、技术支持、资源整理、思想贡献、文字撰写、信息技术、文案设计、美术设计和手工制作等，给予学生发挥自我特长、获得团队认同、相互学习的机会。可以开展教师集体评价、学生互评、家长群体评价，可以利用年级宣传栏、教室内展板展示，或者使用电子媒体方式让学生参与海选投票进行评价等。项目式学习帮助学生关注学习过程，养成反思习惯，以评价促进学习策略的改进，学习能力的提升。

不少项目学习任务跨度时间较长，跨接不同的单元，这就要求教师在进行任务设计的时候对教材要有全面整体的分析，活动设计要逻辑严密，相互

关联，要实践以学科大观念为核心的整合性教学理念。教师也在过程中观察反思自己的教学，从而做出相应的改进，最终使学生获益。

在新课程新教材的背景下，新课标是教师确定课程目标、组织教学内容、设计教学活动并开展课堂评价的指南。新课标强调"以学科大概念为核心，使课程内容结构化，以主题为引领，使课程内容情境化"。学校和教师要深化学科课程建设，落实在以大观念为统领的单元整体教学设计中如何通过项目式学习带领学生探寻主题意义，学习理解，应用实践，迁移创新，开展有意义的深度学习，整合发展语言知识与技能、不断增强文化意识、提升思维品质、提高学习能力，从而使学科核心素养目标真正落地课堂。

物理学科中的 PBL 项目学习

李　杰　赵　淼

通过 PBL 项目学习的方式，能够使学生的主体性得到最大的发展。它为同学们的探究搭建一个思路，以小组的形式进行讨论，使他们能够更好地了解所学知识，同时也可以提高扩展的理解力。本文以《光的干涉》为例，利用 PBL 项目学习构建教学设计并展开教学实践，得到 PBL 教学模式，使教学环节得到改善，教学质量得到提高，有助于提高物理专业的学科素养等。

2014 年 4 月，教育部发布了《关于全面深化课程改革　落实立德树人根本任务的意见》（以下简称《意见》），对关于"核心素养"的课程改革进行了深入的探讨和探索。2020 年 5 月，教育部印发《普通高中课程方案和学科课程标准（2017 年版 2020 年修订）》，为各学校进一步深化普通高中课程改革、推动普通高中育人方式变革提供了实践依据。新课标从物理学的本质出发，浓缩了以解决实际问题、培养学生素质的教学目标，对学生的必备素质、核心能力和价值观念提出了一定的要求。即从物理观念、科学思维、科学探究、科学态度和责任感四个方面来培养新时代的高中生，从而深刻回答教育中"培养什么人、怎样培养人"的问题。

传统的教育方式，使学生更擅长解题、答卷，而在解决实际问题时却无法很好地进行思考和表述。PBL项目学习正好可以解决传统教学中的缺陷，这样的学习方法需要教师全面了解教材，发掘教材中的问题，而非简单地修改词句，照搬照抄重复记忆内容。通过PBL项目学习的方式，能够使学生的主体性得到最大的发展，从而使他们的学习动力得到充分的调动，进而可能使他们的阅读理解能力、批判性思考能力、训练逻辑思维能力、发展逻辑性思考能力、自主创新能力等得到提升，使他们能够真正地融入教学之中，通过体验科学的探索活动，帮助他们建立起自觉学习的意识。因此，对PBL项目学习的研究是必要的。

概念界定

PBL项目学习的起源可以追溯到进步教育运动。杜威是美国实用主义教育家的代表人物，他认为，能够贯穿人类生活时间最长、效力最大的教学方法便是使人们参与到社会现实生活之中，因此，如果想让身心更健康地成长或者获得更多的学习经验，最好的方法就是投身于真实的生活，沉浸于真实的情境之中去。通过这样的方法，学生会边思考边行动，从会思考事物之间存在着何种逻辑，进而能够做到利用自己习得的逻辑去发现旧事物与新事物之间的关联，也就是应用并扩展逻辑，这样，我们所关注的"学习"在潜移默化中就发生了。为了使学生在学习中能够体验到更真实的生活情境，教师可以根据日常生活的情况，结合学生的兴趣进行教学。如今，学生最有效、最扎实的学习方式往往与做事、思考和解决问题密不可分。在学校之外的世界里，成年人通过解决每一个实际问题，而不是做抽象的练习，不断积攒生活经验并提高自己的生活技能，充实自己的知识积累。

PBL项目学习最初是为了医学院更好地培养医生而开发出来的。在很长一段时间里，甚至是当今一些地方的医学生培养过程中，都是将记忆大量医学知识的学习任务布置给医学生，利用医学生临床实习的机会再要求他们将这些知识应用于实践中。医学生经过若干年繁重的课业学习，记住了许多可能只是在考试时出现的知识内容，却不能在面对情况复杂的临床患者时灵活应对。

20世纪60年代中后期，加拿大麦克马斯特大学医学教育家霍华德为了打破"多点"的局面，为了提高学生总结和在生活中解决实际问题的能力，培养既有知识又有将所习得的知识应用于实践的能力的技能型医生。

1969年美国的神经病学教授巴罗斯对一系列非常见案例进行了分析研究，他并没有将所学的全部内容告诉给学员，而只是让他们去探究某一特定的病症，并提出问题，并自行拟定一个解决办法。既可以使学员熟练使用各类医疗器材，又可训练其在医学领域的应用。他认为PBL项目学习可以增强学生的知识扩展能力、探究本质的能力、观察细节的能力等，可以让学习者对知识更加渴求、对知识的追求更加明确、对知识的把握更加清晰、对资源的使用更加合理。巴罗斯将关于PBL项目学习的研究称为"从对问题的了解和问题的研究开始"。

PBL项目学习是20世纪60年代中后期学校为了培养医学生而制定的教学手段之一。在医学教育领域得到了广泛的关注并取得了令人欣喜的成就。如今的教育理念日益先进，民众对教育的关注程度日益增长，面对强大的竞争力，要想脱颖而出并一直处于团队的核心位置，不断思考、钻研并能够解决问题的能力尤为重要，PBL项目学习为教学手段开启了新的大门。学生的学习过程应该是自然发生的，那么学生最终习得的学科知识就必须是通过思维逻辑的形成训练和解决问题能力的培养所获得的。在教学过程中，学生的"学"占领着主体地位，教师的"教"则是在不同层次引导着学生学习行为的发生。PBL项目学习恰是能够使学生在学习的过程中产生更强的学习主动性，更积极地发现问题并尝试去寻求解决问题的方法。

国内研究现状

我国的教育改革进入了一个新的阶段，各种教学方法也逐渐开始在我国流传开来，其中关于PBL项目学习的研究也逐渐受到关注。最早在我国

PBL 项目学习也是应用于医学教育领域，但其显著的效果使得更多其他领域的教育工作者也开始对其进行研究。截至 2021 年 11 月 1 日，笔者在 CNKI 上以 PBL 和高中物理为关键词进行检索，共收录 66 篇文献，整理如下：

表 3-33　高中物理关于 PBL 教学研究文献统计

题目	作者	作者单位（文章出处）
PBL-CBL 教学方法在高中物理课堂的应用——以"离心运动"为例	陈培兰 朱巧萍 陈荣达	中学物理
基于 PBL 教学法的高中物理教学设计——以"向心力"教学为例	刘欢欢 任新成	中学物理教学参考
STEM 理念下高中物理双 PBL 教学模式的探索	王晓锴	宁夏大学
初中物理教学中 PBL 情境创设研究	徐杨	湖北师范大学
PBL 教学模式在高中物理教学中的实践研究	何海燕	青海师范大学
PBL 学习模式在高中物理教学中的应用研究	马越	喀什大学
物理教学中的 PBL 问题设计	胡瑕倩	南京师范大学
基于问题学习模式对高中生批判性思维倾向影响研究	徐丹丹	山东师范大学
基于 PBL 模式在中学物理教学设计中的探究	辛赜	广西师范大学
PBL 教学模式在高中物理教学中的应用研究	吴转芹	数理化学习（教研版）
高中物理教学中 PBL 教学模式的应用研究	朱燕	南京师范大学
PBL 模式在高中物理教学中的应用研究	李生仁 白琼燕	湖南中学物理
PBL 教学模式在高中物理教学中的应用研究	刘燕辉	广州大学
高中物理教学中应用 PBL 教学法的几点看法——以《伽利略对自由落体运动的研究》为例	李作平 蔡丽珍	中学理科园地
基于问题的学习（PBL）在高中物理实验专题复习课的应用——以人教版高中物理必修 I "探究加速度与力、质量的关系"为例	左祥胜	物理教师
开放式 PBL 教学模式在高中物理教学中的实践探究——以《动量和动量定理》为例	钱霞	湖南中学物理
高中物理 PBL 教学法中的"问题构建"	李黎	湖南中学物理
PBL 教学法在高中物理教学中的应用	郭跃旭	中小学电教（下）
PBL 法在高中物理探究实验教学中的运用	蒋显翠	中学物理教学参考
运用 PBL 教学模式促进高中生物理深度学习的实践	陈佳丽	内蒙古师范大学
高中物理教学中"问题导向式教学策略"运用研究	李玉拉	西北师范大学
基于问题的高中物理教学模式初探	赵晓莹	华中师范大学
PBL 教学模式在民族中学物理教学中的应用研究	石怀憬	西北民族大学
基于问题为中心的高中物理课堂教学设计	王晓琛	扬州大学
项目学习在高中物理教学中的应用研究	未欢	东北师范大学

续表

题目	作者	作者单位（文章出处）
基于问题的学习在高中物理习题课教学的应用——以"匀变速直线运动的规律及应用"教学设计为例	邱春燕	中学理科园地
中学物理教育模式的转变研究	邵良余	安庆师范大学
应用 PBL 教学法，培养物理推理能力	王晶	中学课程资源
基于问题的学习在高一物理课堂的教学研究	喻歆航	上海师范大学
问题导向学习模式在高中物理教学中的应用研究	苗阳	延安大学
问题导学式教学法在高一物理课堂中的实践研究	蔡鸿霞	南宁师范大学
高中物理项目化学习教学实践研究	赵飞	信阳师范学院
PBL 模式下高中生物理问题解决能力的培养	喻漫雪	南京师范大学
基于"问题教学法"的高中物理教学设计及实践	曾冠军	华中师范大学
PBL 视域下的初高中物理衔接教学	范永梅	物理教学
基于物理观念素养的高中物理力学教学情境创设的研究	陈阁	云南师范大学
PBL 教学：基于课程基地的物理教学方式变革	吴志山	物理教学
基于项目学习的高中物理教学实践探索	马婧	华中师范大学
将思维导图融入物理教学中的方法与策略	郑玉慧	哈尔滨师范大学
PBL 教学模式在高三物理复习中的应用	陈纪平	数理化解题研究
高中物理情境教学设计研究	陈铖	上海师范大学
物理 PBL 教学模式研究：模型、实践及反思——以"平抛运动"教学为例	位志强	中学物理教学参考
互联网背景下 PBL 教学模式在初中物理教学中的实践	孙娇娇	内蒙古师范大学
深度学习视域下高中物理必修一力学"问题串"教学策略研究	尹征	西北师范大学
开放性问题驱动的高中物理课堂教学研究	吕珂	南京师范大学
核心素养视野下运用问题教学法优化高中物理教学的策略探究	王惠 张金良 金年庆	物理教学探讨
PBL 教学模式在初中物理复习课的应用策略研究	张成姣	苏州大学
PBL 教学模式在初中物理教学中的应用研究	陈韵玉	广州大学
基于问题为中心的高中学生物理思维能力培养的实践研究	戴艳	扬州大学
STEM 教育融入中学物理教学的理论与实践研究	高岩	湖南师范大学
项目学习在中学物理教学中的应用研究	武梦玮	天津师范大学
基于问题的学习在高中物理教学中的应用研究	兰翠翠	河南大学
基于 PBL 模式的高一物理教学实践与应用初探	丁媛	考试周刊
高三物理复习中 PBL 教学模式的研究和实践	王玉	沈阳师范大学
基于问题学习的模式在物理教学中的应用研究	李春生	广西师范大学
以"PBL"为导向，改进多用电表欧姆挡的电路结构	王贤勇	物理教师
借助创客精神　构建创新课堂——浅谈高中物理中创客教育的渗透	徐清	科普童话
基于 PBL 的初中物理教学设计研究	万新月 姜玉梅	成才之路

续表

题目	作者	作者单位（文章出处）
用 PBL 项目学习法教学"牛顿第三定律"及反思	叶茂林	中学物理教学参考
PBL 项目式教学模式下的课前导学探究	任小杏	物理教学探讨
大单元视角下初中物理 STEM-PBL 教学案例研究——以室内电路的设计与制作双控开关电路为例	胡仓兵 李密	中学物理
核心素养视域下 PBL 教学模式中的问题情境设计研究	尹燚彬 赵振宇 冯立峰	中学物理
PBL 教育模式在教师教育领域的应用策略研究	尚洪汉 安金凤	教育界
基于 STEM 教育理念的高中物理教学策略研究	董莉	四川师范大学
中学物理课堂导入方法的分类及其价值追问	李博 侯恕	物理教学探讨

这 66 篇研究者对 PBL 教学的分析还不足以满足教师对 PBL 项目学习的认知需求，但是可以看出随着时间的推移，越来越多的学者踏入 PBL 项目学习的研究领域，也有越来越多的一线教师提供了自己的教学案例。但是，在现阶段的各项研究中，存在的统一问题是研究内容能够反映一线教学的实际情况的内容相对较少，对于如何在一线开展 PBL 项目学习的指导性方法或策略研究内容不够充分，片段式的教学设计不具备全面的参考性。同时，对于将 PBL 项目学习常规化是远远不够的。我们还需要更多的关于将 PBL 项目学习与高中物理教学相结合的研究，来为一线教师提供一定的指导意义。

笔者选取了两篇比较有代表性的研究成果及教学案例进行了深入阅读，力求为本文提供更多可借鉴之处。

赵晓莹在《基于问题的高中物理教学模式初探》中提到："课程内容问题化策略的主要内容就是将书本上高度概括的理论知识与相关的结论转化为具体的事物，例如图像、表格以及有待解决的问题等。"作者认为，基于问题的教学能够使教师利用问题来引导学生主动进行探究，提升学生的学习内驱力以及素养能力。该文中提供了几种问题的设计角度，如在进行教学设计时，可以将课程内容转化成某一个问题或一个问题串，该作者以自由落体运动一课为例，说明了如何利用问题导向完成课程内容的分解。在问题串中，每个问题之间有逻辑衔接，并且跨度应尽可能符合学生实际情况，跨度过小会使学生思维发展达不到要求，而跨度过大则会削弱学生的信心和思考积极性。此外，还可以利用实际生产、生活中的真实事例、生活现象或者是生活认知与物理理论相悖之处，将枯燥乏味的物理知识与丰富多彩的生活紧密结合起来，学生在有真实背景的问题情境下，能够将思维尽力发散，大大提高他们分析解决问题的能力。

基于问题的学习和 PBL 项目式学习是有很多共通之处的，这篇研究成果给笔者带来的最大感触就是：若想把学生真正带入物理的世界，就需要把物理在生活中的原貌先呈现给学生。我们之所以学习，是因为我们将面临层出不穷的新挑战，这些源于真实生活的挑战，需要我们将在课本上习得的知识技能进行转化。如果培养出的学生在毕业后将文字知识忘得几乎不剩，试问他在学校生活中到底收获了什么呢？因此，PBL 项目学习弱化识记性学习，鼓励教师引导学生进入学习情境中，承担起自己的社会责任，利用在PBL 项目学习中习得的素养与能力，解决将可能面临的实际问题。

另一篇刘欢欢的《基于 PBL 教学法的高中物理教学设计——以"向心力"教学为例》中，作者就基于 PBL 教学下的高中物理教学设计的适用性进行了分析，并以"向心力"为例，提供了一份应用此法的教学案例。作者在其研究中指出，学生在高中阶段具备一定的形式运算能力，可以运用一些高级思维模式认知新的事物，也具备完成探究任务的基本能力。因此，从学生的认知水平来看，高中物理教学是适用 PBL 教学进行的。此外，作者从物理学科的核心素养培养方面进行了分析，她认为，在 PBL 教学方法指导下的物理教学过程中，鼓励学生自主探究能够充分调动学生的主观能动性，促使学生自觉自愿地参与到课堂中，让学习自然地发生，学生在潜移默化中发展了学习的能力。最后，作者将学生在问题导向式学习的学习方法中习得的能力延伸至实际生活，认为学生只有具备学习的能力，才能够在走出校门后将这种能力运用到生活实际问题的解决中。

这篇研究带给笔者的启发是：学生是社会发展的希望，我们需要培养的是勇于思考，敢于动手、交流，善于观察，积极合作的学生。在进行学校教育的过程中，一切都应以学生作为主体，以学生获得丰富的科学知识并形成科学态度和社会责任感为目的。PBL项目学习鼓励教师设计情景实验，在实验过程中，学生能够通过分析问题、设计实验方案、实施实验操作、记录实验数据、分析实验数据并得出结论、小组合作、交流等一系列环节，提高自己的学习能力，这样的能力使学生在走出校门后也会受益匪浅。他们将把自己在这种模式中获得的学习意识与思维方式迁移应用于生活中的实际问题，全面发展。

但是，在现阶段的各项研究中，反映出的统一问题是研究内容能够反映一线教学的实际情况的内容相对较少，对于如何在一线开展PBL项目学习的指导性方法或策略研究内容不够充分，片段式的教学设计不具备更加全面的参考性。

而PBL项目学习在实际课堂中的应用研究这一部分，很多研究者都阐述了关于物理课堂中应用PBL项目学习研究的有效性，对PBL项目学习的本质和关键要素都进行了一定的分析和总结，并对PBL教学的教学过程进行了较为详细的介绍。其中范范提出，PBL项目学习，对于学生学习物理课程的兴趣，是否能够提出有效的问题及学生之间的合作探究能力都有着非常正面的促进作用；而蔡姗姗则对于PBL项目学习在实际教学过程中存在的困难做出了整理，比如该方法对于学生的基础有一定的要求，学校的课时、器材等资源不足，教师备课困难等。这些研究都为老师们提供了非常有益的帮助，但这对于将PBL项目学习常规化是远远不够的。我们还需要更多的关于将PBL项目学习与高中物理教学相结合的研究，来为一线教师提供一定的指导意义。

PBL项目式学习对高中生学习物理的影响

1.PBL项目学习与真实情境

在以往的常规教学中，学生学习的目的似乎就是为了得到正确的答案，取得分数，而这种现状使本该源于生活、用于生活的物理学科变成了应试的工具。而当所学的资料和现实的情景相结合时，就会使他们在获得新的信息和新的技巧的同时，对所学的内容进行了掌握和记忆。PBL学习方式是把问题放在真实的环境里，使学生不再有上述的迷茫。PBL项目学习重现并解决现实生活中的问题，它可以更好地调动学生的积极性，提高他们的学习热情，从而取得显著的学习效果。

2.PBL项目学习与课堂参与度

在以往的常规教学中，经常是老师的"一言堂"、满堂灌，学生基本都处于被动学习的状态。很多学生其实在课堂上只是机械地进行记忆，鲜少有主动思考的过程，背记重点知识，加上大量的练习，帮助学生在考试中取得了较好的成绩，学生认为自己学会了，但实际上只得其表而不得其里。现在很多高中学校的教学现状是，大多数的概念和规律教学都是由教师直接给出的，因为探究会消耗大量的时间，而教师更愿意将课时利用在课后习题的训练上。而与此法不同，PBL项目学习会利用真实的情境，创设一个需要解决的实际问题，来引发学生的兴趣，而要解决此类问题，就需要学生具有相当的积极性来主导课堂，并由老师来进行引领和指导。在PBL教学的课堂中，学生将贯彻发现问题、提出猜想、设计解决问题的方案、着手分析解决问题等这样的流程。这种理论来源于生活，并可以运用于生活的思维方式，将有效地提升学生的学习能力，并将物理课程变成更加有趣的学科，学生会更乐于参与这样的课堂。

3.PBL项目学习与大学科教学

在以往的常规教学中，教学内容的关联性不强，学生无法将各个学科的知识联系起来。但在实际的生活、生产中，仅仅限于某一特定领域的工作是不可能的。很多职业的工作者都要掌握多种学科的知识。要解决接近真实的物理问题，需要知识渊博，而PBL项目学习恰恰推动了跨学科的发展。PBL项目学习的课堂中需要学生具有一定程度的阅读理解能力、分析及思考能力、动手操作能力等多方面的能力，因此经常涉及不同的学科，即很容易出现多科协同教学的情况。PBL项目学习可以有机地将各学科知识综合起来，增强学生对多个学科的理解。

4.PBL项目学习与知识选择

科技的迅速发展及互联网的普及带来了知识的爆炸性增长，在这样的过程中学校不可能做到知识教授的面面俱到。学生在现今的时代中，需要的并不是记忆了多少知识，而是如何利用所知道的知识。学校能给学生的最重要的技能是如何进行自学。与传统教学相比，解决真实物理问题能帮助学生强化探究问题、解决问题的能力。学生在这种探索的过程中能够主动地选择自己所需要的知识和方法。在此过程中，学生学习成果的评价将不仅仅由分数来决定，而是针对学生在整个学习过程中的表现进行多维度的评价。

5.PBL项目学习与团队协作

在PBL项目学习的过程中，学生需要充分地与同伴进行合作，知道团队的力量在研究中所发挥的作用，这会有效地提高学生的合作与沟通的能力。在传统的教学中，学生缺乏这样的小组合作学习的机会。通过PBL项目学习，同学们可以在彼此的交流和合作中培养出小组合作能力。因此，PBL项目学习对学习成绩差异较大的同学尤其有效，同学们可以将他们分成几组，讨论问题的不同角度，并给出自己的意见。学生的领导能力和协作能力可以在这一过程中得到充分的发展。

6.PBL项目学习与教学质量

PBL项目学习对于教学质量的提高有着重要的作用。前文中提到过，PBL教学需要学生具备一定的素养，是一种需要一定基础的教学方法，而通过采用这种教学方法，学生也会达到更高的学业水平，这种水平并不只表现为分数的高低，更多的是学生在成绩背后的素养的提升，包括思考能力、分析能力、表述能力等。这种素养的提升同样也可以促使其他学科的提高，也就带来了教学质量的提高。

教学改革的核心要素就是要把学生变成课堂的主人，但传统的教学法并不能很好地贯彻这一点，而PBL项目学习可以有效地做到这一点。教师作为领航者，只是起到指示方向的作用，把真正需要探索的部分还给学生。而这部分才是现代课堂的核心内容，即不只要求结果，还要重视过程和方法。PBL 教学更加侧重于学生的学，而非教师的教。

案例设计

笔者利用《光的干涉》一课中使用 PBL 项目式学习为基础进行的教学设计来进一步论证 PBL 教学模式的优势。

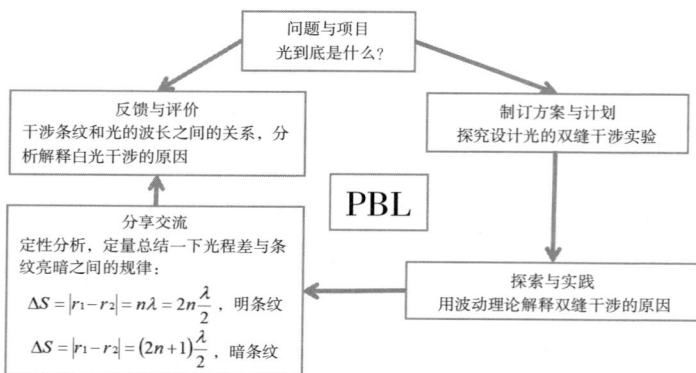

图 3-34　PBL 教学法的《光的干涉（第一课时）》思维导图

具体实施过程：

（1）问题与项目：光到底是什么？

两大学说之争：牛顿"微粒说"vs 惠更斯"波动说"

几千年来，人们一直在探寻光的本质。从神的隐喻到科学分析，经历了漫长而曲折的过程。真正对光的本质的科学探索，是从 17 世纪开始的。

光到底是什么？在当时有两派对立学说。一是牛顿为代表的微粒说，按照他的说法，光线是一颗一颗的粒子，它遵循力学规律，以一定的速度在真空或介质中运动。微粒说能够较好地解释光的直线传播、反射和折射现象。而荷兰物理学家惠更斯把光和声类比，提出波动说，认为光是与声音一样的纵波。

你支持哪种观点呢？我们上学期学过了电磁波，已经知道了光是一种波。如果是你，可以怎么来证明光是一种波呢？——干涉现象是波独有的特征。如果光是波，那么应该可以和水波一样，就必然会观察到光的干涉现象，看到干涉的条纹（PPT 展示图）。

（2）制订方案与计划：探究设计光的双缝干涉实验。

实验演示 1：我们用两个手电筒作为两个完全一样的光源，光束相交，请学生观察，你是否看到了干涉条纹？试分析没有发生干涉的原因。

复习波的干涉：机械波的干涉类比光的干涉，得到两列波发生干涉现象的条件：①频率相同；②振动情况完全相同；③简单复习干涉原理（PPT 展示图）。

即便是两个相同的手电筒同时发光，发光的频率也不会完全相同，光的振动方向并不一致。

讨论：① 如何得到单一频率的光？——我们可以用激光。

② 如何得到两束频率和振动情况完全相同的光？

实验演示 2：两支相同的激光笔光束相交，仍然没有干涉条纹。

引导学生用"一分为二"的思想：——波的频率由波源决定，一支激光笔发出的光频率是一致的。如果能把这一束光一分为二，形成两列子光源，即可得到频率和振动情况相同的两束光，满足干涉条件。

如何一分为二？——用一个双缝。

设想实验现象：

①光是粒子：就会随机通过左边的或者右边的缝隙，透过纸板以后，屏幕上也应该是两条亮线；

②光是波：就像水波纹一样，光线通过双缝以后就会互相干涉，并最终在屏幕上形成明暗相间的条纹。就像动画里展示的这样。

实验演示 3：激光笔 + 双缝，请学生观察干涉条纹。

回到 17 世纪，牛顿提出微粒说，因为牛顿当时已经成为无人能及的一代科学巨匠，其他人的观点通常无法与之抗衡。因此，微粒说在 18 世纪一度占统治地位。

直到 1807 年，34 岁的英国学者托马斯·杨用一个看似简单的实验，永远改变了人们对于光的看法。在 19 世纪没有激光这么先进的设备，托马斯·杨是怎么做的呢？

红光双缝干涉图样

托马斯·杨用一个很窄的单缝和双缝分别解决了上面的两个问题。此实验有力地证明了光是一种波。

探索与实践：用波动理论解释双缝干涉的原因

设计思路：光的干涉作为波的干涉的一种特殊形式，两者存在很多相似性，学生会很自然地将两者联系在一起。所以，完全可以将波的干涉作为"先行组织者"来学习光的干涉，这样对于学生的理解会有很大帮助。

我们让一束单色光照射到一个有两条狭缝的 S1 和 S2 的钢管上狭缝，S1 和 S2 相距很近。狭缝就成了两个波源，它们的频率及振动情况总是相同的。这两个波源发出的光在挡板后面的空间互相叠加，来自振动情况相同的两个光源的光在一些位置相互加强，在另一些位置相互削弱，出现振动加强和振动减弱交替分布的现象，即发生了光的干涉现象，反映在屏幕上就是振动加强的区域光的能量较大，即亮的区域，而振动减弱的区域光的能量较小，即暗的区域。所以在挡板后面的屏幕上能够得到明暗相间的区域，即光的干涉条纹。

分享交流：定性分析，定量总结一下光程差与条纹亮暗之间的规律

环节流程：

①演示说明中央亮纹、第一明条纹、第二明条纹成因（对称得出共 5 个明条纹），得出条纹间距概念，验证等间距特点；

②请学生思考暗条纹成因；

③总结光程差与波长之间规律。

画光路图：

演示：说明波长是 10cm，标记表示波峰。

问题 1.1：你知道光屏正中央 P0 处是亮条纹还是暗条纹吗？你能解释吗？

——S1S2 到 P0 点的路程是一样的，即 S1S2 到屏上 P0 点的路程差为零，当从 S1 发出的光波的波峰到达 P0 点时，从 S2 发出的光波的波峰也刚好到达 P0 点。结合机械波的知识，在这点两列光波叠加后相互加强，因此这里出现亮条纹。我们把这条亮纹称为中心亮纹。

问题 1.2：若某时刻 S1S2 的光程差正好是一倍波长的长度，那这个位置是亮条纹还是暗条纹？

—— 如果路程差正好等于一个波长，即 PS2 减 PS1 等于 λ，那么两列光波的波峰就会同时到达，这点两列光波叠加的结果是相互加强的，在这里出现亮条纹。

问题 1.3：第二亮纹出现在哪里？

——路程差正好等于 2 个波长处。（演示标出）

由对称性可知，在中央亮纹的下方，也会出现相应的亮条纹，对称的亮纹的名字是一样的。

问题 2.1：分析完亮条纹的成因，然后来看看暗条纹。暗条纹出现相邻亮条纹正中央，这个位置为什么是暗条纹？要分析什么？

——根据刚才的经验，要分析光程差！如果两个光波到达某点的路程差正好是半个波长，那么当其中一列光波的波峰到达此处时，另一列光波的波

谷就会刚好到达此处。这时两列光波叠加的结果是相互抵消，于是在这里出现暗条纹。称为第一暗条纹。

问题2.2：第二暗纹出现在哪里？

——路程差正好等于二分之三个波长处。（演示标出）

由对称性可知，在中央亮纹的下方，也会出现相应的亮条纹，对称的亮纹的名字是一样的。

问题3.1：出现暗纹还是亮纹取决于什么？

——光程差。

问题3.2：你是否可以总结一下光程差与条纹亮暗之间的规律？

——当两光源发出的光波到达某点的路程差为半波长的偶数倍时，光波在该点振动加强，形成亮条；当路程差为半波长的奇数倍时，光波在该点振动减弱，形成暗纹。

到这里，我们解释了为什么频率相同，振动情况，相同的两列光会在屏上产生明暗相间的干涉条纹。

拓展问题：

问题4：波会一直向前传播，亮纹处会不会变成暗纹呢？

——振动加强，加强的是振幅，不是位移。

问题5：两列波的波峰和波谷会两两进行叠加，一般位置能不能进行叠加呢？

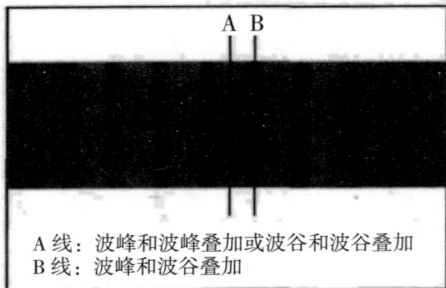

A线：波峰和波峰叠加或波谷和波谷叠加
B线：波峰和波谷叠加

——只要狭缝形成两个波源，它们的频率、相位和振动方向相同，就会发生干涉。实际上，如果仅仅是波峰和波峰叠加或波谷和波谷叠加，它不应该是一个有宽度的亮条，而是一根亮线，如图中的 A 线所示；同理，波峰和波谷的叠加，会出现一根暗线，如图中的 B 线所示。而 A 线两边的其他亮线以及 B 线两边其他的暗线就是一般位置叠加线的集合，所以中间的过渡带就是非峰非谷的叠加区域。

——之所以特别强调波峰和波峰的叠加（波谷和波谷的叠加）、波峰和波谷的叠加，是因为这三种叠加干涉条纹的可见度较好，所以对比度最理想。一般位置叠加，干涉条纹的可见度比较低，从而会造成条纹的模糊不清或没有条纹现象，但并不是未发生干涉现象。

反馈与评价：干涉条纹和光的波长之间的关系

（1）演示实验：换用不同颜色的激光笔演示双缝干涉，会发现条纹间距发生变化。

问题：条纹间距与什么因素有关呢？

——光的波长、双缝间距、缝屏距。

（2）推导条纹间距与波长的关系。

说明：①条纹间距越小，波长越短，说明蓝光的波长比红光的波长要短（PPT 展示图）。

②杨氏双缝干涉实验是首次实现用实验方法测得可见光波长的实验（后面学习）。

（3）白光的双缝干涉。

问题：若用白光照射双缝后，会在屏上看到什么呢？

视频模拟：这些色光均通过双缝在屏上叠加，在屏上形成彩色条纹。

我们观察一下白光的双方干涉在屏上出现的彩色条纹，在中央位置是什么颜色的呢？

——白色的。

为什么是白色的呢？

——因为各种色光在中央位置均有亮纹，而这些色光叠加后就是白光。

（4）小结。

杨氏双缝干涉实验不仅是历史上最早为光的波动说提供实验证据的实验，也是导致光的波动理论被普遍承认的决定性实验，同时也是首次实现用实验方法测得可见光波长的实验。

本节课通过构建 PBL 教学法的教学方式，进行基于真实情境的课堂教学设计，力求更好地发挥物理学科所蕴含的精神价值，充分发挥物理学科的育人功能，有助于培养学生终身不忘科学探索的精神；从而确定本节的学习目标，再依据目标设计活动和评价，使学生通过问题的解决达成学习目标，很好地做到了目标引领教学；利用科学的物理观念，对光的干涉中的物理问题进行分析，达到解决实际问题的目的，突破高中物理本节课教学的难点；同时，对 PBL 教学模式和学习方式的研习和探究，也有助于教师本人教育理论素养和教学技能的提高。

教学并非知识的单向传递，学生是主体，教学是学生对知识进行吸收、加工和转化，渐进式的知识建构过程适合学习者，知识更容易被消化和吸收。在光的干涉一节教学过程中，对光本质的探索，白光干涉的彩色条纹的成因等真实情境的问题，引起了学生的共鸣，对教学效果的达成起到了积极的作用。采用 PBL 教学法要求教师有较强的课堂掌控能力，问题设置数量和难度需要兼顾教学目标的达成、学生知识水平和时间等因素的限制。

《静电平衡的探究》项目式学习案例

（1）学生活动的背景。

本课之前，学生已经学习电场的基本特性，了解了带点粒子在电场中受力和静电感应等相关知识。教师在这节课为学生创设一个新情景（将本身不带电的导体放入电场中），通过一系列的分层性问题，引导学生逐步自主分析电场中导体达到静电平衡后的特征。

（2）教学活动实施。

这些问题被分为四个层次，当回答问题开始后，教师通过计算机的显示器，了解学生的进展情况，同时帮助一些有困难的学生。当学生解决完问题之后，教师和学生一起总结交流。

（3）教学课堂反馈。

来自层次化问题的反馈数据可以作为形成性的评价。根据学习过程中的测评数据，教师可以了解到哪些学生需要更大的挑战，哪些学生需要帮助。从学生中实时反馈的数据对教师是非常有价值的，教师可以很快地找到学生的需求在哪里。这些数据也告诉教师哪些学生是非常优秀的，进而可以在下一步的教学设计中设计更加适合于他们的任务。

通过创设物理情景和层次化问题设计，将一个复杂的难度大的课题分解成了若干个相互联系的小情景，小问题。在分层问题的引导下，让学生进行自主探究，把时间真正留给学生，让学生成为学习的主人。正如建构主义学习理论认为，学习是一个以学生已有知识和经验为基础，通过个体与环境的相互作用主动建构意义的过程，学生的学习只有通过自身的探索活动才可能是有效的。

通过层次化的问题设计降低了探究学习的难度，大大增加了学习的成功概率，有助于提高学生学习的自我效能。

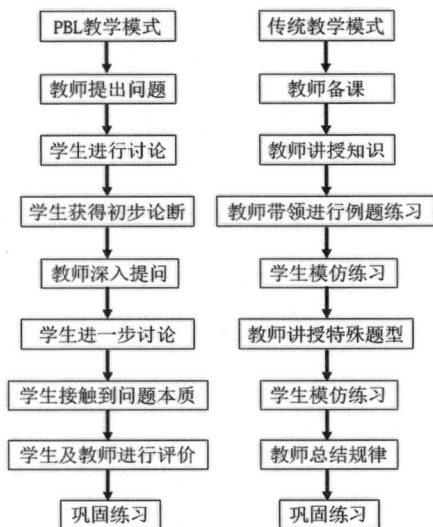

图 3-35　PBL 项目学习与传统学习方式流程的差异

从 PBL 项目学习与传统学习方式的设计过程来看，PBL 项目学习是由老师主导，由学员自行完成，而传统教学则是由老师指导，学生被动地接受。通过比较研究，我们不难发现，PBL 项目学习更适合高中物理的学习，甚至对高考复习也能起到相当的作用。

研究结论

本次 PBL 项目学习的课堂教学设计建立于"光的干涉"的知识结构基础上，在确定教学基础后进行 PBL 项目学习的教学设计，以该课程为依据进行了教学实践，本文的主要结论如下：

（1）对课标和教材的内容进行了全面的剖析，深入调查学生的学情，得出采用 PBL 项目学习方法进行教学的必要性，并据此开展 PBL 项目学习，对教学活动进行评价和反思，从而使教学环节得到改善，教学质量得到提高。

（2）PBL 项目学习中的核心问题可以细分为框架问题、驱动力问题和内容问题，根据问题的种类，选取各种材料作为切入点，并以此作为研究对象，以解决关键问题，进而提高其科学推理和问题求解的水平。在 PBL 项目学习的基础上开展教育有助于提高物理专业的学科素养。

（3）经分析，如果在较长时间内进行 PBL 项目学习，可以逐渐培养出具有良好素质的学生，以使其能够更好地满足自己的终生发展和社会发展的需求。教师要适应新形势，积极学习国外的先进做法，提高自身素质，从而达到 PBL 项目学习的良好效果。

研究缺陷和前景

（1）我国目前的情境实验教学状况有区域差异，应当采用区域分布；研究对象的层次差异较大，一般中学和重点中学要适当安排。

（2）我们对于学生的学习能力、方式的培养是循序渐进的，在一定的时间内，很少能够体现出某种方法对学生的学习和学习效果的作业。

（3）新的学习方法的普及在客观层面是存在着一些难度的。

（4）由于教学经历有限，缺乏实践经验。

基于上述的一些缺陷，并对已有的研究结果并不满意，笔者觉得 PBL 项目学习应该进一步深化，首先，要加强 PBL 项目学习的理论学习，深刻地理解 PBL 项目学习的教学理念。其次，选择具有不同的教育水平的城市和学校，选取广泛的研究对象，进行更加深入的教学与试验。

（四）生物等基于学情分析的教学有效性研究

基于学科"知识树"学情数据的有效教学实践

张晶强

教学有法，但教无定法。在新高考背景下如何开展个性化、精准化的有效教学，是高中各学科教学面临的一个挑战，而基于大数据的学情分析已成为改进教学设计、细化教学目标、优化教学策略的重要路径。2019 年，中共中央、国务院《关于深化教育教学改革全面提高义务教育质量的意见》中明确提出，要精准分析学情，重视差异化教学和个别化指导；国务院办公厅《关于新时代推进普通高中育人方式改革的指导意见》中也提出，要加强考试数据分析，认真做好反馈、引导改进教学。北京市西城外国语学校作为一所外语特色学校，坚持以"F+"育人理念为引领，积极探索新高考背景下各学科有效教学的实践路径，其中基于"知识树"学情数据诊断创生的精准教学模式是一项重要的改革探索。该项改革的核心理念是聚焦数学、物理、化学等学科，师生有效互动共建各学科"知识树"体系，组织开展指向学生个性发展的学科"知识树"学情数据采集，并以此为依据进行有针对性的学科教学策略改进，最终目标是指向学生学习效率和教师课堂教学效率的双提升。

师生共建新高考背景下学科"知识树"体系

美国学者 W.迪克在《系统化教学设计》中提出了学生学情分析的要素，主要包括学生的起点行为、在课程领域内的已有知识、一般性学习偏好等。其中，诊断学生在某个课程领域的已有知识，尤其是要采集知识点的结构化数据，就需要对标学科知识的基本结构，而知识树的构建则是让学情数据分析更加精准、系统和结构化的有效策略。为扎实推进基于"知识树"学情数据的有效教学改革，学校首先选择了数学、物理、化学、生物、地理等五个学科开展试点，主要考虑上述学科的"知识树"梳理更加系统和可结构化。学科"知识树"本身也是各学科知识能力结构的概念图，有助于教师和学生从总体上对学科知识进行构建，使零碎、个别的知识点形成一个有机的知识网络、内容体系，更是有助于提高对学生学情数据的精准把握，是各学科形成学科学情数据的核心依据。

在"知识树"构建过程中，学校坚持从学生实际出发、以学生需求为本的原则，组织各学科师生共同参与，通过师生间深入的互动、对话、共商、共建，系统梳理了各个学科教学内容的"知识树"体系，从而形成了规范的、可普遍使用的学科"知识树"。在师生协同共建学科"知识树"的基础上，学校进一步梳理了与数据分析系统对应的电子表格系统，旨在将"知识树"体系应用到数据分析与诊断中，为后续开展精准化的学情调查奠定基础。通过对学生学情的数据采集，为有效教学行为的实施提供客观的实证支持数据，进而使教学活动更有针对性，从而提升教学活动的有效性。

对标学科"知识树"开展多维学情数据采集

新高考方案不仅是考试制度的改革，更是教学模式的变革，比如新高考模式下学生从行政班模式进入走班选科模式，教师如何更加深入地了解自己教学班学情，开展基于学情的教学设计优化是一个新的挑战。尤其是在信息化、大数据背景下，迫切需要开展基于学情数据的教学目标优化与模式改革。为提高数据诊断的精准性，学校不再是简单地分析学科考核数据，而是对标各学科的"知识树"要点，进行更加个性化、精准性的知识点学情采集，形成了兼具追踪性与多维性的学情数据采集模式。

一是对学科"知识树"学情数据的追踪性采集。学科学情数据的采集不是一次性的调查，而是从高一入学到高三毕业的三年连续性数据追踪，形成了每一届学生可持续性的数据库积累，便于开展根据深入的数据挖掘。比如从高一入学起，学校就首先采集学生的基础数据库，并结合学科教师有效教学研究的关注点进行专题数据采集，经过数据诊断形成后续个性化的教学干预策略；在高二、高三年级的追踪调查中将进一步进行对比实验，持续深入丰富数据采集内容。

二是学生个性化发展数据的多维度采集。除了聚焦学科"知识树"数据外，还需要采集其他涉及学生身心发展的多维度数据，比如学生学习动机、能力倾向、认知特征、自主能力、心理状态及个性品质等方面。一方面是为了对学科教学知识点数据的关联性分析，从多个维度对学生的学科学习进行归因分析，找准后续教学改革的立足点；另一方面也是丰富学生个性化发展的数据库内容，整合学业数据、非学业数据，形成较为丰富的基础数据库。

应用学科"知识树"学情数据实施精准教学

基于学情数据指导的学科教学，能够更加科学、精准、有效地满足新高考的要求，是实现有效教学的一条可行性路径。学校通过整合、分析多维度学情数据，实现了对当前各学科课堂教学方式的有效诊断，提炼出未来教学改进的关键要点，为学科教师提供了更加科学、精准化的教学改进策略。学校通过历次的单元测验、期中、期末考试追踪学生数据，形成学生的学科"知识树"掌握情况图表，各学科教师以研究课、论文等形式不断地对数据进行分析，有效调整自己的教学策略，让教学更精准化。此外还将组织学生调查问卷，形成学生反馈体系，反馈教师教学行为是否为学生学习效率提升提供了更有效的帮助。

从实践上讲，本研究有利于规范对学生学情的反馈，形成了一套科学的学情诊断与评价系统，对于培养学生学科素养、提升教师综合素质、提高课堂教学精准性具有重要意义。比如在高三年级的学科教学中，主要是基于前两年的学科"知识树"学情数据，制订本年级学生的有效复习计划，帮助教师更好地诊断复习教学方向，也有助于学生更好地明确学习方向。基于学情数据的精准教学实践，旨在发挥学情数据助力教学诊断的功能，目的是为教学模式优化提供方向，从而采取有针对性的改进措施，最终使有效教学落到实处。总体来讲，基于学科"知识树"学情数据的有效教学实践，是一个循环改进、逐步完善的精准化教学行为的实践闭环，具体行动流程详见下图。

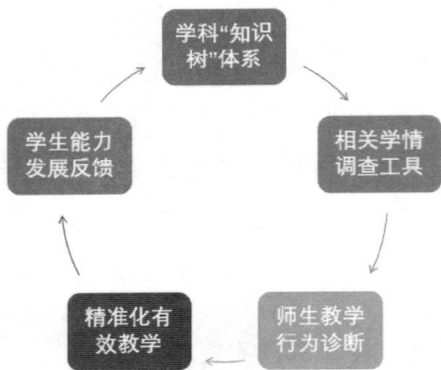

图 3-36 基于学科"知识树"学情数据的有效教学流程

基于"知识树"学情数据培养学生学习能力

综述国内外学者关于有效教学的内涵界定，普遍把促进学生的发展与进步作为重要出发点，认为有效教学就是能够有效提高学生学业成就、实现学生各方面发展的教学。新高考改革也是进一步强调对学生核心素养的关注，并要求以此为目标推动核心素养下高中相关学科的有效教学实践，而基于"知识树"的学情数据分析将为指向核心素养的有效教学提供有力支撑。比如学校通过追踪学生三年的学情数据，形成对每一位学生的学科"知识树"

诊断分析数据报表，培养学生对学科知识"见树叶"、"见树木"及"见森林"的微观、中观、宏观学科知识体系灵活驾驭能力，提高学生自主探索、自主学习的能力。

学科"知识树"是一个师生合作互动共建的过程，教师基于"知识树"的教学，不仅强调课堂教学的宏观体系，而且更注重知识细节的掌握，让学生在教师的教学中，明白知识与知识之间，课与课之间、单元与单元之间，甚至是整本书内部结构之间暗隐的内在逻辑关系。通过师生合作互动把整个过程外化呈现出来，让绝大多数学生一目了然。与已有的教学有效性研究不同，学校主要从教师帮助学生梳理、掌握并应用学科"知识树"、培养学生自主探索、自主学习能力素养等几个维度展开，通过对这几个维度的学情考察来分析学生学习效率、师生课堂效率是否提高，以此来评价教师教学是否有效，从而达到增效减负的目标。总之，根据学生学科"知识树"建构情况的学情数据，提出了有针对性的教学措施与教学策略，不断提升学生的学习有效性和个人学习素养。

总之，基于学科"知识树"的学情数据分析，有助于各学科教师从不同维度组织个性化的教学改进，从而最终促进学生的有效学习、提升核心素养。

基于生物学科学情数据的教学有效性研究

阎亚群　李辛陶

新形势下生物教育教学工作的发展方向是落实"立德树人"的教育根本任务，注重人才全面发展，提升人才核心竞争力。为此，具体化、细化教育方针后研制了中国学生发展核心素养。《普通高中生物学课程标准（2017年版）》（以下简称《标准》）将生物学学科核心素养概括表述为生命观念、科学思维、科学探究和社会责任四个维度。同时《标准》明确指出，在课程的设计与实施过程中要秉持"少而精"的原则，精练教学内容，凸显授课重点，保证学生有充足的自学时间完成教学内容的深化，并在此过程中培养学科核心素养。因此，如何在有限的课堂教学时间内完成课业要求的同时，培养和发展学生的生物学学科核心素养，成为生物教师要思考和研究的重要课题。为了达到上述目标，在有限的课堂教学时间内，必须要提高教学效率，因此基于学科学情数据的教学有效性研究尤为重要。

研究过程

（1）研究对象。

以北京市西城外国语学校 2019 年入学学生（高中）为例，学生总数 150 人，选考生物人数为 95 人，根据高一两次期末考试成绩，其中较为优秀学生 45 人，良好学生 40 人，及格人数为 10 人。基于成绩分析，将选考学生分成四个教学班，较为优秀学生构成 A1、A2 教学班，其中 A1 班 25 人，A2 班 20 人；良好和及格学生构成 B1 和 B2 班，其中 B1 班 22 人，B2 班 28 人。

（2）研究方法。

问卷调查法：通过查阅相关问卷编制文献，结合研究目的及学情，完成问卷的初步设计及编制工作。与相关专家进行多次交流，修改完善问卷，最终形成定稿。调查问卷划分了四个维度，共设 14 题，包括学生自我评价高一学习情况（1—5 题）、高一生物学习习惯（6—10 题）、选考生物理由（11—12 题）和针对作业完成的观点判断（13—14 题）。于 2020 年 8 月发放调查问卷 95 份（实收 91 份），进行问卷调查前测。根据调查结果，调整教学策略，提升教学有效性。

知识分层教学法：根据调查问卷的结果实施有效教学，其一是知识分层教学，知识分层教学是将知识内容按照重要度、难度进行分层，根据知识层次的差异使用针对性教学策略，逐层递进，层层深入，帮助学生实现深度学习。实施知识分层教学，目的是让学生掌握核心生物学概念；实施分层教学，一方面要精练课堂教学内容，凸显教学重点；另一方面要帮助学生实现主动学习，体现学生的课堂主体地位，发展学科核心素养。

本研究依据学情及《标准》科学划分知识层次，将知识划分为三个层次：重要且难（A级）；重要且一般（B级）；较重要或容易（C级）。根据知识层次完善教学设计，实验组班级采用知识分层教学策略进行教学，对照组班级采用常规教学策略进行生物学教学。

实验组的知识分层教学策略结合了学生自学（课前发预习学案）、合作学习、教师精讲等多种教学方式，实现了"阶梯式"教学，学生逐层递进，拾级而上。教师在课堂中重点讲解难度较大的知识，给予学生充足的时间和空间进行思考讨论，有利于学生理解和运用知识，进而实现有效教学。

研究结果

（1）问卷调查结果与分析。

在高二年级开学之初，向高二新生发放"新高二年级生物学科学生学情问卷调查"。通过问卷来了解四个教学班的学生对生物学认知、生物学习方式、作业完成习惯等方面的情况。

问卷设置：共14个题目。大部分题目有三个选项，数据分析时，赋分依次为：A选项3分、B选项2分和C选项1分。

调查问卷的回收情况：发放问卷95份，实收问卷91份。

表3-34 对高一时的生物成绩满意度的调查

班级	A1	A2	B1	B2
分值	2.2	2.06	1.95	1.96

学生对高一生物成绩满意度的调查结果表明，成绩较为优秀的A1班和A2班差异不大，B1班和B2班差异不大，但是A班满意度明显高于B班，说明选考生物学生对于成绩的提高有一定的渴望度。

表3-35 对课堂注意力集中情况的调查

班级	A1	A2	B1	B2
分值	2.36	2.47	2.27	1.85

对课堂注意力集中情况调查结果表明，A1班和A2班差异不大，绝大多

数 A 班学生对自己课堂集中力比较满意，B1 班和 B2 班差距较大，B1 班学生课堂集中力程度与 A 班接近，B2 班学生课堂集中力程度稍弱。

表 3-36　对书写《学习　探究　诊断》习题习惯的调查

班级	A1	A2	B1	B2
分值	2.64	2.52	2.81	2.44

对书写《学习　探究　诊断》习题习惯的调查结果表明，大部分学生能够做到"全部做完后一起对答案"。其中 B1 班结果最佳，其余三个班级差距不大。

表 3-37　对校对答案后错题的处理的调查

班级	A1	A2	B1	B2
分值	2.6	2.41	2.27	2.33

对校对答案后错题的处理的调查结果表明，四个教学班学生比较重视作业中的错题情况，大多数同学能够主动寻找症结，其中 A1 班略占优势，其余三个班级差距不大。

表 3-38　对生物学科教材阅读情况的调查

班级	A1	A2	B1	B2
分值	2.16	2.11	1.95	1.89

对生物教材阅读情况的调查数据表明，阅读教材习惯与生物成绩有一定的相关性，成绩相对优秀的班级阅读习惯越好。

表 3-39　对"边做题边对答案不能把知识内化，再遇到相似的题目
仍然无法解决"观点的判断

	认同（%）	不认同（%）
A1	64	36
A2	47.1	52.9
B1	68.2	31.8
B2	55.6	44.4

对"边做题边对答案不能把知识内化，再遇到相似的题目仍然无法解决"观点的判断的调查数据表明，四个班级差异较大，其中 A1 班和 B1 班对该观点的认同度较高，A2 和 B2 班对该观点的认同度较低。基于该数据，

后续教学策略的研究选用 A1 和 B1 班作为实验组，A2 和 B2 作为对照组。

综合上述各项问卷调查结果来看，A1 和 A2、B1 和 B2 的分班情况符合平行班特征，可以作为本次教学实验的样本。问卷结果还表明，A1 班和 B1 班均在做题观点的认知上保持较高的一致性，所以选用 A1 班和 B1 班作为实验组来实施新的教学有效性策略。

（2）教学有效性策略。

基于以上学情调查结果，为实现教学的有效性，实验组的两个班级除常规教学策略以外，增加以下教学策略：

① 每一节学习完成后，布置阅读教材的作业。

② 去掉实验组班级学生探诊答案，教师每天晚上定时在学科微信群中发布答案，以保证学生实现"全部做完题目后一起对答案"，教师精判作业，实现点对点批改。

③ 课堂教学采取知识分层教学，提高学生的主动性。实验组严格按照分层教学，根据知识分层进行预习学案的设计。

表 3-40　教学有效性措施实施一学期后班级成绩对比

分组	班级	均分
实验组	A1	63.92
	B1	55.77
对照组	A2	68.90
	B2	57.31

本次成绩统计选用高二第一学期区统考考试，试题科学，教师阅卷采用网上阅卷，成绩真实有效。从成绩来看，实验组班级分值低于对照组，其中 A1 和 A2 成绩差距较大。

分析两组结果的差异可能与新策略实施时间有关。

实验组实施新的教学策略的时间略短，只有一个学期，可能导致新策略效果不明显。而学生对于"从作业有答案到作业完成后才能拿到答案"这种方式转变也需要一定的适应和摸索的时间。

面对上述情况，我们选择继续在实验组班级中实施新的教学策略。在高二第二学期末的区统考考试中，再次考察新策略的有效性。

表3-41 教学有效性措施实施一学年后班级成绩对比

分组	班级	均分
实验组	A1	60.88
	B1	53.55
对照组	A2	62.35
	B2	51.63

本次成绩统计选用高二第二学期区统考考试，试题科学，教师阅卷采用网上阅卷，成绩真实有效。与第一学期区统考成绩相比，有效性教学策略实施一年后，实验组A1班成绩取得了进步，明显缩短了与A2班成绩差距，班级之间平均分的差值由之前的-4.98分缩小到-1.47分；实验组的B1班进步也非常明显，班级之间平均分的差值由之前的-1.47分反超到+1.92分。由学生两次考试的自身前后对照说明，实验组两个班级的学生在新的教学策略下均取得学习进步，教学实验结果较为理想。

综合两次实验数据，可以看出新的教学策略的实施具有较好的有效性。特别是长时间坚持良好的作业完成习惯和学案预习的方式，能够有效地提升学生在生物学习上的综合表现。

（五）德育、体育、科技等领域学习方式的优化

德育综合实践活动的一体化探索

赵秀利　潘　宁　陈　玥

一是充分利用主题实践、劳动实践、研学旅行、志愿服务等社会实践活动开展德育工作。

二是借助主题实践活动包括传统文化教育活动、革命传统教育活动等。主题实践活动中注重榜样的带头示范作用，活动具体而不抽象。

（1）充分发挥全体教师的榜样作用。在一次次筹备国旗下讲话、主题班会、各个典礼、艺术体育等大型活动过程中，学生感受到老师治学的严

谨，做事的周密；在告别童年的远足过程中，教师亲身示范何为坚持和互助；在研学旅行中，学生看到老师们对大自然和对生活的热爱之情；在校园"五节"活动筹备过程中，学生看到老师的无私奉献与智慧创新，感受彼此间的团结与协作；在"四个一"主题教育后的总结分享中，学生看到老师的感动、听到老师的感悟。

（2）主题实践活动前有动员，有"任务单"设计；活动中有笔记，有思考；活动后有反思，有展示。学校组织学生前往历史博物馆、文物展览馆、物质和非物质文化遗产地等场馆开展传统文化教育活动；前往革命纪念地、烈士陵园等场馆开展革命传统教育活动；前往军事博物馆、国防设施、军队等场馆单位开展国防教育活动；前往科技馆、科研机构、高新技术企业等单位开展科普教育活动；前往展览馆、美术馆、音乐厅等场馆单位开展艺术教育活动。每一个实践活动学生都会得到下发的"任务单"即实践手册，组织部分学生参与设计活动"任务单"，从而确保每次活动都能让学生入耳、入眼、入心。

（3）主题实践活动要求有知识普及，有实践体验，有总结反思。在开展法治教育活动、安全教育活动、环保教育活动、关爱教育活动和健康教育活动中，确保每位学生收获必要的知识，储备知识后要进行实践演练，开展演练体验后班级开展总结反思，分享交流体会，不断强化实践活动自主教育过程。

三是劳动实践活动包括倡导组织家务劳动、校内劳动、社会劳动等。

（1）家务劳动方面包括：洗衣服、倒垃圾、做饭、洗碗、拖地、整理房间等。

（2）校内劳动方面包括：校园志愿服务、绿化美化校园等。除了集中组织学生学农教育以外，学校校内设有学生种植箱、承包绿地养护等活动，让学生体验农业园艺劳动实践。开展集中组织学工教育的同时，学校通过通用技术课堂为学生提供相关的实践机会，学校食堂就餐时为学生提供值周服务、监督垃圾分类等劳动锻炼机会。校内志愿服务包括校园秩序监督，食堂服务，卫生清扫，艺术节、体育节等大型活动后台服务等。

（3）社会劳动方面包括：社区志愿服务、助残活动、农业生产体验等。

四是游学课程内容包括自然类、历史类、地理类、科技类、人文类、体验类等。学校在组织学生游学课程、春秋季自然实践课、博物馆参观实践课前，组织备课组任课教师编制学生实践手册，将德育内容和学科内容融合其中，各项活动主题即凸显出学科融合特色。

"以体育人"促进高中学生全面发展

王建伟

在学校"F+"教育理念的引导下，体育教学以必修课、选修课及校本课程三结合的模式，突出特色、丰富灵活，发挥着体育课"以体育人"全面发展的功能。在课程内容和设置上，既尊重个性差异，又注重培养兴趣；既锻炼意志品质，更重视全面发展。在增强体质的基础上，让学生更加系统、科学地掌握锻炼方法，做到体智并重、健全人格、健康发展。

以人为本，打造多样化、兴趣浓、高质量选修课。内容丰富的选修课是我校教学特色之一。学生们以年级为单位进行走班制学习。在这里学生可以根据自己的个性差异，选择喜爱的教师以及各种运动项目进行学习。学生在不同项目的尝试与学习中，逐渐形成自己的运动爱好，尽情展示自己的运动天赋，真正享受运动带来的乐趣。在"F+"教学理念的渗透下，体育教学不仅内容丰富，而且也体现出多元化特点。学校充分利用场馆设施、外聘专业教师为学生开设了：滑冰、高尔夫、足球、篮球、排球、乒乓球、羽毛球、舞蹈、瑜伽等课程。学生通过专业教师指导，掌握运动技能与体育锻炼知识，对自己喜爱的运动项目逐步形成系统的了解，从而掌握1—2个运动项目。学校以学分和竞赛的形式，激励学生养成良好运动习惯，提高体育修养和体育欣赏水平，为今后健康工作、幸福生活打下良好基础。

体智并重，培养意志坚、有智慧、健全型人才。篮球是我校校本课程，也是传统教学内容之一。现有篮球专业教师3名，分别担任基础班、提高班和学校篮球队的训练工作。我校男子篮球队成立于1999年，至今已走过

20年历程，是一支胜不骄、败不馁、打不垮的队伍。在平时的训练中不但进行严格的技战术练习，而且注重体育道德的培养，教会学生冷静面对成功，微笑面对失败。自篮球队成立以来，队员们以其良好的技战水平和顽强拼搏的作风多次在市、区比赛中取得优异成绩，他们用行动和荣誉激励着全校同学热爱篮球、欣赏篮球。田径队体现了我校教师的专业水平和学生的竞技实力。在教师的专业训练指导下，我校在区运会的排行榜上始终蝉联高中B组团体总分第一名。篮球队和田径队培养了一批优秀的学生，他们意志顽强、敢于拼搏、体智并重，多名队员考入了北京师范大学、对外经济贸易大学、中国农业大学、中国地质大学、北京工业大学、北京外国语大学等知名院校。

全面育人，为学生搭建施展才华的舞台。课外活动是课堂教学的延伸，也是学生大显身手的地方。在每年举行的年级篮球联赛、篮球技能大赛、乒乓球赛、羽毛球赛、校园越野接力赛、身体素质大赛、跳绳比赛、拔河比赛、拓展项目比赛、师生篮球赛、师生足球赛以及学校运动会上，学生们通过展示自我、塑造自我、成就自我，学会了团结合作、捍卫荣誉和荣辱不惊。实现了自己的价值、懂得了个人与集体的关系、增强了技能素质、提高了综合素养。

"F+"体育体智并重、全面育人的教育理念，必将为我校培养复合型、国际型、创新型人才发挥更大的作用。

科技教育领域的学习方式优化

潘之浩

北京市西城外国语学校始终将科技教育作为学校一项重点工作，在20多年的持续发展中，科技教育已成为学校教育的一大特色。我校作为市级科技教育示范校，全面贯彻党的教育方针，始终坚持立德树人，致力于培养"品格高尚、志向高远、兴趣高雅、素质高超"的"复合型、创新型、国际型"人才。即使在三年新冠疫情背景下，学校科技教育也在不断总结经验，尽最大的努力把疫情对科技教育的影响减到最小，依然取得了丰硕的成果。学校是国家级高中特色发展实验项目校，联合国教科文组织中国可持续发展教育国家实验学校，节能减排可持续发展教育国家级示范校，北京市普通高中示范校，北京市科技教育示范校，国家教育体制改革试点项目高中特色发展试验项目学校，北京市翱翔计划课程基地校。

学校科技教育工作的有效实施

教师是学校科技教育发展之本。我校的科技教育专业教师队伍主要由四部分组成：专职辅导员、学科兼职辅导员、外聘学术专家、外聘技术辅导员。科技教育辅导员总人数 30 多人。涵盖学科包括机电、机加工、环境科学、机器人、天文、生物制药及基础学科等多方向。这些科技教育教师不断努力，始终参与着对学生科技素养的培养工作。

物质与经费保障是学校科技教育工作发展的后盾。我校建立科技创新工作坊、3D 设计与数字加工实验室、科技创新成果展示室、全天候恒温植物大棚四大核心主场地，建立新能源、机加工、电工电子、航模、机器人等科技教育教室，此外，还包括与教学共用学科实验室、机房，共计 30 多个教室作为科技教育实施场地。购置师生科技教育创新的设备包括：加工机床、锯钻床、数控激光雕刻、3D 打印设备以及天文望远镜等。学生有更大的空间接触到相关科技领域的前沿成果，有更多的机会尝试将自己的科学创想变为现实。每年，除科技教育专项经费外，学校会额外投入大量资金保证科技教育活动的开展。

校外资源是学校科技教育工作发展的必要补充。学校为科技教育搭建对外交流、引入资源的平台。先后与建筑大学、地质科学研究院、中国科技馆、区青少年科技馆、联合国教科文组织可持续发展协会、市科协、环境教育杂志等外部资源建立协作或会员校、基地校关系。这些校外资源为学生开展科技教育活动提供巨大帮助。例如中国科技馆经常为我校提供免费参观、开展科技教育实验、组织实践课等活动，地质科学研究院专家定期为学生做地质科普讲座等。

科技教育工作的实施途径

一是科技教育理念与学科教学不断融合。学校重视学科教学过程中的科技教育策略、方法的渗透，理、化、生、信息技术等学科利用科技教育中项目教学法、STEAM 等教学策略开展教学活动，获得很好效果。许多学科教师也因此改变思路，进行学科教学新教法探究。

二是学校科技社团、科技专题活动蓬勃开展。"双减"政策的落实，使学生从繁重的作业堆、补习班中解脱出来。科技教育渗透课后服务既能帮助学生跳出"应试"的局限，看到科技领域的"星辰大海"，又能切实提高学生学习积极性。学校利用科技教育类课程"提振学科教学、提升学科知识应用度，反促学科学习"。科技教育课程分为校本课、课后服务课程。校本课开设了：无线电测向、智能电路、电工电子、趣味编程、机器人、3D 设计与数字化制造、汽车概论等。这些课程都纳入学校教学常规管理。课后服务课程，以科技社团活动为主，提升学生对科技的兴趣、强化实践探究。由学校提供场地，专业教师提供指导，学校提供经费保障。学校主要有航模社团、创新社团、机器人社团、科技教育摄影社团、天文社团等。丰富多彩的科技教育课程和活动又促进了"双减"政策的落实，优化和丰富了学生的知识结构和层次，提高了教育教学质量。

三是将科技教育元素嵌入西外的校园文化中。学校利用围墙砖雕、学校对外网站、学校微信公众号、教室门口滚动屏、阅览室科技教育图书角、科技教育宣传栏、科技简讯、广播站等方式，开展科技教育宣传。在校园内形成"学科学、爱科学、讲科学、用科学"的良好风尚。

学校科技教育探索与特色发展

一是生态学校理念、STEAM 教学，成为西外科技教育的特色。学校建立 STEAM 项目实践为核心的科技教育教学模式。将四大核心实验室及功能性专业实验室，整合成一体化生态科技教育工坊群。可以开展完整的项目化STEAM 教学，进行创客工坊教育，激发学生自主创新能力。也成为我校科技教育发展的一大特色。

二是以课题研究为引导，促进西外科技教育工作探索成果。由德育副校长作为课题负责人，开展基于"四高三型"人才培养目标的综合实践活动课程开发与实践研究，该课题组成员涵盖德育、学科、科技教育三方面教师，主要探究如何进一步提高我校的综合实践活动课程育人效果，帮助"学生综合运用跨学科知识，解决现实问题，着力发展核心素养，创新精神和实践能力"。使学校的综合实践活动、实验课程、科技教育体系更加立体、丰富。

2019 年底，新冠疫情突如其来，全校师生克服困难，经过教师们的付出和学生的努力，三年来学校科技教育成果喜人。2019 年学生的多个作品被《发明与创新》杂志发表。2020 年学生参赛的作品被《无线电》杂志发表。这些都极大地提高了我校的科技教育影响力。许多学生作品，如"做物理实验的机器人""家用小型分类垃圾桶""智能手机自拍器""智能生物环保堆肥装置""电动车电源保护器"等，参加了不同类别竞赛和展示，获得良好的成绩和社会反响。在三年中，我校涌现出大批学生科技作品，在科技竞赛中分别有 5 人次获得国家级奖项、91 人次荣获市级奖项、260 多人次荣获区级奖项。三年中，我校教师有两人次获得国家级优秀指导教师称号、30人次荣获市级优秀指导教师称号、46 人次获区级优秀指导教师称号。专兼职科技辅导员的科技教育类、学科渗透类等方面的论文、课程设计有 50 多项获奖。

第四章 "双新"助力：以研修促教师成长

"双新"研究实践的高质量、高规格实现，强化师资队伍建设是重要的保障。做好以师德师能提升为核心的教师教育工作，创新教师培训方式，建立基于教师需求和问题导向的系统性培养培训工作机制，是提升教师"双新"实施的关键内容。学校非常重视架构既突出实践性又聚焦实效性的校本研修体系，主要从以下几个方面落实：一是关注研修内容的创新，即围绕"双新"设计内容，基于问题导向和需求导向，更好地落实立德树人的根本任务，突出校本研修的针对性；二是关注研修方式的创新，即立足学科核心素养的水平要求，创新研修方式，主题化、序列化地落实研修任务，突出校本研修的实践性。

一、教师科研能力现状及发展

中共中央、国务院《关于全面深化新时代教师队伍建设改革的意见》明确提出，要全面提高中小学教师质量，建设一支高素质专业化教师队伍。为了让教师的专业能力提升紧紧围绕新时代的育人目标，学校通过"双新"项目的多维度实践，在课堂教学中让教师深入领会和把握核心素养的测评与培养，提升教师在核心素养方面的专业能力。"双新"项目高质量实践是学校面向新时代的育人方向之一，专业性和科学性极强，学校迫切需要依托具有国际视野和本土经验的高水平专家团队，加快提升教师队伍在"双新"实践改革中的专业能力。依托专家团队，组建教师专业发展学习研究共同体，聚焦"双新"研究主题，提升学校教师科研素养。

以科学研究的态度，运用科学研究的方法，对教育教学实践中的新问题进行不断的反思和研究，形成在教学中研究、在研究中教学的工作新常态，已成为促进新时代教师专业发展和推进教育综合改革的有效途径。在中国特色社会主义进入新时代，应试教育向素质教育转型，综合改革全面深化的大背景下，要适应新中考、新高考，要有效解决教育教学中的新问题，需要中小学教师具备较高的科研能力。教师科研能力不仅是教师自身专业发展的内在需要，也是学校实现长足发展、不断提高教育教学质量的保证，更是对新时代教师全面理解和贯彻国家教育政策方针，切实解决教育转型中各种现实问题，提高工作适应性、有效性和创新性的必然要求。

（一）调研背景、目的和意义

2012年，教育部公布的《中小学教师专业标准》对中小学教师科研能力培养做出了具体要求。一是明确了"坚持实践、反思、再实践、再反思，不断提高专业能力"的基本理念。二是细化了"反思与发展"专业能力的三项基本内容：（1）主动收集分析相关信息，不断进行反思，改进教育教学工作。（2）针对教育教学工作中的现实需要与问题，进行探索和研究。（3）制定专业发展规划，积极参加专业培训，不断提高自身专业素质。因此，提升科研能力是教师专业发展的必然要求。学校为提升教师科研能力，提供相应的管理机制、出台相应的激励机制、提供科研发展平台。

本研究是为摸清西外学校科研管理现状，提升教师科研能力素养，满足教师专业发展需求而设计的，为学校科研管理工作改进和教师科研工作坊项目实施提供参考和借鉴。

本研究中的教师科研能力，主要是指中小学教师运用科学研究的知识与方法解决教育教学实践中的新问题、总结新经验、探索新规律的能力，具体包括在理论学习和教学实践中发现与提出问题的能力、利用现代检索工具搜集和处理信息的能力、基于现有资源设计并组织实施研究方案的能力、概括提炼研究成果并撰写论文、研究报告的能力。在问卷设计和项目推进中：

（1）凸显问题改进，引领学校研究真问题。在充分调研基础上，对西外教师科研能力进行评估，制订教师科研能力培养提升计划。调研分析西外校本科研亟须解决的问题，保证研究真问题，促进学校教育教学、教师专业发展的实践改进。

（2）科研校本定制，助力教师成为研究者。提高教师对教育政策、学科教学、班级治理、学生发展、教育管理等领域问题的关注，从经验型工作思维提升到科学的科研思维，以研究促教师思维转变，提升教师思维品质，提高教育教学质量。

（3）校本教师科研能力培养建设与发展，对西外学校教师文化、科研氛围的建立，提升文化发展内涵、促进西外办学特色与教育品质提升具有现实的指导意义。

（二）调查研究

1. 总体概况

对西城外国语学校校长、干部、部分骨干教师进行访谈。就学校科研管理现状进行摸底调研，就教师队伍建设和专业发展需求进行摸底。依据访谈设计《学校科研管理与教师科研发展》问卷，共同研讨修订问卷。本次参加调研共 173 人，其中参与调研人数最多的集中在 35—45 岁之间，约 49.13%。其中教师 161 人，中层干部（校领导、教研组长和年级组长）12 人。从初一到高三年级均有参与调研的教师，初中教师相对比高中教师多，占到 62.42%。参与调研的教师涉及学校所有的学科，其中语言类（英语、法语、西班牙语等）、理化生（物理、化学、生物）教师参与较多，占到了总人数的 42.78%。

（1）调研对象年龄分布。

从表 4-1 数据可以看出，参与调研的教师中，占比最高的是"40—45岁（含）"和"45 岁以上"两个年龄段，分别为 32.37% 和 29.48%，均为参与调研教师的三分之一左右，其他三个年龄段总计占比三分之一多。这表明学校教师相对来说年龄偏大，年轻教师的比例偏低。

表 4-1 调研对象年龄分布

选项	小计	比例
A.30 岁（含）以下	20	11.56%
B.30—35 岁（含）	17	9.83%
C.35—40 岁（含）	29	16.76%
D.40—45 岁（含）	56	32.37%
E.45 岁以上	51	29.48%
本题有效填写人次	173	

（2）调研对象工作岗位分布。

表 4-2 数据显示，参与调研的人员中，教师有 161 人，占比为 93.06%，而中层干部有 12 人，占比为 6.94%。

表 4-2 调研对象职位或者工作岗位分布

选项	小计	比例
A. 中层干部（校领导、教研组长和年级组长）	12	6.94%
B. 教师	161	93.06%
本题有效填写人次	173	

（3）调研对象任教的年级分布。

表 4-3 数据显示，参与调研的初中教师，共计 108 人，占总数的62.43%，三个年级的教师数量基本持平。参与调研的高中教师共计 65 人，占总数的 37.57%，三个年级中高三和高一教师数基本持平，高二教师 16人，占总数的 9.25%，数量相对较少。

表 4-3 调研对象任教的年级分布

选项	小计	比例
A. 初一	39	22.54%
C. 初三	35	20.23%
B. 初二	34	19.65%
F. 高三	26	15.03%
D. 高一	23	13.29%
E. 高二	16	9.25%
本题有效填写人次	173	

（4）调研对象任教的学科分布。

从学科分布来看，人数最多的分别为语言类（英语、法语、西班牙语等合计计算）和理化生（物理、化学、生物合计计算），各有 37 人，合计占总人数的 42.78%。其次为语文、数学和史地政（历史、地理、政治合计计算）各有 28 人、25 人、25 人参与调研，分别占总人数的 16.18%、14.45% 和 14.45%。音体美和其他学科的教师人数相对较少，合计 21 人，占总人数的 12.14%。（数据详见表 4-4）

表 4-4 调研对象任教的学科分布

选项	小计	比例
C. 语言类（英语、法语、西班牙语等）	37	21.39%
D. 物理、化学、生物	37	21.39%
B. 语文	28	16.18%
A. 数学	25	14.45%
E. 地理 / 历史 / 政治	25	14.45%
F. 音乐 / 体育 / 美术	11	6.36%
G. 其他（科学、信息）	10	5.78%
本题有效填写人次	173	

2. 情况交叉分析

数据交叉分析，有助于更深层次了解学校干部和教师队伍建设情况。

（1）调研对象年龄与职位或工作岗位进行交叉数据分析。

从表 4-5 可以看出，参与调研的中层干部（校领导、教研组长和年级组长），大多数年龄在 40 岁以上，占到了 12 人中的 9 人，另外 3 人年龄在 35—40 岁（含）之间。学校中层干部梯队化建设较为合理，干部平均年龄较高，35 岁以下中层干部缺失。

表 4-5　年龄与职位或工作岗位进行交叉数据分析

X\Y	A. 中层干部（校领导、教研组长和年级组长）	B. 教师	小计
A.30 岁（含）以下	0（0.00%）	20（100%）	20
B.30—35 岁（含）	0（0.00%）	17（100%）	17
C.35—40 岁（含）	3（10.34%）	26（89.66%）	29
D.40—45 岁（含）	6（10.71%）	50（89.29%）	56
E.45 岁以上	3（5.88%）	48（94.12%）	51

（2）调研对象年龄与年级进行交叉数据分析。

从表 4-6 中可以看出，初一年级教师中，以 40 岁以上的教师居多，占到了 11 人，30 岁（含）以下教师，在初一年级中最多，占到了 25%。初二年级也是以 40 岁以上教师居多，占到 22 人，其中 40—45 岁（含）年龄阶段的教师在初二年级较多，占到了 23.21%。初三年级调研对象中，以 35—45 岁（含）的教师居多，占到了 19 人。高一、高二、高三年级均以 40 岁以上的教师居多，分别有 19 人、10 人、18 人。45 岁以上年龄阶段教师分布最多的年级是初一、高三，均有 21.57%。

表 4-6　年龄与年级进行交叉数据分析

X\Y	A. 初一	B. 初二	C. 初三	D. 高一	E. 高二	F. 高三	小计
A.30 岁（含）以下	5（25%）	3（15%）	3（15%）	2（10%）	4（20%）	3（15%）	20
B.30—35 岁（含）	8（47.06%）	2（11.76%）	4（23.53%）	1（5.88%）	0（0.00%）	2（11.76%）	17
C.35—40 岁（含）	6（20.69%）	7（24.14%）	10（34.48%）	1（3.45%）	2（6.90%）	3（10.34%）	29
D.40—45 岁（含）	9（16.07%）	13（23.21%）	9（16.07%）	11（19.64%）	7（12.5%）	7（12.5%）	56
E.45 岁以上	11（21.57%）	9（17.65%）	9（17.65%）	8（15.69%）	3（5.88%）	11（21.57%）	51

（3）调研对象年龄与任教学科进行交叉数据分析。

表4-7 年龄与任教学科进行交叉数据分析

X\Y	A. 数学	B. 语文	C.语言类（英语、法语、西班牙语等）	D.物理/化学/生物	E.地理/历史/政治	F.音乐/体育/美术	G.其他（科学、信息）	小计
A.30岁（含）以下	1（5%）	1（5%）	2（10%）	12（60%）	2（10%）	2（10%）	0（0.00%）	20
B.30—35岁（含）	3（17.65%）	3（17.65%）	7（41.18%）	3（17.65%）	0（0.00%）	0（0.00%）	1（5.88%）	17
C.35—40岁（含）	3（10.34%）	6（20.69%）	11（37.93%）	8（27.59%）	1（3.45%）	0（0.00%）	0（0.00%）	29
D 40—45岁（含）	8（14.29%）	11（19.64%）	7（12.5%）	8（14.29%）	10（17.86%）	5（8.93%）	7（12.5%）	56
E.45岁以上	10（19.61%）	7（13.73%）	10（19.61%）	6（11.76%）	12（23.53%）	4（7.84%）	2（3.92%）	51

3. 学校科研工作全面认识：定位、价值与意义

学校内涵发展、教师专业发展、教育教学质量提升都需要系统深度科研支持。中小学教师作为专业教学实践研究者，立足于教育教学实践，从事科研工作将会越来越专业化。为适应新中考、新高考变革，学校必将越来越重视基于立德树人实践、课堂教学改革的科学研究。建立促进教师专业发展和学校品质提升的教科研支持体系，制定学校科研发展规划，引领教师以团队合作方式开展科研，促进教师团队专业发展。不断完善学校科研管理制度，探索科研管理流程，建立教师科研激励机制至关重要。当前，中学对于学校科研工作价值定位、科研工作重要性认识、科研管理机构设置、科研制度完善、科研工作对于教育教学影响等还存在一些差异。摸清学校科研管理现状，为学校推进科研发展，制定科研发展规划、完善科研制度提供借鉴与参考。

（1）对学校科研工作价值定位判断：学校发展"支撑"。

正确合理的科研工作价值分析，是深入开展学校科研规划和推进科研工作的重要基础性指标。学校教师从事科研意愿也源于自身对科研工作价值判

断。从表 4-8 数据可以看出，对于学校科研工作的定位，选择最多的为"是支撑学校发展的重要工作"，有 96 人，占总人数的 55.49%，表明有超过一半的教师认为科研工作对于学校的发展具有重要的支撑作用。其次为"是学校一项常规工作"，占比 30.64%，再次为"是学校发展中锦上添花的工作"，占比 13.29%，这两部分教师同样都认为学校应该开展科研工作。没有教师认为科研"对中小学而言可有可无"。以上数据表明，学校教师普遍认识到了科研在中小学教育教学工作中的重要性。

表 4-8　教师对学校科研工作的定位

选项	小计	比例
A．是学校一项常规工作	53	30.64%
B．是支撑学校发展的重要工作	96	55.49%
C．是学校发展中锦上添花的工作	23	13.29%
D．对中小学而言可有可无	0	0
E．其他	1	0.58%

教师对于科研工作对于学校发展意义的认识，与前面对于科研工作的定位的看法具有一致性。调研中，与科研对于学校发展价值定位相一致，95 人（54.91%）认为对学校发展意义重大；65 人（37.57%）认为发展较大。只有 13 人认为科研工作对学校发展意义一般（见表 4-9）。

表 4-9　教师对科研工作对学校发展意义的认识

选项	小计	比例
A．很大	95	54.91%
B．较大	65	37.57%
C．一般	13	7.51%
D．较小	0	0
E．很小	0	0

（2）科研价值认同与分析：提升教师，促进教学。

① 科研对于学校发展的价值分析。

表 4-10　科研工作对于学校发展的价值分析

选项	平均综合得分
B. 提升教师专业能力	5.36
A. 促进教学方式变革	4.62
C. 促进学校整体发展	4.05
E. 发展学校特色	1.76
F. 提升学校育人质量	1.56
D. 明细学校发展目标	0.62
G. 其他	0.03

科研工作对于学校发展主要价值分析，依据综合得分排序：提升教师专业能力、促进教学方式变革、促进学校整体发展、发展学校特色、提升学校育人质量、明细学校发展目标。

② 科研对于教师专业发展的价值分析。

表 4-11　科研工作对于教师专业发展的价值分析

选项	平均综合得分
A. 提升专业能力	5.84
B. 丰富专业知识	3.98
E. 提升研究能力	3.53
G. 开拓教育视野和格局	2.98
C. 提升专业情意	2
F. 有助于教师形成自己的教学风格	1.97
D. 促使教师静下心来投入工作	0.67
H. 其他（请注明）	0.03

科研对于教师专业发展的价值分析和判断，就是教师对科研认同程度。教师们认为，从事科研工作可以提升教师专业能力、专业知识，提升研究能力等。

③ 科研对教师学科教学实践的价值分析。

表 4-12　科研对教师学科教学实践的价值分析

选项	平均综合得分
A. 解决教学实践中存在的问题	4.38
C. 深化教师对学科教学的理解	4.16
B. 优化教学环节和教学过程	4.04

选项	平均综合得分
D. 提升学科教学质量	2.31
E. 促进教学方式变革	1.61
F. 提升教师教学能力	1.46
G. 其他	0.04

　　教师们高度认同，科研有助于解决教学实践中存在的问题、深化对学科教学的理解、优化教学环节和教学过程。

　　4. 学校对科研重视程度

　　（1）校长对科研的重视程度。

　　从表 4-13 中可以看出，教师认为学校（校长）对科研"非常重视"和"比较重视"的占到了 84.97%。教师们认为校长重视学校科研工作。

表 4-13　校长对科研的重视程度

选项	小计	比例
A. 非常重视	75	43.35%
B. 比较重视	72	41.62%
C. 一般	25	14.45%
D. 不大重视	1	0.58%
E. 很不重视	0	0%
本题有效填写人次	173	

　　（2）学校学科团队（教研组）对科研的重视程度。

　　调研教师认为学校学科团队（教研组）对科研的"非常重视""比较重视"的占到了 75.72%，但也有约 21.97% 的认为"一般"。教研组，理论上是中小学从事教科研工作的"基本单位"，是合作研究的重要载体，但是对于教研组科研重视程度，调研教师认为非常重视只有 50 人，占 28.90%。可见，学校科研团队、科研团队研究氛围尚未形成。其中教研组对科研引领和常态科研，有必要进一步加强和提升（数据详见表 4-14）。

表4-14　学校学科团队（教研组）对科研的重视程度

选项	小计	比例	
A. 非常重视	50		28.90%
B. 比较重视	81		46.82%
C. 一般	38		21.97%
D. 不大重视	4		2.31%
E. 很不重视	0		0%
本题有效填写人次	173		

（3）学校教师个体对科研工作的重视程度。

从表4-15可以看出，学校教师个体对科研工作为"非常重视""比较重视"的占比为66.48%，认为"一般"的占到了31.21%。

表4-15　学校教师个体对科研工作的重视程度

选项	小计	比例	
A. 非常重视	37		21.39%
B. 比较重视	78		45.09%
C. 一般	54		31.21%
D. 不大重视	2		1.16%
E. 很不重视	2		1.16%
本题有效填写人次	173		

5. 科研管理工作整体评价

（1）科研管理工作总体感受。

约有48.55%的调研对象认为学校科研工作发展情况较好，还有约3.47%的教师认为较差或很差（数据详见表4-16）。

表4-16　学校科研管理工作总体感受如何

选项	小计	比例	
A. 很好	34		19.65%
B. 较好	84		48.55%
C. 一般	49		28.32%
D. 较差	5		2.89%
E. 很差	1		0.58%
本题有效填写人次	173		

（2）科研工作发展成效。

表 4-17 中，约有 47.98% 的调研对象认为学校科研工作发展成效较好，有 31.21% 的调研对象认为学校科研工作发展成效一般。

表 4-17 学校科研工作发展成效

选项	小计	比例
A. 很好	32	18.50%
B. 较好	83	47.98%
C. 一般	54	31.21%
D. 较差	4	2.31%
E. 很差	0	0
本题有效填写人次	173	

6. 学校科研机构建设、人财物配置情况

（1）学校科研机构设置的情况。

从表 4-18 中可以看出，大多数被调研者认为学校"有专门管理科研工作的机构""科研工作由学校其他常设机构管理"，约占到了 79.76%。但也有 17.92% 的人不清楚。

表 4-18 学校科研机构设置的情况

选项	小计	比例
A. 有专门管理科研工作的机构	115	66.47%
B. 科研工作由学校其他常设机构管理	23	13.29%
C. 没有管理科研工作的机构	3	1.73%
D. 不清楚	31	17.92%
E. 其他	1	0.58%
本题有效填写人次	173	

（2）学校科研管理人员设置的情况。

从表 4-19 中可以看出，大多数被调研者认为学校"有专门管理人员""有兼职管理人员"，约占到了 79.19%，但也有 20.23% 的人不清楚。

表 4-19　学校科研管理人员设置的情况

选项	小计	比例
A. 有专门管理人员	106	61.27%
B. 有兼职管理人员	31	17.92%
C. 没有任何管理人员	0	0
D. 不清楚	35	20.23%
E. 其他	1	0.58%
本题有效填写人次	173	

（3）学校科研经费配置情况。

从表 4-20 中可以看出约有 64.74% 的调研对象认为学校有专门的课题经费，约有 26.59% 的人选择了"其他"，对这个选项进一步分析，大多选择"其他"的写的内容是"不清楚"。

表 4-20　学校科研经费配置的情况

选项	小计	比例
A. 学校有足够的专门的课题经费	57	32.95%
B. 学校有少量的专门的课题经费	31	17.92%
C. 学校没有专门的课题经费	8	4.62%
D. 学校有能够用于科研活动的常规经费	24	13.87%
E. 学校没有能够用于科研的经费	7	4.05%
F. 其他	46	26.59%
本题有效填写人次	173	

7. 学校科研管理制度建设的情况

（1）学校科研管理制度完备度。

从表 4-21 中可以看出，约有 64.17% 的调研对象认为学校科研管理制度建设"非常完备""比较完备"，约有 30.64% 的人选择了"一般"，认为"不完备""没有"的占 5.2%。

表 4-21　学校科研管理制度建设的情况

选项	小计	比例
A. 非常完备	33	19.08%
B. 比较完备	78	45.09%
C. 一般	53	30.64%
D. 不太完备	8	4.62%
E. 没有	1	0.58%
本题有效填写人次	173	

（2）学校科研计划制订和实施情况。

从表 4-22 中可以看出，94.22% 的调研对象认为学校有年度科研计划，但是约有 5.78% 的人认为学校没有年度科研计划。

表 4-22　学校年度科研计划制订和实施的情况

选项	小计	比例
A. 有完备的科研计划	51	29.48%
B. 有基本的科研计划	77	44.51%
C. 有大致的科研计划	35	20.23%
D. 没有科研计划	10	5.78%

（3）学校年度科研计划的制订过程。

从表 4-23 中可以看出，62.43% 的调研教师知道学校年度科研计划是如何制订的，但是约有 34.68% 的人不知道是怎么制订出来的。

表 4-23　学校年度科研计划的制订过程

选项	小计	比例
A. 学校管理层和各个学科教师代表共同参与制订	68	39.31%
B. 学校管理层和少数教师共同参与制订	40	23.12%
C. 学校校长自己制订	0	0
D. 学校邀请校外专家制订	0	0
E. 不知道怎么制订出来的	60	34.68%
F. 其他	5	2.89%
本题有效填写人次	173	

从学校科研管理制度、科研资源配置、科研机构人员设立、科研工作计划制订和实施调研来看，学校教师对科研管理制度参与度有待提高。学校教

师对于学校科研管理相关政策制度关注度有待提高。

8. 学校开展科研指导和课题管理情况分析

（1）学校开展课题申报指导的情况。

调研教师中，约有76.88%接受过课题申报指导。但也约有15.03%没有接受组织指导，自行申报，还有8.09%的人对这件事不清楚。

表4-24 学校开展课题申报指导的情况

选项	小计	比例
A. 组织全体教师课题申请培训和指导活动	86	49.71%
B. 为准备申报课题的教师提供指导	47	27.17%
C. 不组织指导，教师自己申报	26	15.03%
D. 其他	14	8.09%
本题有效填写人次	173	

（2）学校进行科研课题过程管理的情况。

从表4-25中数据可以看出，就科研课题过程管理而言，最受重视的是开题活动，选择"组织课题开题活动"的教师共计110人，占总数的63.58%。其次受重视的是与结题相关的活动，共有85人选择"组织课题结题活动或者结题研讨活动"。组织中期检查和课题研究过程中的研讨与指导相对较少，分别仅有38人和47人选择相关选项。该数据表明，学校在科研课题的过程管理方面，需要进一步加强研究过程中的指导与研讨和课题中期检查，从全过程对教师的科研课题进行指导，确保课题研究质量的提升。

表4-25 学校进行科研课题过程管理的情况

选项	小计	比例
A. 组织课题开题活动	110	63.58%
B. 组织课题结题活动或者结题研讨活动	85	49.13%
C. 组织课题中期检查活动	38	21.97%
D. 组织课题研究过程中的阶段研讨活动	47	27.17%
E. 其他	16	9.25%
本题有效填写人次	173	

（3）学校为教师开展课题研究提供支持的情况。

学校为教师开展课题积极提供支持，主要方式有：邀请相关专家指导课题研究、组织校内课题研讨活动、为教师展示课题研究成果提供平台、提供外出学术交流和学习的机会。相对比较薄弱的是课题经费的提供方面。

表 4-26　学校为教师开展课题研究提供支持的情况

选项	小计	比例
A. 提供课题经费	51	29.48%
B. 邀请相关专家指导课题研究	145	83.82%
C. 提供外出学术交流和学习的机会	81	46.82%
D. 组织校内课题研讨活动	131	75.72%
E. 为教师展示课题研究成果提供平台	89	51.45%
F. 其他	22	12.72%
本题有效填写人次	173	

（4）学校在教师评价中体现科研工作的情况。

从表 4-27 中数据可以看出，对于学校在教师评价中体现科研工作的情况，有 80 人（46.24%）认为是"重要指标"，65 人（37.57%）认为是"一般指标"，还有 12.14% 的教师认为不作为评价指标，这表明学校还需要在评价中加强对教师科研工作情况的重视。

表 4-27　学校在教师评价中体现科研工作的情况

选项	小计	比例
A. 科研工作作为教师评价的重要指标	80	46.24%
B. 科研工作作为教师评价的一般指标	65	37.57%
C. 科研工作不作为教师评价指标	21	12.14%
D. 其他	7	4.05%
本题有效填写人次	173	

9. 教师科研素养现实基础自我分析

（1）从事科研工作的整体能力判断。

调研教师对自身从事科研工作的判断整体较低，缺乏科研自信。只有 18 人，仅占 10.4% 的教师认为具备胜任科研工作的能力。68 人（39.31%）认为科研整体能力较好。高达 79 人（45.66%）认为自己科研整体能力一般。

表 4-28 开展科研工作的整体能力

选项	小计	比例	
A. 很好	18		10.40%
B. 较好	68		39.31%
C. 一般	79		45.66%
D. 较差	6		3.47%
E. 很差	2		1.16%
本题有效填写人次	173		

（2）教师个人科研投入情况分析。

教师个人科研投入情况中，认为"很大"和"较大"的共有 86 人，占总人数比例的 49.71%，少于总人数的一半，表明教师的科研投入程度还需要提升。

表 4-29 学校教师个人科研工作投入情况分析

选项	小计	比例	
A. 很大	23		13.29%
B. 较大	63		36.42%
C. 一般	72		41.62%
D. 较小	11		6.36%
E. 很小	4		2.31%
本题有效填写人次	173		

（3）教师科研意识和问题发现能力分析。

在教育教学工作中遇到问题，能积极思考，持续关注问题，有效解决的能力至关重要。针对问题发现和有效解决，149 人，86.12% 的教师认为较符合，这与调研中校长和干部团体一致评价，教师具有良好的科研基础和教育教学创新能力相符。

表 4-30 积极发现问题，持续关注问题有效解决

选项	小计	比例	
A. 非常符合	59		34.10%
B. 较符合	90		52.02%
C. 一般	23		13.29%
D. 较不符合	1		0.58%
E. 一点不符合	0		0
本题有效填写人次	173		

（4）收集材料与梳理提炼能力分析。

教师能借助学术期刊网、学科专业书籍去收集材料，进行梳理与分析提炼。调研中，50人（28.9%）认为具备文献梳理与分析能力；75人（43.35%）认为较符合；还有48人（26%）认为梳理材料与分析材料能力一般或是不具备该能力。

表4-31　经常借助学术期刊网、学科专业书籍去收集材料，进行梳理与分析提炼

选项	小计	比例
A. 很符合	50	28.90%
B. 较符合	75	43.35%
C. 一般	41	23.70%
D. 较不符合	6	3.47%
E. 一点不符合	1	0.58%
本题有效填写人次	173	

（5）实践问题转化为科研问题能力分析。

教师普遍认为工作思维转向研究思维，能将教育教学中问题，转化为研究课题，开展实践研究能力较为薄弱。其中，仅有37人认为符合实际情况。有76人（43.93%）认为从工作问题转化为科研课题能力一般，甚至不太符合实际状况。科研推进中，应给予问题理论实践转化关注和指导。

表4-32　能将教育教学中的关键问题，转化为研究课题，开展实践研究

选项	小计	比例
A. 很符合	37	21.39%
B. 较符合	60	34.68%
C. 一般	61	35.26%
D. 较不符合	13	7.51%
E. 很不符合	2	1.16%
本题有效填写人次	173	

（6）科研团队合作能力分析。

校本科研中更强调教师团队合作研究，在学校专业引领下，开展基于学科教研组、年级组，主题聚焦的团队科研，急需科研中能充分发挥同伴互助

和共同研究的机制、平台和氛围。关于"遇到教育教学问题，经常和同事们一起交流研讨，寻求支持"中，教师团队协作基础和意识很高，101 人认为很符合工作实际，学校有良好的同伴互助支持基础，160 人（92.48%）认为较符合工作实际。

表 4-33　遇到教育教学问题，经常和同事们一起交流研讨，寻求支持

选项	小计	比例
A. 很符合	101	58.38%
B. 较好	59	34.10%
C. 一般	11	6.36%
D. 较差	2	1.16%
E. 很差	0	0
本题有效填写人次	173	

（7）科研创新意识和能力分析。

从表 4-34 数据可以看出，90.75% 的教师愿意或者比较愿意接受新的教学理念，并在自己的教育教学实践中尝试运用。

表 4-34　愿意接受新教学理念，并在自己教育教学实践中尝试运用

选项	小计	比例
A. 很符合	75	43.35%
B. 较符合	82	47.40%
C. 一般	14	8.09%
D. 较不符合	1	0.58%
E. 很不符合	1	0.58%
本题有效填写人次	173	

（8）科研发表意识和能力分析。

教师经常将教育教学中所感所得，稍加梳理提炼，形成文字，修改成文章的过程，其实质是从教师工作习惯和行为分析，教师是否具有梳理提炼意识，成果发表意识。在梳理提炼实践经验方面，学校教师认为做得相对薄弱。有 87 人（50.29%）认为一般、较不符合，甚至是很不符合。

表 4-35　具有梳理提炼意识，成果发表意识

选项	小计	比例
A. 很符合	28	16.18%
B. 较符合	58	33.53%
C. 一般	63	36.42%
D. 较不符合	18	10.40%
E. 很不符合	6	3.47%
本题有效填写人次	173	

10. 科研工作坊发展需求调研

（1）"西外教师科研工作坊"教师参与意愿调研。

从表 4-36 中数据可以看出，参与调研的教师有 65.32% 表示非常愿意或愿意参加科研工作坊，较不愿意和不愿意的仅有 9 人，表明教师对科研工作坊还是有较强参与意愿的。

表 4-36　"西外教师科研工作坊"参与意愿

选项	小计	比例
A. 非常愿意	46	26.59%
B. 愿意	67	38.73%
C. 一般	51	29.48%
D. 较不愿意	3	1.73%
E. 不愿意	6	3.47%
本题有效填写人次	173	

（2）教师科研发展期待资源。

对推进教师科研工作坊，教师期待项目组提供资源按重要性排序：72 名教师（41.62%）最为关注课题申报、选题设计、方案撰写、课题研究全程指导；46 人（26.59%）期待项目组提供各学科专业学术研讨会讯息，提供外出培训机会；30 人（17.34%）期待在论文教育案例撰写方面项目组能进行精心指导。精准调研摸清教师科研需求，以团队合作方式，鼓励教师"带题研究与实践"。

表 4-37 教师科研工作坊最期待提供的资源

选项	小计	比例
A. 课题申报、选题设计、方案撰写、课题研究全程指导	72	41.62%
B. 论文教育案例撰写：选题、结构与文风润色	30	17.34%
C. 提供与各杂志主编面对面交流、研讨与指导机会	11	6.36%
D. 组织在线咨询与指导活动	14	8.09%
E. 提供各学科专业学术研讨会，提供外出培训机会	46	26.59%
本题有效填写人次	173	

（3）教师专业发展科研需求。

学校教师期待项目组搭建平台，为教师专业发展提供科研培训机会，对课题研究提供过程性指导。教师科研发展需求，为项目组进行科研实施方案、项目设计提供最重要的参考。

表 4-38 最需要项目组提供的支持

选项	平均综合得分
A. 搭建平台，提供科研培训机会	4.87
D. 指导课题研究过程	3.6
C. 组织科研工作交流研讨	3.07
B. 提供课题立项机会	3.05
F. 指导科研成果实践转化	1.68
E. 指导课题研究成果提炼	1.67
G. 其他（请注明）	0.06

（4）教师期待学校开展科研业务活动。

调研中，教师期待学校开展科研活动，106人（61.27%）希望项目组多组织科研能力提升专项培训，在校本实践中提升科研能力；98人（56.65%）希望举办专家学术讲座；94人（54.34%）希望到优秀学校进行专题考察学习。教师科研发展需求较为聚焦，对于自身科研能力素养提升愿望强烈。教师期待学校开展科研活动需求多样。

表 4-39　期待学校开展的科研活动

选项	小计	比例
A. 组织科研能力提升专项培训	106	61.27%
B. 开展课题研讨	81	46.82%
C. 举办专家学术讲座	98	56.65%
D. 到优秀学校进行专题考察学习	94	54.34%
E. 组织科研能力提升经验交流会	61	35.26%
F. 进行科研课题研究的全过程指导	73	42.20%
G. 其他	6	3.47%
本题有效填写人次	173	

（5）当前教师亟须提高的科研能力。

当前教师亟须提高的科研能力集中在研究选题能力和课题设计能力。这与项目组前期访谈结论一致，教师们普遍认为最困难的是基于教学实践问题，如何将工作中问题转化为科研课题。其次，如何设计课题，缺乏课题设计的方法与策略。教师亟须由工作思维向科研思维转化的技术指导。借助科研工作坊，聚焦主题，开始问题发现、关键词学术规范表达、研究思路生成的过程性专题培训。

表 4-40　认为当前学校教师亟须提高的科研能力

选项	平均综合得分
B. 研究选题能力	4.04
C. 课题设计能力	3.59
D. 课题研究推进能力	2.8
A. 文献查阅、梳理和综述能力	2.6
E. 论文案例成果提炼与发表能力	2.52
F. 科研成果实践转化能力	2.34
G. 其他	0.11

（6）加入科研工作坊，教师期待研究选题分析。

通过开放式问题，对教师自主问题关键词进行频次分析，教师期待选题关键词聚焦领域主要集中在"教学""学生""课堂""能力""素养""有效性"探索上。见下图所示。结合学校工作要点、已有研究基础、在研项目、在研课题，结合教师自主问题关键词分析，设计西城外国语科研课题指南。

（三）问题与建议

1. 存在的问题

（1）西城外国语学校科研对教师发展引领性不足。

西城外国语学校教师认为科研是学校发展的重要支撑，科研是教育教学质量的重要保障。学校科研定位和重要意义在学校领导、教师中已形成发展共识。对学校科研发展规划、发展计划制订、相关科研制度建设情况调研发现，部分教师不熟悉、不知晓相关科研管理制度和科研计划。究其原因，一定程度上，学校对教师科研发展引领性作用发挥不足；对学校整体科研定位、发展目标和科研计划方向性引领和制度性顶层设计略显薄弱，学校科研发展顶层设计有待改进。

（2）科研管理规范专业性有待增强。

学校科研发展缺乏顶层设计，科研管理学校有专门的部门和人员负责科研管理相关保障支持服务工作。能在组织课题申报、课题研究指导、平台搭建和成果转化方面给予支持，能提供相应的科研经费，在科研成果推广转化，促进课堂教学改进方面做了实质性的工作。但是，科研管理科学性、规范性和专业性仍有较大的提升空间。教师调研数据表明，仍有部分教师对于学校科研制度和流程不太熟悉，说明教师在科研发展规划和科研工作计划制定上参与度不高。一方面是因为教师个人对科研关注和投入不够，另一方面也凸显学校对于科研工作宣传和推进重视不足。

（3）教师具有较强科研意识，但是科研投入时间不足。

西外教师整体专业素养较高，专业发展自觉性高，学校教育教学质量较好，在学校发展历程中，有着良好的教学口碑和相应的专业成就。教师具有较强的科研意识，认识到科研是学校持续发展的竞争力，有参与科研的意愿，但是普遍认为工作压力大、教学任务繁重、面对科研工作"有心无力"。科研时间投入不足，一方面是客观因素造成，深层次分析，教师在对科研价值分析、科研对于教育教学实践价值判断中，反映出部分教师割裂看待科研与教学工作，没有将科研理论与实践经验进行有效整合，没有意识到教育教学与科研的内在互相促进的关系，没有从科研课题和科研实践中收获到专业发展的成就感。

（4）科研团队研究氛围亟须加强，团队科研动力不足。

调研发现，基于学科教研组、年级组、学科发展团队开展团队课题研究，研究常态和研究文化氛围尚未建立。团队科研动力不足因日常的教学压力大、教学任务重、辅导学生多，教师客观上难以静心开展团队深度合作研究。在深化落实教育教学改革，促进高中育人方式变革，提升教育教学质量观中，教师团队建设能力高低将直接影响教师专业发展水平和教育教学质量提升。未来，教师团队教科研能力，将是教师专业发展的核心竞争力。一所学校发展应该有不同学科教师团队，积极引导培育教师团队科研文化氛围，建立促进团队合作的激励机制，激发团队合作科研动力，是解决学校面临重大问题和探索学校教育教学变革、育人方式优化、育人实践路径和策略的主导力量。

（5）分层分类教师群体科研需求存在显著差异。

在调研中，项目组对每一个题目都进行了交叉综合分析，重点对教师科研发展意愿、科研实践基础、科研能力判断、科研发展动力和需求细化分析。分析发现，不同年龄、不同学科、不同任教年级教师群体呈现出显著差异。集中表现在，初一、高三年级教师科研基础、科研意愿和科研发展需求差异较大，理化生学科对科研认同与需求都值得进一步关注。亟须建立分层分类的教师科研培训与指导制度，尊重教师科研发展实践基础，找准教师科研发展"最近发展区"，在科研工作坊研修和学校科研指南建立中，充分重视分层分类分学科教师科研水平的层次差异、认知差异、动力差异、行为差异，尊重科研研究渐进的持续的实践、理论、反思提升过程。

2. 改进建议

（1）做好学校科研发展方向定位，凝聚引领教师科研发展。

立足西外"沉静内修，致真思远"文化理念，聚焦"F+"育人模式体系构建，以科研规划引领学校内涵发展，建构特色学科发展，形成西外办学文化特色。制定适宜于"西外"的科研发展规划，实现科研助力教师队伍建设，科研促进教师专业发展的总目标，提升对教师科研的引领力。科研发展规划中要密切关注教育部、北京市基础教育教学改革，结合新中考、新高考课程标准、《义务教育管理标准》落实等一系列相关政策，开展深刻理解与校本研究转化，依托"科研工作坊"开展校本科研理论与实践研究，依据学校科研发展规划，制定学校校本科研课题指南，提升教师科研的积极性，为教师科研发展提供专业支持。

（2）提高学校科研管理的规范性，强化科研全过程的指导和管理。

加强制度建设，完善科研管理和激励机制，修订鼓励科研、鼓励改革、鼓励创新的规章规范，对学校科研管理机构、科研管理机制和科研资源配置进行制度重塑。明确主体责任，培育和优化校本科研文化，为中小学教师进行科研活动提供足够的物质保障和精神动力。针对学校科研管理规范性不强的问题，建议学校着手健全相关的管理机制和配套制度。

学校要重视"校校连接，资源整合"，借助高校、教科研机构专业力量，加强校际合作研究力度，通过实施重大合作项目，借助先进科研示范校经验，为培养和优化教师科研能力提供平台。根据学校发展设立校本研究项目，引导教师开展科学研究。引进专家团队，对教师课题研究开展全过程的有针对性的指导。从开题、研究过程、中期检查、结题等环节优化学校指导与管理的科学性，让教师在课题研究全过程中都能得到适时的监督与指导，指导教师切实有效地开展科研工作。

（3）精准调研，尊重教师科研投入，提升科研培训与指导的效益。

尊重并珍惜教师科研时间有限性，不断提升科研培训与指导的效益，将教师有限的科研时间、科研精力聚焦到具体学段、具体学科、具体知识模块，进行精耕细作，实现专业化发展，形成比较优势。未来学校发展中，需要结合国家教育发展的宏观背景、学生与教师发展的需求、学校教育教学发展的现实状况等，提炼与挖掘学校改革与发展中需要关注与解决的问题，据此制定学校校本课题研究指南。充分尊重教师科研关注主要问题，精准分析教师现有的科研侧重点与能力，分析教师科研中的优势与不足，强化对教师科研的个性化专业指导，带领教师高质量地开展科研工作。

（4）立足校本实践，建立分层分类教师科研支持计划。

立足学校校本实践，聚焦真实问题，围绕教育教学实践创新为主的实践研究。科研要密切关注理论动态，了解国家教育政策方针的新变化、新趋向，在理论与实践的结合上做深度研究，保证学校科研活动与首都基础教育改革方向的一致性和科研成果的先进性、实效性；尊重不同层级、不同年级、不同学科教师科研需求，制订分层分类的教师科研发展支持计划，帮助引导教师明确自己的科研优势，逐步建立教师科研自信，鼓励教师主要研究解决教育教学实践过程中的真实问题。

（5）完善学校科研激励与评价机制，提升团队科研凝聚力与创造力。

完善学校科研激励与评价机制，建立鼓励团队合作的评价制度，加强科研团队建设，在科研合作中培养教师、提升团队科研凝聚力与创造力。建议西外应根据学校发展实际，遴选不同学科、不同领域的科研带头人，组建稳定的基于学科、基于学生发展、基于实践改进的不同类别、不同课题科研团队，充分发挥优秀教师示范作用，鼓励教师进行广泛的科研互助，寻求科研支持，探索创建互助共生的科研团队模式。进一步加强学术交流，不断培育和优化科研发展文化。

二、校本教师培育体系建设

2021年7月，中共中央、国务院印发《关于进一步减轻义务教育阶段学生作业负担和校外培训负担的意见》，提出学校在提升教育教学质量的同时减轻学生负担，而如何实现"减负提质"，关键在于高素质的教师队伍。"双减"政策的落地实践，对教师队伍能力素质提出了更高的要求，迫切需要学校层面加大对高素质教师队伍的培养，完善内部管理、培训与支持体系。2022年4月，教育部等八部门联合出台《新时代基础教育强师计划》，进一步对高素质专业化创新型中小学教师队伍建设提出了明确要求，要求学校层面加大师德师风建设、完善培养培训体系、创新专业发展路径等。近年来，西城外国语学校始终高度重视高素质教师队伍建设，先后创新性地开展了教师"师德师风涵养机制"建设、"科研工作坊"建设、大数据教师培训需求挖掘、分层分类个性化培训课程体系建设等措施，取得了显著的发展成效。尤其是在"双减"政策实施背景下，学校积极探索如何通过校本教师培育，提高教师落实"双减"政策的积极性和创造性，激发教师把抽象理念转化为生动的教育教学实践，进而转化成为"双减"政策下学校校本教师培养体系的创新摸索与实践探索。在探索的过程中，初步形成落实"强师"校本培养计划的西外特色。

（一）基于文化引领的师德涵养机制与系统优化

在"双减"政策背景下，我们认为师德涵养在校本教师培育内容中所占比重应得到显著提高，从而帮助教师提升站位、深刻理解政策要义。教师应跨越学科、学段的局限，深刻领会自己所在的学科、学段在学生整体发展中的地位和作用，既避免过于学科、学段本位主义，又避免轻视学科、学段育人价值，尤其是要超越考试的局限，充分发挥学科育人价值。

在构建校本教师培训体系的过程中，学校坚持把师德师风建设作为首要的核心内容，坚持认为教师应"以德立身、以德立学、以德施教"。崇高师德是每一名教师应该具备的职业底色，尤其是在"双减"背景下，尤其需要广大教师不忘立德树人初心，牢记为党育人、为国育才使命，积极探索新时代教育教学方法，不断提升教书育人本领。因此，在学校校本教师培育体系的实践探索中，首先会把师德教育作为学校对在职教师培训的重要维度，努力构建以文化引领、体现西外特色的师德涵养机制。学校积极构建系统全面的常态化全员师德培育涵养机制，主要是通过文化引领、榜样示范、情景体验、实践参与、师生互动等形式，实现文化浸润、构建价值认同，激发教师涵养师德的内生动力。

1. 坚持文化引领，构建价值认同

学校以"和谐·发展"为核心理念，以"沉静内修，致真思远"为校风，以"热爱生活，分享智慧，享受挑战"为校训，在每年全体教师大型活动中，主要领导都会亲自结合实际，帮助全体教师深刻理解这些凝练文字所承载的文化内涵，让这些文化理念入耳入心，以这些文化理念启迪教师。

2. 开展榜样引领，实现文化浸润

学校每学期初会由校长主持开展师德讲座，收集一学期以来学校涌现的师德典范及不妥之处，带领学校教职员工一起复盘反思。用生动案例诠释如何在师生矛盾、家校矛盾中，以崇高师德为指引，生发教育智慧，在化解矛盾的过程中引领学生以及家长的成长。

3. 情境体验，多维互动

学校在校本教师培训过程中，会通过情境再现、角色扮演等活动，引导教师换位思考，体会学困生以及家长可能面临的困难，共同研究对他们的有效帮助方法。同时，在各年级组，每学期由老师轮流讲授教育故事，以叙事方式交流在每一次困难和挑战面前，教师如何做出高尚、机智的选择。此外，在教师节、开学典礼、毕业典礼等活动中，安排学生对教师进行感谢、颁奖等环节，激发教师的职业自豪感和幸福感。通过以上活动，将师德教育贯穿于工作始终，引导教师牢记立德树人初心，以互动、发展的眼光看待工作中遇到的问题，始终自律自强、宽以待人，以崇高的道德使命感投入工作。

（二）基于数据驱动的教师培训设计与目标考核

为充分对接"双减"背景下教师发展的新需求，提高教师专业发展培育体系的针对性，学校首先是通过全体教师队伍的大数据调查，形成教师阶段性专业发展的诊断报告，明确教师现有的发展优势、面临困境及未来方向，尤其是借助大数据分析了解教师团队的内在需求。

学校个性化教师培训形式包括聘请学科专家、教研员给学员做讲座，帮助青年教师提升政策把握意识、深刻理解学科课程方案与课程标准，提升学科专业素养；组织小型研讨会，组织学员进行说课交流、学科教学方案设计交流、听评课等活动，在研讨碰撞中提升青年教师落实新课标能力；还会推荐2—3册必读书目，组织学员进行自我导向性学习并安排读书交流活动等。开展基于个性化培训需求的数据调查，从而能够依据成就动机与发展规划，分层分类确定培训目标，设计培训活动的需求，以及相应的考核方式。

1. 校本培训绩效目标体系

学校在问卷调查基础上了解教师培训需求，进而对标教师校本培训的绩效等级，依据分层分等的可视化绩效目标，将目标分为四类：A 是卓越——洞悉趋势、B 是优秀——熟练应用、C 是胜任——熟练掌握、D 是合格——基本规范。

以学校开设的"育贤"班为例，学校专门设计了"育贤"青年教师校本培训需求评价表，开展同伴与自评相结合方式，注重过程导向与结果导向相结合，提升校本培训质量。比如"育贤"青年教师发展需求调研发现，入职3年内教师最需要熟悉青少年学习心理成长规律，熟悉班级管理与建设、学生发展与指导策略（C），掌握管理的创新方法，提升课堂管理、班级管理、学生管理能力，助力青年教师专业成长（B 或 C）。而对于3—5年成长初期教师，则是需要洞悉新课程改革、新教材实施背景下教育教学方式变革前沿与趋势（A），增强学科理论提升，促进教师教学风格生成（A），提升成长初期青年教师教学反思能力（B），提升课程建设、学科教学、育人方式、教学设计的研究能力（B或C）。

2. 校本教师培育考核评价体系

学校积极构建校本教师培育体系的考核评价体系，有效回应教师培育发展成效，以及对参与培育体系的感受与发展中出现的新需求，重点突出培训与考核方式的引领性、启发性和实践性。以"育贤"青年教师班为例，旨在通过"育贤"青年教师成长助力营培训，拟实现丰富多彩的预期成果产出。具体形式包括优秀学员公开课展示，比如组织"育贤"青年教师研究示范公开课，能充分体现新课程、新教材、新课标要求，每学科初高中各推荐1门，共计20门。还包括学科说课、评课论坛，撰写教学设计方案，比如37名学员全员参加"深刻理解与有效落实新课程"教学设计论坛，开展说课展示、设计学科教学设计方案。此外，也包括撰写一篇研究论文或者教育教学、教育管理案例，力争对优秀论文公开发表。

（三）基于分层分类的培训驱动模型与教师培训课程

我们认为，学校的校本教师培育体系主要包括校本教师培训、校本教研和校本科研等内容，同时学校也在上级部门的指导下，组织教师全员或遴选部分教师参加国家教师培养项目和区域教师培养项目。校本教师培育与国培项目、区域培训的区别是在一定时期内，同一所学校的教师群体往往面临同样的生源、面临具备高度一致性的具体问题情境，因此实施校本教师培育对教师团队达成教育共识、形成问题解决合力有着独特作用。

1. 教师培训驱动模型

在校本培训课程体系和教师培育实践活动基础上，学校初步构建了"西外教师培训驱动模型"，为"强师计划"校本落实提供典型经验与有效路径。具体形成了"以崇高师德为根本，以培训提高教师自主发展能力和学生管理能力，以校本教研活动丰富教师学科知识和学科教育学知识，以提升教师科研能力培养教育教学专家"的校本培训思路。

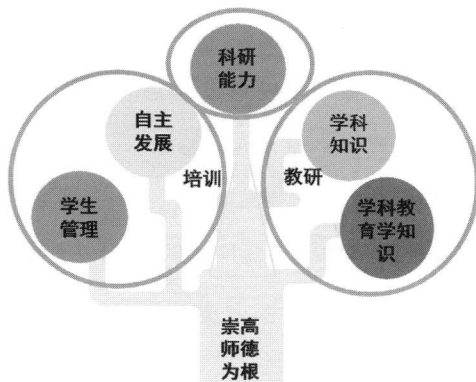

图 4-1 西城外国语学校教师校本培育驱动模型图

上图模型显示，师德是根本，学校努力按照"四有"好老师标准，造就一批立德树人的"引路人"。同时学校依托基础性培训活动，致力于提高教师自主发展能力和研究学生、管理学生的能力；依托教研活动拓展教师学科知识和学科教育学知识，提升课程实施能力；在培训和教研基础上，学校积极鼓励和支持教师开展科研活动，努力成为新教学模式、新知识的生产者。同时，围绕此模型，学校进一步编制了"教师校本培训课程结构与框架"和《"强师"校本培训课程实施方案》，把校本教师培育逐步细化落实为具体行动。努力以系统化、常态化的校本培训赋能教师，确保不管是在当前落实"双减"政策过程中，还是未来面对更多新的挑战时，老师们都能以积极态度面对，不断提高自身综合素质和专业能力，助力提升学校教育教学质量水平。

2. 青年教师专业发展课程体系

基于此模型，学校进一步构建了"育贤"青年教师专业发展课程体系，形成了体现多样化课程内容的结构图。

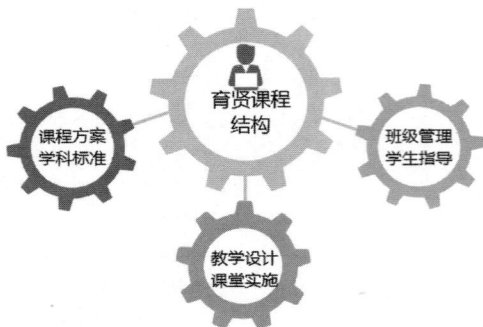

图4-2 西城外国语学校"育贤"青年教师专业发展课程结构图

具体课程结构和内容分为"课程方案与学科标准""教学设计与课堂实施""班级管理与学生指导"三个模块。

一是课程方案与学科标准。比如学校作为西城区"双新"项目校，在实施新课程、新教材过程中，引导强化高中青年教师"双新"意识和专业素养。再如组织初中青年教师开展有效落实《义务教育课程方案》和学科课程标准的专题培训；以自学研读、专家解读、同伴共读、专题导读多种方式推进义务教育课程方案、落实义务教育学科课程标准。

二是教学设计与课堂实施。分学科组织教学设计指导，落实新课程、新教材实施方案与学科课程标准。以"同行示范""同课异构"方式指导青年教师开展说课、示范课研究，为刚入职青年教师提供学科师傅，开展个性化指导，有效促进新课程实施方案、新课程标准在课堂教学中实施。

三是班级管理与学生指导。邀请德育专家、优秀班主任开展班级管理经验分享，就调研中学生内驱力激发、学习动机、家校沟通、班级管理问题进行"参与式"主题研讨培训，提升青年教师班级管理与学生发展指导能力。

（四）基于个性化的教师科研工作坊机制建设

近年来，学校积极探索项目式、混合式、多元化的教师培训方式，多维度优化搭配培训资源，尤其是增加教师在具体情境中的实践性知识储备，提高教师的实践能力和研究能力，不断根据学生需要创新实践方法，构建教育教学活动新模式。学校校本教师培育体系建设底线目标旨在确保教师可以成为一名"知其然"的政策执行者、课标落实者，但面对快速发展的新时代，不断出现各种新问题，还需要教师能成为一名研究者，一名新方法、新模式的建构者。而教师科研能力发展不仅是教师自身专业发展的内在需要，也是学校实现长足发展、不断提高教育教学质量的保证。因此，在培训、教研之余，学校也特别重视教师科研能力的提升。

在个性化教师培训机制构建中，最有创新性的培训样态是浸润式教师科研工作坊，旨在通过主题教研、课题研究、课例分析等多维度优化搭配，系统提升教师应对"双减"改革要求的能力。学校自2019年启动建设教师科研工作坊，旨在立足学校特色文化基础，引入北京教育学院、北京教科院等单位的专家学者做导师，通过专家引领、团体互动、个别指导等方式，激发教师以研究促教学改革的动力，帮助教师提高实践反思能力、研究设计能力和专业表达能力。

1. 始于易：先予后取，让科研走近教师日常

如果按照"四象限法则"定位科研工作，教师往往将其归类为"重要不紧急"象限；大量教育教学实践工作填满了"紧急且重要"与"不重要但紧急"两个象限，由此导致部分教师放弃了系统研究，工作中的经验成果难以固化；部分教师可能会把经验融入个人后续实践，但也往往停留在"知其然，不知其所以然"的状态。为此，学校"科研坊"建设的起点定位较低，从专题讲座、访谈和问卷调查入手，引导全体教师融入科研活动中来。

首先，在北京教育学院专家的引领下，观摩、分析同行教科研工作如何与日常教学实践有机融合，引导教师掌握科研课题申报的实践策略。然后，聘请专家对学校行政领导和各类教师进行科研管理现状调研，就教师科研活动和专业发展需求进行摸底。通过对全校教师调查数据进行分析，"科研坊"核心工作组与专家共同完成了调查报告和学校教育教学研究成果奖励办法。最后，学校召开"科研坊"启动大会，校长做了"科研引领·实践改进·专业发展"的主题报告，以翔实的数据介绍了学校教师的科研成果、科

研意识及教师参加科研所需的支持资源等。由此，让科研走近教师，让教师在耳濡目染、观摩参与中，进一步坚定了在教育教学实践中开展科研工作的信心。

2. 做于细：细化指导，让规范走进教师科研

"科研坊"启动后，学校先后聘请专家为教师做"中学教师论文撰写的规范表达""如何让你的文章脱颖而出"等专题培训，进一步帮助教师提高专业写作能力。引导教师用专业方式、专业语言表达教育教学经验，学会对教学实践与课题研究进行理性反思与具象阐释的规范方法。在此基础上，"科研坊"分别组织了课题申报和论文修改的分组指导，帮助教师获得最直观、最具体的针对性指导，同时学习前述讲座中的方法在教育教学研究中的具体应用。

学校组织了校级课题申请和答辩活动，由课题立项申请者进行课题简介，课题参与人共同参与答辩，与专家就课题涉及的核心概念、研究假设、研究设计、预期成果等进行对话。在此过程中，教师切身体会到了课题研究从选题到答辩等环节需要遵循的学术规范，为进一步申请区级课题做好准备；在与专家对话的过程中，厘清了对一些学术概念的理解，进一步优化了自己的研究设计。"科研坊"启动后，教师积极撰写教育教学论文，学校聘请三位专家为论文进行背靠背的打分和批注式修改，帮助教师切实领悟到教育教学论文的表达框架，以及如何将大量实践素材转化为专业研究的论据，避免将论文写成工作总结等。

3. 求于精：精心打磨，让精品走出平凡匠心

与一般的讲座培训不同，"科研坊"采取"孵化"式工作模式，即教师在听完讲座、拿到专家修改建议后，必须对自己的作品进行修改，并向专家反馈。活动前，专家根据论文的学科相关性和共性问题分组，"科研坊"组织分组开展线上研讨活动；小组线上会议时，专家首先就一组论文的共性问题准备一个微型讲座，然后结合每篇论文的特点进行个别指导，教师也可以与专家对话，澄清自己的表达初衷。在理论与实践交融的对话中，教师与专

家共同探索教育教学的规律，并进一步形成了规范、清晰的学术表达。

与此同时，各课题组积极与专家进行在线互动，随时就研究进展和疑难问题与专家进行沟通，获得专业文献、方法推荐、研究成果表述等支持。"科研坊"提供充足的资源支持，辅之以关键时间节点的反馈交流，通过多轮学术对话帮助教师运用所学的研究方法和学术规范，将教育教学研究的设想转化为可行的课题研究，将已开展的教育教学实践经验转化为精品论文。

两年多以来，学校已经有10项课题获得区级立项，涉及学校管理、教师培养、平安校园建设、大数据分析与应用、各学科课程教学实践等方面。学校各科教师的四十多篇论文在全国外国语学校工作研究会、北京市教育学会、西城区教育学会等单位组织的论文评比中获奖。同时，学校还积极组织学科教师积极推进科研成果转化应用，比如展开课例研究、辅导学困生、建设班级环境文化、运用大数据精准分析教学、制定学生帮扶措施等。一方面，这有助于在实践中进一步检验我们的研究成果；另一方面，也有助于全体教师共同借鉴科研成果，在实践中少走弯路，让科研成果反哺教育教学实践工作，提高教育教学活动有效性。"双减"政策出台以来，学校继续深度推进"科研坊"项目工作，陆续开展了青年教师微课比赛、说课比赛和骨干教师论坛，围绕"核心素养培养""课堂管理与学生习惯的养成""差异教学"三方面进行不同层次、不同环节的研究。未来，学校还将依托科研工作坊项目，继续细化对教师的个性化培育，使教师在面对教学问题时更多一些研究意识，少一些无奈感，多一些"反求诸己"——面对问题，力求在专业实践中多一些专业担当，理性探索问题的解决。

4. 成于行：知行合一，让科研反哺工作实践

教师课题立项或论文获奖、发表，只是"科研坊"建设工作的阶段性成果，并非终点。学校进一步组织学科教师积极推进科研成果转化应用，如开展课例研究、辅导学困生、建设班级环境文化、运用大数据精准分析教学、制定学生帮扶措施等。一方面，有助于在实践中进一步检验我们的研究成果；另一方面，也有助于全体教师共同借鉴科研成果，让科研成果反哺教育

教学实践工作，提高教育教学活动有效性。比如，外语组把对学习者信念的研究应用于培养学生的外语自主学习能力上，将布鲁姆的教育目标分类应用于教学设计中等，以此来落实"外语教育"的思想，建设外语课程群，培养学生的核心素养；理科组重视学科融通，致力于建设 STEM 课程群，培养学生的创造性思维。

慎思明辨，知不足而自反；务实笃行，知困而自强——这是在职教师提高自身专业素养的重要途径。"教师科研工作坊"的校本培训方式，是在讲座式培训、年级组、备课组、教研组研讨之外，探索出的一条新的校本教研道路，激发了教师开展教育教学研究的意识与热情，提升了教师的专业素养。

项目引领，助力专家型英语教师成长

李 杰 李 娜

学校全体英语教师参与了"专家型英语教师培养项目"的三期培训活动。该项目旨在探索核心素养在英语教学中的有效落实方法，并努力促进学校英语教师由成熟期教师向专家型教师转化。

该项目着眼于理论与实践相结合，让教师成为研究者。本次项目培训在去年课堂观摩实践的基础上，采用"Experience It, Learn It, Use it"的策略，以教师的切身体验为切入点，将参与培训的教师的角色转换为学习者，使其了解学生们在课程中的感受，通过实践与角色转变教学理论、教学技巧和教学活动。

激励必须从教师们的学习需要出发，通过参加三阶段制的培训与个性化指导，教师们在多个方面的教学技能都得到了发展和提升，已经掌握了足够的相关知识来支持自己的专业发展，接下来应该继续定期组织专业发展工作坊、加强内部沟通以分享彼此的知识和经验。例如，当天的培训课程中每位教师的反思报告都呈现在了英语学习交流群中，供大家借鉴。此外，还要进一步加深对培训中学到的相关技能的了解，将其融入自己的课堂教学中并收集反馈信息，从而进一步推动个人的职业发展。

学校"科研坊"带给我的变化

沈 霞

在语文教学中，我完成了"小升初写作衔接策略研究"和"初中开设'汉字'专题课程的实践"，在班主任工作中完成了"疫情期间家校共育改善亲子关系策略研究"。在这一系列研究过程中，我不断实践在"科研坊"收获的经验和方法，对教科研也有了更深的认识和理解。

首先是在思想认识上，变以考试为"指挥棒"为以学生发展为"指挥棒"。通过深入的学习和思考，我从科研的角度入手，把语文学科的人文性和工具性相结合，通过开设汉字、文言等专题课程，不仅扩大了学生的知识储备，更通过渗透思维方法，丰富课堂的人文内涵，提升学生的文化自信。其次是在方式方法上，变"后知后觉"总结经验为"先想清楚"预设预判。例如，新冠疫情期间我了解到部分学生和家长关系比较紧张，但我没有急于去解决问题，而是先调查分析，找到"病因"——家长对于这个年龄段孩子成长的接纳度不够。于是，我设计了系列班级活动，邀请家长参与，让家长了解到孩子的优点和进步，同时创设了能够让孩子和家长平等交流的平台，最终达到了良好的效果。在这个过程中，我每做出一个判断，每设计一个活动，都对教育目标有明确的预设，对教育的结果有初步的预判，系列活动环环相扣，从而达到较好的教育效果。学校在教科研工作中的辅导和引领，让我增加了专业自信和自觉，能够在今后的教育教学工作中不断努力、不断成长。

为更好地落实"双减"政策和《义务教育阶段新课标》，依据《新时代基础教育强师计划》，西外积极探索构建校本强师模式与体系，借助大数据诊断，关注教师专业发展实际需求，促进教师科学研究与实践能力的有效提升，初步形成落实"强师"校本培养计划的西外特色。未来，学校将继续创新探索学校层面落实"双减"政策、"强师"计划的有效路径，持续探索建构高质量教师专业发展的培育支持体系和关键举措，继续提升教育教学质量。幻灯片展示的教育教学活动，是西外30多年来形成的特色教育活动，是几代教师努力探索的成果。我们希望努力培养更多的优秀教师，使他们不仅是传播知识、技能的优秀"经师"，更是有效培养学生核心素养、帮助学生系好人生第一颗扣子、点亮学生理想和激情的"人师"，他们有足够的智慧、勇气和担当，做好学生"锤炼品格、学习知识、创新思维和奉献祖国的引路人"，为学生一生幸福奠基一起努力！

三、德育班主任培训实践

学校根据市区级教委对学校德育工作的指示，结合学校年度德育工作的要点和德育体系建设的要求，坚持以培养"品格高尚，志向高远，兴趣高雅，素质高超"的"国际型、创新型、复合型"人才为育人目标，全面落实党的教育方针，以立德树人为根本任务，提升教育质量。根据高中"双新"背景下对学校德育课程改革的新要求，以提高教育教学质量为核心，全面开展德育一体化体系建设实践研究，做好德育常规管理工作，促进德育队伍建设和年级组协作，坚持"五育并举"，促进学生全面发展，制订班主任培训计划。

（一）加强高中班主任队伍建设，加强班主任队伍师德师风监督，坚持班主任例会制、培训制和奖励制，提升班主任工作能力和水平

（1）积极提升教师队伍全员育人意识，提高德育队伍育德能力，坚持德育部门例会制度，做好班主任培训和主题班会展示等常规工作。在各年级组内开展主题班会交流研究，积极创设年级组主题教育研究氛围，积极开展班级学风建设、思想道德建设、书香班级建设、文明班级建设等重点工作，提高班主任专业素养。充分调动优秀班主任、骨干班主任的示范引领作用，协作交流，继续探索研究一体化德育体系建设。

（2）结合基地建设和"讲述育人故事"教育故事评选活动，开展班主任育人故事研讨会，积极鼓励优秀班主任参与讲述育人故事征文评选，加强班主任队伍师德、师风、教风建设，增强班主任工作的总结和反思。

（3）积极借助社会资源、家校力量，提升班主任生涯规划科学认识，更加系统地开展培训，按照学业发展规律、学习生涯规划内容，帮助家长和学生科学面对"双新"背景下选科模式，引导其更理智地思考学生未来发展，实现学生身心健康成长。

（4）加强班主任对学校意识形态工作的重视，重点关注家长会、家校沟通和学校各项宣传活动中意识形态工作。

（5）鼓励班主任参加学校"育贤班"青年教师培训，促进青年班主任的专业成长。选派班主任参加西城区各级培训，支持骨干班主任参加北京市心理健康教育能力提升培训班。继续开展学生喜爱的班主任、西城区优秀班主任、北京市紫禁杯优秀班主任评选活动，充分发挥优秀班主任的辐射、带动作用。

（二）强化班级常规管理工作，重视细节，加强校园安全、文明监督管理，促进形成良好的校风、学风

（1）把常规养成教育作为重点，把学生文明礼仪教育作为常规工作的重中之重。开学初强化一日行为规范管理，强化语言行为文明监督，通过发出倡议、加强巡视、反馈引导和纠错落实四步来全面打造"平安校园 和谐校园"，关注重点学生，通过年级会、班会开展文明礼仪教育，全面促进良好校风、学风建设。

（2）以年级为单位做好班级课堂常规落实、电子设备监督管理工作，关注学生在校期间的各方面表现，充分发挥校团委学生会、年级干部、班干部和团员的自律自管能力，加强学生干部培养，打造优秀团队，促进年级各项工作顺利开展。

（3）通过班会课主阵地夯实思想道德教育过程，塑造学生良好人格，形成良好习惯。围绕一个主题多个方面或者围绕多个系列主题开展教育，提

高学生对问题和现象的本质认识，提升高中生思想觉悟，开展自我反思内化，学会换位思考，引导学生内化于心，外化于行。

（三）拓展家校育人方式，引导班主任积极探索家校社共育多种形式和途径，结合线上线下家校工作经验，加强沟通，打造良好的家校关系

（1）通过各年级家长委员会的宣传与引导，沟通学校、年级重大活动安排，征求家长委员会成员的意见、建议，为学生在校生活的各方面做好后勤服务保障。

（2）继续做好西城区家长学校的线上培训课程推送，邀请家长全员参与交流学习活动，反馈感受，交流体会；通过多种方式方法促进家校工作健康发展，落实《西城区中小学建立和完善家校合作机制指导意见》，提升家长对学校教育教学安排的理解与配合。

（3）借助家长学校课程学习和家委会引导作用，班主任可以开展多渠道协作，通过讲座指导、家长会家长彼此交流、家长座谈会、特殊家访等途径科学指导家庭教育，促进家校社协同育人。班主任每学期至少进行一次家访。

（四）班主任要注重学生身心健康，坚持"健康第一"的教育理念

（1）恢复校园活力，重启校园丰富多彩的主题活动，调节学生积极向上的健康心态。班级要引导学生创新开展活动，在活动中不断进步，促进健康发展。

（2）班级要加强卫生习惯养成宣传与监督，开展卫生评比。配合医务室工作，各班建立学生体质健康档案并开展追踪评价。

（3）班主任学习并开展适当的心理健康教育工作，建立班级学生心理档案，追踪并建立家校联系，积极推动心理问题疏导，做好毕业年级心理拓展活动。借助心雨屋和心理热线促进特殊学生的家校合作与联系，帮助家长增强信心，科学面对孩子成长中的心理问题，通过更加专业的途径帮助孩子疏解压力。

（五）积极探索班级劳动实践教育活动方案，在班级日常活动中有机渗透劳动教育，引导学生崇尚劳动、尊重劳动、热爱劳动，积极参与劳动实践活动

（1）开展志愿服务活动、值周服务及社会服务等劳动教育活动，以班级为单位开展美化校园劳动教育，引导学生崇尚劳动、尊重劳动和热爱劳动，认同劳动创造美，致敬最美劳动者。

（2）班级做好劳动教育宣传工作，积极开发劳动教育校本课程，结合节约资源、美化校园活动引导学生积极参与家庭劳动、学校服务和社区服务，共建和谐校园环境。

（六）加强班主任队伍知法、懂法宣传教育，重视法制教育和安全教育，形成师生自我保护意识

（1）开展安全法制教育讲座活动。观看自护、自救知识的录像片、讲座，开展安全疏散演习等活动，普及防火、防盗、防灾等安全知识，提高自护意识和技能。

（2）宣传并加强"远离毒品，珍爱生命"的教育，教育学生树立积极向上的生活观念，养成健康的生活方式。

（3）通过参观、讲座等形式，邀请法制副校长开展与"校园欺凌""避免伤害""禁毒教育"相关的主题讲座活动。聚焦"校园欺凌"等问题，增强遵纪守法意识和依法自我保护的意识。

（七）做好高三年级导师培训工作，促进高三学生综合素质评价工作科学、有序、顺利开展

（1）2022—2023学年班主任系列培训主题：如何养成学生良好的行为习惯；如何上好一节主题班会课；如何开好家长会；如何关爱有心理问题的

学生；如何培养班干部；带班育人方略；如何成为班级教育的核心；与学生谈话的艺术；如何进行家访；家校沟通的艺术。

（2）2022—2023 学年青年班主任系列培训主题：学生养成工作的重要性；西外学生手册学习培训；如何上好一节主题班会课；如何关爱有心理问题的学生；家校沟通的艺术。

第五章　"双新"领航：打造校本研修的新样态

　　未来，学校将持续坚持以"双新"领航，不断激发学校办学育人活力。学校将在开设英语、法语、西班牙语的基础上，进一步拓宽语种，开发德语、俄语课程，力争开齐新课标规定的六个语种，成为立足首都全面开花的外国语学校，为我们未来更广泛地参与国际事务，站到世界舞台中央培养具有中国情怀、国际视野，通晓外语、熟悉国际惯例的人才。依托北外、北语、北航和外交学院等高校丰厚的资源优势，我们将积极探索建立小学、初中、高中十二年贯通培养的体系和机制，促进学校特色化办学和内涵式发展，系统变革学校育人方式，在区域教育系统内，形成特色发展与育人方式变革的实践样本。

一、深入探索教学变革路径[①]

（一）坚持"忠实"取向的教学实施立场

　　教学实施作为课程落地的主要途径和关键形式，一直有着"忠实"和

---

① 丁奕，林琦."双新"背景下学科教与学的变革路向 [J].上海教育科研，2022（2）：84.

"创生"两种价值取向。① 前者强调教师在学科教学过程中较为严格地依据课程标准、教材内容进行教学的计划、组织和施行，力求最大限度地达成课程设计者和教材文本中所体现的本源意志，使得学生最终收获的学习经验与课程标准、学科教材保持高度一致。后者则认为教师的教学过程是一个不断"创生"的过程，教师可以在遵循课程标准和教科书主旨精神的基础上，对学科教学的内容、结构进行较大程度的调整创新，在这种情况下，教师实际上承担了课程开发者与创造者的角色及功能。毫无疑问，在现今"双新"持续推进的背景下，学科教学的实施立场应当从过往较长时间的"创生"取向逐渐地朝向"忠实"取向倾斜。这是因为"严格实施国家课程""达成国家课程与教材的意志"在新一轮的国家与地方文件中反复被提及。也正因如此，教师如何忠实地解读与执行课程文本、教材内容，避免从课程教材到教学学习之间的失真成为重中之重。甚至从更上位的层次来看，本轮"新课程"与"新教材"的制定颁布在较大程度上也是为了实现地方与国家之间的一致。因此，中小学教师首先应当充分理解新课程与新教材的内涵定位，解构其中的逻辑思路，并认识到其与旧课程和旧教材之间的关键区别。在此基础上，审慎确立对应的教学目标和计划内容，并将其与课程教材之间建立明晰且紧密的关联，随后依照既定的目标内容严格实施课堂教学，以期完整、准确地实现课程目的和教学任务。然而，现今一线学科教学中存在颇多与"忠实"取向背道而驰的做法：第一，课程与教材要求的学科知识广度教师并未实现。第二，课程与教材要求的学科知识深度教师并未达到。第三，课程与教材要求的学科知识结构被教师过度改造。第四，教师过多涉及课程与教材未要求的学科知识内容。要想更好地实现"忠实"取向的教学实施立场，便需要针对以上四点学科教学中存在的弊病逐一破解。当然，需要明确的是，"忠实"取向并不意味着学科教学要整齐划一、陈旧呆板、照搬照抄。"忠实"强调的是高度贯彻学科课程与教材的核心内容、知识结构、价

---

① 郭洪瑞，雷浩，崔允漷．忠实取向下综合实践类课程实施问题与对策研究 [J]．课程·教材·教法，2020，40（4）．

值观念等，为了达成以上目标，自然需要教师在保证教学方向明确不变的基础上，充分做到教学机制形式的丰富多样、灵活多变，这本质上也是为"忠实"取向的教学保驾护航。

（二）加强立德树人的学科教学目标

"完善德智体美劳全面培养体系，健全立德树人落实机制"在新课程与新教材的研发和制定过程中一直处于纲领性和指导性的地位。如《指导意见》中指出要坚持把立德树人融入文化知识教育各环节，《实施意见》中也提到要充分发挥各个学科的德育功能，在学科教学的过程中强化对学生的理想信念教育，引导学生树立正确的国家观、历史观、民族观和文化观。"新课程与新教材"中立德树人的学科教学目的有其历史厚重性和实施可行性。"立德树人"几乎是我国历代教育共同遵循的理念，党的十八大报告同样提出"把立德树人作为教育的根本任务"，但是在落实立德树人的过程中，依旧存在许多现实问题，如立德树人在不同学科中落实发展不均衡、立德树人实践路径不明晰等。事实上，"立德树人"几乎可以渗透在学科教学的方方面面。当教师的教学不再指向考试，而是为了学生能力的增长和德行的完善时，教学才能够重新回归育人本质，在课堂教学中激活师生作为课堂主体的责任心和积极性。[1]但教师需要注意，"德"与"课"的整合应当是"融合"，而不应该是简单意义上的"添加"。"融合"意味着产生只有深度糅合、有机交织才能发生的化学反应。如果学科教师在课堂中"硬加"或"强加"思政，那就变成了一种机械主义的学科教学。教育是一个潜移默化的过程，在学科教学中"融入"立德树人也需要教师润物细无声。

（三）采取情境导向的综合性教学策略

如果说教学目的或教学目标是教师在一个单元教学中预先设置教学所要

---

① 周彬 . 论回归立德树人的课堂教学建构 [J]. 中国教育学刊，2020（4）.

达成的结果，那么，教学策略就是达到这些结果的方法和手段。"新教材与新课程"背景下的新教学倡导一种新的育人方式，即强调实现五育融合、跨学科技能的掌握以及综合素养的形成等。因此，"双新"背景下的教学策略的选择应当坚持情境导向，采取综合性的教学策略。

首先，情境导向的综合性教学策略应当介入真实情境教学。事实上，只有当教师将学科内容知识、学生和真实的生活情景联系起来时，教学的效力才会大大增强。一方面，学习者的前概念或之前的生活经历本身就是由自身所经历的独特的生活情景所塑造的，因此，当前所要接受的新知识理应放在情境中去教授。另一方面，只有介入真实情境，学习者才会经历获取、结合和应用的过程，这里所指的应用绝不是在练习题中的应用，而是在真实生活情景中的应用。学习科学也证明了这种教学方式是有效的，即遵循获取知识—在特定的情境中应用—在不同的情境中应用的教学顺序。

其次，情境导向的综合性教学策略应当坚持跨学科教学取向。这里所说的跨学科教学并非要求教师掌握不同学科的内容知识，而是需要教师学会组织不同学科知识的独特方式。Joseph Schwab 认为，学科知识的结构包括实质结构和句法结构：实质结构是一门学科基本概念和原则被组织起来、用以体现具体的事实的不同组织方式；学科的句法结构是一组用于区别真实与谬误、有效与无效的方法。[①] 对于不同的学科来说，知识的实质结构和句法结构都是存在差别的，而跨学科教学的重要价值就在于教授不同学科中组织知识结构的方式，从而让学生拥有理解知识的多重视角。总之，教学策略与教学目标相匹配，一种单一的教学策略只能实现一种层次的教学目标或者适应一种类型的学生，"双新"背景下的教学以学生综合素质的养成为目标。因此，需要教师使用情境化的综合性教学策略与之对应。

---

① [美] 舒尔曼.实践智慧：论教学、学习与学会教学 [M].王艳玲，王凯，毛齐明，等，译.上海：华东师范大学出版社，2014：141，156.

二、持续推进学习方式转型

（一）基于学科素养提升的体验式学习

"新课程与新教材"要求超越"双基"和三维目标，实现以学科素养形成为导向的体验式学习。在这其中，学科核心素养是学生学了该门课程或学科之后逐步养成的关键能力、必备品格与价值观念，而体验式学习方式则突出了核心素养育人目标中的整体性、情境性与实践性。体验式学习对教师的教学提出了全新的要求。体验式学习的第一步要求教师进行结构化的单元设计，并将这种隐性的结构化的单元设计转化为学生在体验式学习过程中的显性学习过程。即学科新学习需要教师向学生揭示学科内在的学习结构，就像将衬衣的内里翻出来呈现给学生一样。教师在自己的教学设计中应当描述每一步设计所要培养的学生核心素养。如此一来，教师在每一节课中都会沿着这个清晰的教学脉络得到教学结果。在实际教学中，教师则需要向学生清楚地描述每一个学习单位的内在结构、所要获得的技能以及将要达成的目标。有了教师的助推，作为学习主体的学生还需要在理解学科内里和结构的基础上在不同的环境中进行体验式学习。体验式学习的精髓与"通过题海战术形成定式思维"的学习方式截然不同，它强调让学习发生在全新的环境之下，换句话说，让学习发生在学生行动和思考的时候。杜威曾提出"思想的有效性应当受到人类体验的考验"，主张建立一种基于人类体验的教育形式。那么，体验式学习何以以及为何能够实现对学生核心素养的培育呢？首先，学生的关键能力不形成于认知建立的阶段，也不形成于知道知识如何应用的阶段，而是形成于在现实生活中使用和实践知识以及对实践结果进行评估和反思的过程中。当学习者在偶然、无序和不可预料的情境中进行体验式的学科学习时，学科的关键能力才能真正形成。另外，体验式学习还应当是双向建构的，学生除了能够将课堂中的知识应用到生活情境当中，还应当学会将现实生活的知识应用到课堂。除此之外，体验还是学生情感和价值观产生与形成的催化剂。当学生经历不同的情境时，这些不同的情境会不断激发他们的情绪，重组他们原有的信念并最终形成自身的价值观念。正是像"情感""意志""价值观"这些无法显现的潜意识元素的形成，使得学生能够在体验式学习中真正获得学科核心素养。

（二）指向思维品质改进的深度学习

"新课程与新教材"要求实现以高阶目标、高度投入为特点的深度学习[①]，这种深度学习指向学生思维品质的改变，具体包括充分理解情境背景的批判性思维和善于理解复杂元素的系统性思维。首先，"双新"背景下的深度化学习指向学生批判性思维的生成，批判性思维包含不同的层次和要求。浅层次的批判性思维属于可量化的批判性思维，要求学生能够理解学科中的事实和概念，并能够应用这些事实和概念来解决问题。而高级的批判性思维包含了学生在学习过程中对直觉、动机、情绪以及经验的综合迁移和运用，这种思维是不可量化的。高级的批判性思维要求学生能够理解学习过程中的任何情境背景，并能够基于复杂的情境背景产生质疑与假设以及做出判断和决策。学科中的概念和定理往往是以命题性的知识形态存在的，命题知识在形式上非常简便，包容和简化了很多复杂性，但是，简洁是因为它们是去情境化的，只剩下实质，而缺乏细节、情感与气氛。[②]而且，许多现实世界的真实情境问题无法进行这样的简化，这就要求学生在对命题式知识进行学习的过程中，要实现对知识情境背景的充分理解，如还原学科知识的历史生成过程及其生成意义[③]，对命题性知识的产生开展个人和文化联想等。与批判性思维类似，深度学习生成的系统性思维也包含多个层次。首先是理解

---

① 蒋永贵.论深度学习真实发生的表征及其课堂教学实现策略[J].上海教育科研，2021（10）.

② 舒尔曼.实践智慧：论教学、学习与学会教学[M].王艳玲，王凯，毛齐明，等，译.上海：华东师范大学出版社，2014：141，156.

③ 周彬.论学科史赋能学科教育[J].上海教育科研，2022（1）.

复杂的学科体系中的各个元素，并能够将各个元素所包含的变量相互串联。而这只是系统思维的低阶要求，高阶的系统性思维还要求学生能够把某一个特定的知识应用到系统情境中去。如当学生在地理学科中学到气候变化、海平面上升等相关问题时，一个拥有系统性思维的学生就会将气候变化与城市规划、城市建筑问题进行相互连接，从而迸发出创造性的火花。如果学生把自己锁在一个固定的学科领域中，无法跳出特定学科领域的思考方式，那就永远不会发生深度学习，也无法体会到系统性思维的独特价值。事实上，生活中任何一个真实的情境问题都是由相互联系的学科主题构成的广袤森林，而绝不仅仅是某棵单一的学科树。总的来说，"双新"背景下的深度学习要求学生有批判性思维和系统性思维的生成，即基于真实情境对命题性知识的反思与重构以及基于复杂情境对跨学科知识的综合与应用。

（三）借助教育大数据和信息技术开展的个性化学习

"新课程与新教材"要求教师和学生必须敞开怀抱，主动拥抱教育大数据和信息技术所带来的个性化学习。"新课程与新教材"所带来的新教学需要最大化地满足"异学习"，通过解决"异学习"的问题来解决"学习差"的问题。[①] 一方面，"双新"背景下的个性化学习体现在基于教育大数据形成适切的学习方案。线上学习与线下学习相结合的混合学习模式使得学生从时间固定、地点固定的学习方式向泛在的学习方式转变，而泛在学习所带来的结果就是 EB 级体量的教育大数据的产生。教育大数据时代的到来使得"专门定制"的个性化学习方式成为现实。教育过程中产生的数据不仅仅局限于学生每次考试的成绩或等级，还包括一些较为隐性的数据，如学生沮丧的表情、专心的程度、耸肩或防御的姿态等，这些是反映学生动机、理解力和态度的指标。[②] 教育过程中产生的显性数据与隐性数据之多，要求教师在教

① 崔允漷．新时代新课程新教学 [J].教育发展研究，2020，40（18）.
② 钟婉娟，侯浩翔．教育大数据支持的教师教学决策改进与实现路径 [J].湖南师范大学教育科学学报，2017，16（5）.

学过程中形成对教育数据的敏感性，从而进行对教育数据的采集和挖掘，随后基于数据的分析结果发现数据和学生学习之间的相关性，理解数据背后所代表的真正教育含义。最重要的是，教师不仅要能够理解数据之间的关联性，还要能够清楚数据何以如此以及为何如此，因为任何数据分析的结果都只是相对于我们所建构的问题有意义。教师要能够通过对影响学习的复杂因素的透视，从而基于数据做出相对精准的教学决策，并为每位学生规划相对适切的学习方案。另一方面，"双新"背景下个性化学习还体现在信息技术的出现给学生带来的学科知识理解方式的多样性上。"多样"意味着"可供选择"，既然是可供选择，学生就能够结合自己的认知水平来选取最适合自己的知识理解和表征方式。信息技术的出现极大地丰富了教师表征知识的方式，以物理学科为例，过去学生多使用文字、数学符号这种抽象的知识表征方式，再后来，知识的表征方式逐渐拓展到图像、图解等形式，如今信息技术的发展使得虚拟现实进入课堂，学生可以感受像磁场、电场这种真实存在但却看不见也摸不着的物质。有了 3D 视觉表征之后，发动机线圈在磁场中的运动情况也将不再成为学生理解中的难点。更让我们感到欣喜的是，元宇宙世界的到来使得虚拟触觉、嗅觉表征也逐渐成为现实，这在未来将极大地丰富学科教学中知识表征的多样性，真正帮助学生实现对知识的个性化理解，从而产生真正的个性化学习。

三、深化校本研修特色培育

（一）"双新"引领下的校本研修的基本特征

一是以培养时代新人为最终目标。立足首都教育，首都教师不仅要在各自的专业领域是行家里手，而且要成为与首都气质相符的引路人。在校本研修活动中按照"四有好老师"和"四个引路人"的标准，做到"政治要强、情怀要深、思维要新、视野要广、自律要严、人格要正"。从首都教育人才培养的角度看，首都基础教育培养出来的人才要具有首都气派、首都风格、首都特色等首都气质特点，这些特点需要通过身上具有这些气质的教师熏陶得来，这就要求教师在校本研修的"修"上下功夫。因此，指向"四个中心"的校本研修，其目的不仅在于"研"，促进教师在专业上有所发展，更在于"修"，提升教师的首都气质，就是要有高站位、大格局、宽视野。

二是以学习型组织建设为根本任务。改变科层制管理模式，创新校本研修形式，使学校成为具有持续变革能力的学习型组织是校本研修的着力点。由于教师个体和学科的差异性，传统的通识培训和泛泛的专家讲座很难调动教师学习的积极性。调查发现，教师对校本研修实效性的评价都不是很高。这表明校本研修要打破传统的单一模式，通过项目、课题、微论坛、工作坊、分享会、读书沙龙等研修方式为教师搭建研修平台，让每一位教师在其擅长或优势方面有话语权和领导力。通过扁平化、分布式领导，为教师赋权增能，让教师群体在校本研修过程中形成共同愿景、提升持续学习能力、增强团队合作意识等。

三是以"实践—理论—实践"为重要路径。校本研修重在行动研究。在教育教学活动中，教师要利用学校周边的教育资源或者借助家长和社会的力量，将"四个中心"功能建设与学生学习结合起来，进而加深教师、学生和家长对"四个中心"的体验和认识，在校本研修中总结和提炼有益的做法和经验，上升为理论概括，为进一步开展教育教学实践和带动更多教师开展指向"四个中心"的研修活动提供理论指导。学校应坚持由易到难、由粗到精、由少到多、由点到面的操作策略，开展指向"四个中心"的校本研修。

（二）"双新"引领下校本研修的创新

一是坚持问题导向。学校通过调查研究，找到校本研修的理念、内容、方式、机制等方面存在哪些问题，以问题解决为实践导向，以改进课堂教学为行动旨归，以教师的实际感受和专业发展为评价标准，将教师的工作、学习与研究有机整合起来，形成从"问题"到"专题"再到"课题"螺旋上升的行动研究之路；学校要立足课堂实践，直面教师发展需求，把"减负增效"作为校本研修的重点和有效抓手，着力解决课堂教学、学校管理、育人活动中存在的实际问题，让每一位教师都能在校本研修中找到自己专业的突破口和增长点，通过自我给养实现自身专业成长。

二是坚持任务驱动。校本研修不能停留在教研组或备课组层面上对学校任务的上传下达，也不仅是教材分析和协调教学进度，而是以教研组、备课组、年级组、项目组、课题组等不同形式的校本研修小组开展"内在"的研修任务。这些任务既有常规内容，又有教师整体素养提升，教师职业发展规划、心理健康、团队建设、时事政治等都要融入其中。以任务驱动的方式开展校本研修，提升教师自觉研修的意识和能力。比如，以课题研究为任务驱动，学校组织教师开展学校课程改进研究。各学科教师走出校园，通过参观考察体验，挖掘梳理学科教材中的相关内容，进行相关内容的教学设计，利用相关教育资源开展学科教学实践活动、课程的设计与开发等。

三是坚持协同开展。随着教育专业化、信息化快速发展，校本研修需要有协同思维。学校建立协同机制，从内容上跳出课本，将首都日新月异的发展与课本内容有机结合起来，提升教师的政治站位和教育格局；从形式上，打通校内校外、课内课外，会聚不同学校、不同学科、不同领域的专家共同参与校本研修，提升教师整体素养和职业精神。未来的校本研修要更多指向跨学科教研组的校本研修活动，比如语文学科的校本研修可以将语文主题学习或任务群与政治中心、文化中心、国际交往中心、科技创新中心等内容结合起来；比如英语、语文、政治、历史、地理等学科都可以根据"政治中心"开展综合实践活动。根据学校实际，原来以学科划分的教研组就可以根据"四个中心"进行重新组合，分成人文与社会、科学与技术、艺术与审美、生活与健康等不同领域开展指向"四个中心"的相关专题的教研组联合研修。这种多学科联合、协同开展的校本研修活动将成为新常态。

四是坚持机制创新。校本研修有其自身的发展规律和作用机制，学校既要解决其实效性不强的问题，还要解决其形式固化的问题。同时，学校还要在现代治理视角下，通过校本研修机制创新，激发教师内在动力和活力，在校本研修内容、形式、评估、奖励等方面进行符合本校教师发展实际的科学设计，不断提升校本研修的生命力。在人工智能、大数据、物联网等信息技术飞速发展的时代，校本研修需要打破原有学科、学校、时空等边界，总结疫情时期的在线研修经验，开展后疫情时代线上线下混合式研修。

此外，"校本研修活动设计"应该是一组前后衔接紧密、逻辑性强的系统工程，每一次活动都应该包含活动前的准备阶段、正式活动阶段与活动后的迁移应用阶段。而"活动前的准备阶段"与"活动后的迁移阶段"正是我们所说的"研修活动的延展设计"。毋庸置疑，"上一步"的"提前启动"和"下一步"的"延伸设计"，都是校本研修活动不可或缺的组成部分，但少有教研组长或骨干教师在设计实施研修活动时能真正给予关注。即使关注到延展设计对校本研修活动效益的重要性，也因缺乏有效的策略方法，使得延展部分的设计无法实施。校本研修活动的延展设计包括对校本研修主题启动"预研究"、对研修内容进行"前置设计"、对问题改进设计框架性的行动方案等。通过"前置设计"，让每一位参与者"动"起来，和研修内容发生或大或小、或多或少、或深或浅的"联结"，彻底扭转校本研修活动中"少数人干、多数人看"的局面。同时，关注行为跟进，实现研修活动的再延伸。

五是构建校本研修文化。学校研修文化反映了沉淀在校本研修之中的不成规章却约定俗成的心理契约，植根于全体教师内心的修养，体现着学校独特的精神面貌，引领着校本研修的发展方向。因而，校本研修文化的建构应体现规范化、师本化、特色化[①]。尤其是在"双减"背景之下，学校更要顺势而为，抓住"双减"带来的新机遇，在全面梳理校情、学情的基础上，通过文化建设以影响个体思想、导引个体行动、催化个体心理，把校本研修转变为教师自觉、自愿的习惯行为，不断提升教师的教育品质，圆满完成"为国育才，为党育人"这一时代答卷。

---

① 杨寿固 ."双减"背景下构建校本研修机制与文化 [J]. 教育实践与研究，2022（9）：49—50.

六是推进校本研修特色化。要弘扬学校传统文化，整合地域资源，根据学校实际情况和教育部门"减负"的具体要求，因地制宜，自主设计，创意发展，凸显研修的校本特色和亮点。学校要尊重教育规律，把握时代脉搏，立足学校的传统文化，依托自身的资源优势，组织教师开展形式多样、内容丰富的校本研修活动，通过校本研修解决教师在教育教学活动中所遇到的且亟待解决的现实问题，有效改进教育教学行为，促进教师专业成长。而校本研修一旦脱离学校的发展实际，盲目复制、模仿他人做法，就必定失去自身特色与发展价值。所以，学校要立足校情，科学定位，秉承传统，面向未来，在全面梳理校情及教情的基础上，以虔敬的情怀继承和借鉴本校的传统文化精华，创造出集教师工作和生活、个人成长与学校发展为一体的校本研修新生态，进而完成新形势下具有本校特色的研修文化的重塑与构建。

"道虽迩，不行不至。"更何况教育乃百年大计，漫漫长途，更需我们振奋精神，勉力前行。"双新"已为我们蓄积力量，展翅高飞，抟扶摇而上，这是西外的使命担当！勇于行，笃于行，智于行，以改革激活力，增动力，在"双新"道路上，让我们不断探索创新、携手同行！

后 记

2020 年 7 月，西城区被教育部批准为普通高中"双新"示范区。2021 年 1 月 26 日，西城区召开普通高中新课程新教材实施国家级示范区建设工作推进会，确定了以项目研究推进示范区建设的基本策略。2021 年 2 月，西城区发布"双新"示范区建设项目指南，西城外国语学校申报并立项了 6 个研究项目，以项目研究为驱动，系统、整体、协同推进"双新"项目深度实施与科学研究。本研究正是西城外国语学校结合学校特色发展新思路，基于重点领域推动校本实践，依托研究项目引领系统实施的实践成果。

本研究旨在系统总结以"双新"驱动，创新校本研修机制，推进教与学改革的实践成果。全书共五章，第一章是"双新"引领下的区域及学校新发展，介绍"双新"后学校变革的背景及整体设计；第二章是"双新"驱动下校本研修的机制构建，如何焕发新活力；第三章系统总结了"双新"对学科教与学改革的赋能，介绍了学校各个学科教学改革的实践探索及学生学习方式转型的实践探索；第四章是"双新"助力下以研修促教师成长的具体举措；第五章是总结反思，希望未来以"双新"领航，打造校本研修的新样态。

本研究是学校集体智慧的结晶。范雪梅校长对本研究做了全面部署，对全书的框架做了系统设计；殷洪涛副校长对本研究的开展、实施、集结等做了大量的协调、组织工作；张雪晨副主任负责具体的联络、协调、对接等工作。范雪梅、殷洪涛、赵秀利、张晶强、张雪晨、李娜、潘宁、唐娅妮、沈大富、徐向荣、王崐、李燕、周青、何春玲、李猛、姚坤、李雪丽、王怡恬、李杰（男）、赵淼、韩非、吴健、赵丹、余仕兵、郭良伦、冯丽娟、王艳雪、陈玥、王建伟、潘之浩、李杰（女）、沈霞、梁亚林、黄珍武、陈然、阎亚群、李辛陶等参与了本书的撰写，对大家的付出与贡献表示感谢！"双新"驱动学校教与学的变革是个系统工程，学校的发展有赖于大家的共同努力，希望我们这个学习共同体以改革创新凝共识、激活力、增动力，让"双新"赋能，持续促进学校创新特色发展。